躬耕教坛 潜心育人

高校院系"三全育人"的探索与实践

主编◎王 婧 林振兴　副主编◎夏 昱 张 柯

图书在版编目(CIP)数据

躬耕教坛　潜心育人：高校院系"三全育人"的探索与实践 / 王婧，林振兴主编. --上海：立信会计出版社，2024.7. -- ISBN 978-7-5429-7695-6

Ⅰ. G641

中国国家版本馆 CIP 数据核字第 2024L6N068 号

策划编辑　孙　勇　战小雨
责任编辑　张巧玲
助理编辑　战小雨
美术编辑　北京任燕飞工作室

躬耕教坛　潜心育人——高校院系"三全育人"的探索与实践
GONGGENG JIAOTAN QIANXIN YUREN

出版发行	立信会计出版社		
地　　址	上海市中山西路 2230 号	邮政编码	200235
电　　话	(021)64411389	传　真	(021)64411325
网　　址	www.lixinaph.com	电子邮箱	lixinaph2019@126.com
网上书店	http://lixin.jd.com		http://lxkjcbs.tmall.com
经　　销	各地新华书店		
印　　刷	江苏凤凰数码印务有限公司		
开　　本	787 毫米×1092 毫米	1/16	
印　　张	13.5	插　页	1
字　　数	296 千字		
版　　次	2024 年 7 月第 1 版		
印　　次	2024 年 7 月第 1 次		
书　　号	ISBN 978-7-5429-7695-6/G		
定　　价	88.00 元		

如有印订差错，请与本社联系调换

习近平总书记在全国教育大会上指出:"培养德智体美劳全面发展的社会主义建设者和接班人,加快推进教育现代化、建设教育强国、办好人民满意的教育。"中共中央、国务院在《关于加强和改进新形势下高校思想政治工作的意见》中明确提出,坚持全员、全过程、全方位育人(以下简称"三全育人")。围绕这些要求,高校要全面贯彻党的教育方针,落实立德树人根本任务,把思想政治工作贯穿于人才培养全过程,把思想价值引领贯穿于教育教学全过程和各环节,引导学生树立正确的世界观、人生观和价值观,培养具有家国情怀、人文素养、创新精神、实践能力、国际视野的高素质人才和德智体美劳全面发展的社会主义合格建设者和可靠接班人。

上海立信会计金融学院起源于著名教育家、会计学家、"中国现代会计之父"潘序伦先生于1928年创办的立信会计学校。在近百年的办学历史中,学校始终被业界誉为中国现代会计教育的发祥地之一和未来金融家摇篮。学校坚持把立德树人作为根本任务,用习近平新时代中国特色社会主义思想铸魂育人,培养具有"家园情怀、人文素养、创新精神、实践能力、国际视野"的高素质应用型人才,不断彰显"诚信为本、学验并重"的办学特色。学校巩固和深化"三全育人"综合改革,充分把握师生思想特点和发展需求,强化顶层设计、注重统筹协调、创新工作机制,取得了良好的工作成效。学校推动以"1+1+X"为主线的十大综合改革组常态化协调落实机制,通过滚动实施分类评价考核、精心培育示范项目,充分发挥课程、科研、实践、文化、网络、心理、管理、服务、资助、组织十大条线的育人功能,形成"三圈三全十育人"的大思政工作格局。

上海立信会计金融学院会计学院深入学习贯彻习近平新时代中国特色社会主义思想,认真落实全国高校思想政治工作会议和新时代全国高等学校本科教育工作会议精神,围绕立德树人根本任务,着力构建"三全育人"工作格局,推动各领域、各环节、各方面的育人资源协同、贯通与融合。学院以理想信念教育为核心,以社会主义核心价值观为引领,充分利用课堂教学这一主渠道,坚持各科课程与思政理论课紧密融合、同向同行。通过思政课程显性教育和课程思政隐性教育相结合,切实提高思想政治教育的针对性和实效性。学院充分发挥学科专业特色,成立"红色会计"党建工作坊,整合多方资源和力量,创新育人载体和平台,培养学生的红色文化和学科文化底蕴,让红色会计基因深深扎根并传承弘扬。学院教师通过创新教学方法、丰富课程内涵、优化教学设计、改进课堂管理等方式,将中华优秀传统文化、革命文化和社会主义先进文化融入课程教学和教育实践中,推进课程思政提质增效,努力打造具有立信会计特色的育人体系。学院通过多措并举、发挥合力,将"三全育人"综合改革引向深入、推向实处,不断提升立德树人的工作成效。

《躬耕教坛 潜心育人——高校院系"三全育人"的探索与实践》一书,正是在这样的背景下应运而生。本书旨在探讨和总结高等学校二级学院和广大教师在"三全育人"理念下的创新实践与有效经验,涉及教育理念、实践案例、策略方法、评价体系等多个维度。本书汇集了学院教师在课程思政教学实践中的积极探索和优秀成果,探讨了如何结合自身特点和资源条件,在教育教学中充分实现"价值性和知识性相统一",将价值塑造、知识传授和能力培养融为一体;同时介绍了学院教师坚持育人为本、德育为先,以诚信教育为锚点,不断强化学生的理想信念教育和道德品格塑造,在实际工作中形成的一系列创新的教育方法和工作机制。

希望本书能够为广大教育工作者提供新的视角和方法,为高等学校二级学院的人才培养工作提供启发和思考。同时,也希望本书能够激发更多教育实践者和研究者的深入探讨,共同寻求和实施更具前瞻性和实效性的教育策略,培养造就德才兼备的新时代高素质人才。

由于时间和能力所限,本书可能存在疏漏之处。希望各位专家和读者不吝赐教,提出宝贵意见和建议。我们将在今后的教育教学实践中不断改进,争取更大的进步。

编者
2024 年 7 月

目录 CONTENTS

产教融合背景下课程思政的探索
——以"管理会计"课程为例　　　　　　　　　　　肖　奇　001

会计学"三全育人"教学实践探讨与思考
——以"会计学原理"为例　　　　　　　　　　　王华杰　010

新文科建设战略下一流财经人才培养模式的探索与实践
　　　　　　　　　　魏晓雁　高前善　李率锋　张淑慧　017

基于案例的在线教学设计与思政元素融合研究　　　张丽敏　024

如何在中国情境下培养学生健康的筹资理念
——基于"财务管理"课程教学的摸索　　　　　　李　锋　029

"三全育人"要求下的应用型高校实践类课程建设探索　闫国威　037

审计学科知识模块与思政元素融合研究　　　高前善　何　芹　041

创新"财务分析"，提供中国智慧　　　　　　　　　孙　瑞　047

课程思政　引领育人
——"会计学"课程思政改革课堂教学纪实　　　　　李雪琴　052

课程思政助力人才培养的实践与思考
——以"公司战略与企业风险管理"为例　　　　　张淑慧　056

跨国并购中的科技强国战略思政教学案例　　吴向阳　毛昕炀　065

"四位一体"课程思政与教学实践新探索
——以"会计学原理"为例　　　　　　　　　　　庞　欣　071

如何构建"会计学原理"课程的思政教学体系　　　　李江萍　078

高校财会类专业课程的思政元素融合路径探索　　　张　柯　086

递进式问题链与自主价值发现
——基于三个典型课堂的课程思政案例　　　　　　林振兴　091

高校课程思政元素的挖掘与设计
——以"中级财务会计"为例　　　　　　　　赵　钰　柳　青　102

基于ARCS教学模型的课程思政教学设计研究
——以"会计学"为例　　　　　　　　　　　　　王孝钰　108

基于OBE-CDIO的无形资产评估课程教学改革探索　方　媛　115

"立信精神"和"诚信文化与审计职业道德"	李率锋　安　宁	123
"中级财务会计"课程思政教学改革探究与实践	于雪彦　任凌玉　柳　青	129
从预算收入看小康社会建设		
——以大国工程建设投入为例	王冰洁	134
"财务管理案例"课程思政教学设计与实施	周　楠	138
以学生为中心的财经核心课程思政建设		
——以"财务管理"为例	巩　娜	148
儒家经典在大学生心理健康教育中的实践路径探析	王　婧	153
红色会计文化融入财经类高校课程思政的思考	夏　昱	159
关于高校教学质量评价		
——学生评教现状分析	冯可欣	163
论马克思早期关于人的全面发展思想		
——基于《1844年经济学哲学手稿》文稿	梁　冬	169
认知行为疗法对抑郁症大学生的社会功能重塑	钱　澄	176
育人理念融入"剧本杀":情境塑造、群体认同与生态构建	张思琪　康邦丹	181
短视频时代提升大学生主流意识形态教育实效探析	周升铭　王　鹏	188
"大学体育"课程思政建设的困境与实践研究	王玉意	194
短视频影响下大学生爱国主义教育的路径研究	杨　倩	201
"三全育人"背景下关工委赋能高校基层党建工作实践研究	张　凯	205

产教融合背景下课程思政的探索
——以"管理会计"课程为例

肖 奇

一、引言

党的二十大报告指出,需要不断创新教学方式方法,加强理想信念教育。以习近平同志为核心的党中央高度重视高校思政工作,并提出了一系列针对高校立德树人、铸魂育人的战略举措。教育部于2020年颁布的《高等学校课程建设指导纲要》强调,经济学与管理学类专业课程应引导学生深入社会实践、关注现实问题,培养学生具备经世济民、诚信服务、德法兼修的职业素养。

产教融合是高等教育与产业界深度合作的体现,而课程思政则是高校培养社会主义建设者和接班人的内在要求。产教融合为课程思政提供了实践平台,使学生在学习专业知识的同时,更好地认识社会,树立正确的人生观和价值观。"管理会计"作为贯穿企业运营全过程的重要学科,在产教融合中具有特殊的地位。

在数字化时代,传统的财务会计向管理会计转型已成为必然趋势。国内许多企业从事管理会计工作的人员数量开始超过财务会计人员,这也标志着"管理会计"课程强调的预测、决策、控制、评价等功能对会计类专业学生未来职业发展的重要性日益凸显。

"管理会计"作为会计类专业本科生的必修课程,主要包括成本分类、成本性态分析、本量利分析、短期经营决策、长期投资决策、预算管理、存货管理与成本控制、标准成本与差异分析、业绩评价等内容。以往教学的过程中,"管理会计"课程虽然也涉及案例讨论与思政育人,但往往将两者割裂开来,思政教育主要依赖教师讲授,学生则以被动接受为主。此外,课程教学内容与业界的脱节也是一大痛点。由于学生在相关知识点及思政元素的学习过程中未能发挥足够的主观能动性,且教学内容与企业实践存在较大差异,这种思政教育模式可能并不会引起学生的兴趣,也影响了教学效果及学生未来工作和综合能力的提升。

产教融合可以通过企业提供师生实践基地、业界专家参与教材编写与合作课程开发、企业提供实际案例、业界专家开展专题研讨培训、师生参与产学研项目等方式,为课程思政提供更加鲜活的案例、更加前沿与实际的教学内容,以及更加生动的教学情境。产教深度融合有助于引导学生深入社会实践、关注现实问题,从而更好地了解相关专业和行业领域的国家战略、法律法规和相关政策。在案例教学过程中,可以以真实案例分析为主,通过实地调研、问题设置与讨论引导等方式巧妙融入思政元素,达到"润物细无声"的教学目的。案例教学过程强调引导学生分析与讨论案例中蕴含的思政元素。大量专业知识点及思政元素主要通过学生对真实案例的分析与讨论呈现,而不单纯依靠教师的讲授。这种方式不仅可能引发学生提出超出教师预设范围的分析视角与思政元素,而且能充分发挥"头脑风暴"的作用,从而更好地调动学生的主观能动性和课堂参与积极性,实现教学相长的目的。

二、现有研究评述

以"课程思政"为主题关键词在 CNKI 数据库进行检索后发现,截至 2023 年 10 月,共有 3 191 篇相关论文发表在北大核心期刊,这些论文的发表时间主要集中在近 3 年。这表明近年来课程思政的研究成果颇丰。进一步以"课程思政"+"会计"为主题关键词在 CNKI 数据库进行检索后发现,截至 2023 年 10 月,共有 36 篇相关论文发表在北大核心期刊,其中,2023 年 4 篇,2022 年 18 篇,2021 年 9 篇,2020 年 2 篇,2018 年和 2019 年各 1 篇。在前述两个关键词基础上,进一步增加"产教融合"为主题关键词进行检索后发现,尚未在北大核心期刊上发表相关论文。

由此可见,结合会计类专业的课程思政研究整体上呈现逐年增加的趋势,但同时考虑产教融合的文献尚显不足。虽然结合会计类专业的课程思政研究并不罕见,但相关文献主要以理论研究为主,聚焦于会计类专业课程思政的背景与现状(殷俊明和张兴亮,2020;许汉友等,2022)、课程思政的必要性分析(徐伟等,2022)、课程思政的原因与困难(薛丽达等,2021)、课程思政的路径分析(郝玉贵等,2021;董必荣等,2022;刘国城等,2022;孙静和李秀丽,2023;王蕾和葛军,2023)及思政教育与专业教育的有机融合(刘俊勇等,2022)等方面。尽管这些研究提出了许多对策与建议,但其内容往往相似,缺乏创新性和实际操作性。

梳理现有研究发现,会计类专业的思政教学主要存在以下问题:

首先,思政教学目标的定位依然不够清晰,针对具体课程的思政教学元素如何聚焦与落地的研究较为欠缺。此外,思政教学的"度"如何把握也是一大难点。作为专业课程教师,在讲授或引导讨论思政元素时需要深化到何种程度尚不明确。

其次,在思政教学方法方面,现有的思政教育大多停留在教师讲授、学生被动接受的层面。教师容易陷入空讲大道理、与学生尬聊的情境,对学生的启发与引导不足,未能充分发挥学生"头脑风暴"的作用,难以实现教学相长的目的。

再次,在思政教学内容方面,通常孤立地将某个思政元素与单一的知识点或案例结合,未能将多个维度的思政教育元素有机融合。案例教学与思政育人的广度与深度都还有待扩展;同时,专业课课程思政教学中,不同思政元素如何形成与构建体系也存在较大困难;此外,教学内容与企业实践脱节的现象也比较明显。

最后,对思政教学评价的重视程度不够,缺乏量化指标与激励保障制度,且对这一环节的讨论和持续改进的建议相对不足。

三、产教融合背景下六位一体的思政育人体系

（一）案例导入

产教融合首先需要在教材或教学案例编写方面，邀请行业企业专家深度参与，建设衔接职业能力的新型教材或案例库；应将行业企业的真实项目作为案例来源，开发紧密结合产业实际的实务课程。对学生的培养应高度融合产业需求，培养方案可由学校与企业共同制定。课堂讨论的案例主要来源于实习实践基地、行业企业专家编写的案例，或学生平时接触到的产品或服务的真实案例。通过这种方式，教师可以带领学生实地调研案例公司，通过浸润式教学，使学生更容易形成自己的观点，这样的案例也更具有现实意义，能够激发学生学习和讨论的兴趣。此外，在教学内容方面，应增加数字化、智能化技术及软件在专业课程领域的应用，以提升学生解决复杂实际问题的能力为核心目标。

（二）问题引导

专业教师的产学研见习、教师参加行业和业界培训、与行业合作开展前沿研究课题、产业兼职教师引进、校企导师联合授课与联合指导等方式，有利于打造产教融合的高水平师资队伍，补齐高校教师在实践教学能力方面的短板。

教师的重要工作是设置能够激发学生兴趣、启发学生思考、易于引入学术前沿与思政元素的问题。同样的真实案例素材会因教师设置问题的不同而产生不同的教学效果，因此该环节尤为关键。

（三）讨论驱动

扩展多元化教学场景可以通过在真实企业员工工作环境中开展实操教学来提高浸润式、下沉式、体验式课堂的比例，让学生切实接触并感受真实企业的运营管理与运作模式。学生可以结合案例公司相关视频、公众号推文、学术文献等资料，通过实地调研、小组研讨等方式，对教师提出的一系列问题进行思考、分析、讨论，并在课堂上进行展示。

（四）学术扩展

在真实案例讨论的基础上进行适当的学术扩展，有助于促进科研与人才培养的积极互动，并发挥产学研合作示范的影响力。教师引入相关领域的前沿研究成果与经典研究成果，有助于拓宽学生的学术视野，加深学生对案例问题的理解，为学生未来的进一步深造打下坚实的基础。

（五）量化考核

在每堂案例分析讨论课上，学生的讨论与汇报时间应占总时长的50%以上。教师需要明确每次讨论的评分，并进行量化管理。这样，学生才能更加清楚考核的依据与成绩，从而更有动力参与思考、讨论并发表观点。

（六）激励保障

教师可以通过在课程考核评价中增加真实案例分析讨论部分所占比例、对课堂展

示过程中表现突出的小组进行适当奖励、指导学生将案例讨论结果形成学术论文并公开发表等方式激励学生积极参与案例研讨。

四、产教融合背景下的思政教学改革设计

产教深度融合的前提是教师与学生明确业界对财务人员的需求，并根据这些需求提供相应的"供给"，即教师在教材选用、教学内容安排、案例与习题设置等方面结合企业实践需要，学生在学习过程中明确学习及应用方向，以便在毕业后能够更快地适应工作岗位。企业与学校应开展全方位深度合作，向学生提供更为贴近实际的教学案例资源与更加前沿的软件教学。通过对实际案例的分析和探讨，学生可以将课程不同章节以及其他相关课程的重要知识点串联在一起，并置于一个特定、统一的实际案例情境中去吸收、理解、消化、讨论，从而提升自身综合分析能力。

教学案例主要来源于实习实践基地或业界导师根据现实案例的编撰。同时，学生平时最好可以接触到案例公司的产品或服务，还可以实地调研案例公司，这样更加符合《高等学校课程建设指导纲要》中关于引导学生深入社会实践、关注现实问题的要求。更为重要的是，通过实地调研进行浸润式教学，学生更容易形成自己的见解，而不是简单地套用现有文献和研究报告等资料中的观点。此外，学生能够在与同学和老师的讨论交流中加深对课程知识点与现实商业实践的理解。在教学过程中，教师还可以引入相关领域的前沿研究成果与经典研究成果，以拓宽学生的学术视野，并加深对现实案例问题的理解，为学生未来的进一步深造打下坚实基础。最为重要的是，在同一案例教学过程中可以融入多个维度的思政元素，以实现全方位、多角度的立德树人目标。

表1以"管理会计"教学过程中使用到的部分教学内容为例，展示如何进行案例导入、问题引导、讨论驱动、学术扩展、量化考核、激励保障的课程思政教学改革。总的来看，案例通常包括本课程及相关课程的多个重要知识点。且这些案例公司大多来源于学生在现实中容易接触到其产品与服务的公司。这些案例相关资料非常丰富，不仅包括财务报告、研究报告、学术论文等，而且包括大量视频资料，增强学生直观、感性的认识。

表1 "管理会计"各章节思政元素挖掘与应用举例

章节	教学内容	讨论问题	学术引领	育人元素
第一章 导论	业界对财务人员的需求	数字化、智能化时代，企业对财务人员的需求	数字化相关文献	德才兼备
第二章 成本分类	瑞幸咖啡的成本结构、商业模式与财务舞弊	瑞幸咖啡财务舞弊的手段及影响	财务舞弊及外国公司问责法相关研究	诚信 德法兼修

(续表)

章节	教学内容	讨论问题	学术引领	育人元素
第三章 成本性态分析	校企合作企业的成本性态分析	混合成本的分解方法	成本性态相关文献	做好人生规划
第四章 本量利分析	瑞幸咖啡的本量利分析	瑞幸咖啡的商业模式问题	本量利分析相关文献	诚信 德法兼修
第五章 短期经营决策	真实案例公司面临的零部件自制还是外购决策	关键领域"卡脖子"问题,重要领域自主研发的意义	投资决策相关文献	家国情怀
第五章 短期经营决策	真实案例公司面临的特殊订单	现实中还需考虑的因素	投资决策相关文献	全局思维 算大账
第六章 完全成本法与变动成本法	公司通过扩大产量降低单位产品负担的固定制造费用、调增利润	通过盈余管理手段可以实现调节利润的目的,但会产生哪些影响	盈余管理相关文献	诚信
第七章 存货管理与成本控制	服装企业成本结构、成本控制与存货管理案例	服装企业的成本控制引发了哪些社会问题	成本控制相关文献	环境保护 勤俭节约 可持续发展
第八章 作业成本法	真实案例公司采用传统成本法与作业成本法的对比分析案例	采用不同成本核算方法或不同费用分摊标准可能产生哪些影响	盈余管理相关文献	诚信
第九章 长期投资决策	真实案例公司投资决策的依据	现实中的决策还应考虑哪些因素	投资决策相关文献	全局思维 算大账
第十章 全面预算	真实案例公司预算编制考虑的因素	预算编制中考虑到环境保护、员工福利等因素	社会责任报告相关文献	做好人生规划 社会责任
第十一章 标准成本与差异分析	校企合作企业的成本差异分析	成本差异产生的原因及应对	标准成本相关文献	节约型生产 资源合理利用
第十二章 业绩评价	对校企合作企业进行业绩评价的财务指标与非财务指标	数字经济与人工智能环境下,如何利用大数据挖掘企业非财务信息来帮助决策	业绩评价相关文献	全局思维 算大账 公正正义

在教学过程中,最为关键的一环是教师如何设置能够激发学生兴趣、启发学生思考、易于引入学术前沿与思政元素的问题。学生结合案例视频、公众号推文、学术文献等资料,通过实地调研、小组研讨等方式,对教师提出的一系列问题进行思考、分析、

讨论，并在课堂上进行展示。教师的教学重点在于为学生提供沉浸式教学场景，指导学生现场感受案例公司各方面情况，以及在学生展示与课堂讨论等环节引导学生更加全面、深入地思考案例问题，并讨论相关的思政元素。此外，为增加学生的获得感与成就感，教师应明确每次讨论的评分，并对课堂展示过程中表现突出的个人或小组进行适当的奖励与激励。这是案例讨论教学过程中非常重要的一环。同时，在课程考核评价中，加大案例分析讨论部分所占比例也能有效激励学生积极参与思考和讨论。

以现实中某公司通过扩大产量以降低单位产品负担的固定制造费用，从而调增利润的案例为例，教师可以引导学生思考、讨论不诚信行为（如盈余管理、财务舞弊）的各种后果，即反向思考不诚信行为可能带来的问题，而不是直接讲述诚信的重要性。虽然案例公司可以通过一些会计手段达到调节利润的目的，但这种行为可能会带来当期多交税收、存货积压、现金流紧张、机会成本增加等一系列问题。这些问题会增加企业破产倒闭的风险，从而使学生从内心深处认识到诚信经营的重要性。

另外，以实际案例公司采用作业成本法和传统成本法计算成本的差异为例，可以探讨使用不同成本核算方法或不同费用分摊标准可能对企业产生的影响。虽然这些方法的选择不违反《企业会计准则》或相关法律，但它们可能导致企业在成本、定价、利润、税收等方面产生较大差异。因此，从财务或审计角度来看，需谨慎对待这些方法的选择。

在小组讨论过程中，教师需要特别注意的是，设置的问题要有一定难度，案例及相关问题也要能够激发学生兴趣且与学生未来的工作高度相关。这样，学生才会有意愿寻找更好的答案。会计专业的学生未来大多从事会计、审计、投资分析等工作，因此非常有必要了解盈余管理的主要手段、财务舞弊的常见方法及其影响。

此外，在分组报告讨论结果时，教师需要明确每次讨论的评分，并对其进行量化管理，以使学生更加清楚考核依据与成绩，从而更有动力参与思考、讨论和发表观点。每堂课上，学生讨论与汇报的时间应占总时长的50%以上。教师主要负责高度归纳总结知识点，不断精简、提炼教学内容，重点在于引导学生思考和讨论，鼓励表现优异的小组。教师应关注学生在讨论中提出的新观点，特别是那些包含对思政元素理解与应用的观点，以实现教学相长和"润物细无声"的教育效果。最后，对于诚信这类重要的思政元素，需要在不同章节或不同案例中反复讨论，以不断深化学生的理解。

五、产教融合背景下的思政教学改革实施

具体来看，产教融合背景下的思政教学实施主要包括以下环节。

（一）教师精选现实案例并挖掘思政元素设置讨论问题

教师应选择易于融合多维度思政元素与引入学术前沿的案例。案例可以来源于实习实践基地，或由行业专家推荐或编撰，需具备新颖性、有一定难度并具有探讨价值。同时，案例需要覆盖本课程及相关课程较多知识点，使学生比较容易接触到其产

品与服务。最好能够安排学生到案例公司进行现场调研和教学，以便他们获得更直观的感受。讨论问题的设置是案例教学中非常重要的一个环节。教师需要设置层层递进的问题，最为重要的是相关问题要能够引出思政元素并激发学生的思考。

例如，通过设置"倡导快时尚的服装企业进行成本控制导致的负面影响有哪些"这一问题，可以引出关于绿色发展、平等、公正等思政元素的讨论。而通过设置"瑞幸咖啡的财务舞弊行为对公司、员工、高管、实体店经营者、消费者、供应商、投资者、债权人、其他准备赴美IPO的公司、其他中概股以及社会大众等方面可能产生哪些影响"这一问题，可以引发关于德法兼修、实事求是、讲诚信、守规则、爱国主义等思政元素的讨论与讲授。

此外，教师还需要思考案例问题对提升学生综合能力可以发挥哪些作用，以及案例讨论结束后能否对学生的人生规划与决策产生一定启发，从而实现价值引导与思维培养并重的教学目的。这样做可以避免教学陷入为思政教学而思政教学的极端情形。即使学生未来不从事本专业相关工作，"管理会计"课程提供的思维方式依然有助于学生在未来生活、工作中更好地进行规划、管理与决策，并且拥有正确的理想信念。

（二）学生课前查阅资料与实地调研

结合教师提供的思考讨论问题，学生可以通过多种途径查阅案例相关资料。例如，学生可以访问案例公司官方网站，收集并阅读公司年报等资料；收集公司相关的新闻报道、股价波动等信息；阅读案例相关领域的经典文献和最新文献（教师可以指定部分文献为必读）；通过Wind数据库等途径查找案例公司或相关公司的研究报告；通过公众号查阅案例相关推文等。

此外，产教融合的重要环节是实地调研。教师可以带领学生走访案例公司，观察数字化、智能化等方面的最新技术在案例公司管理会计工作方面的应用，进行沉浸式教学。教师也可以通过事务所平台，带领学生参与案例公司的审计工作。学生可以通过实地走访案例公司的门店、购买案例公司的产品或服务、下载案例公司的App、与公司员工直接交流、设置问卷并发放给公司顾客与员工等方式，直观、全面地感受案例公司的各个维度，从而在案例讨论过程中形成自己的想法，而非简单地重复查阅资料所得的观点。

（三）课堂讨论中的思政引领

教师可以提供综合案例相关视频供学生在课前或课堂上观看。例如，在讲解服装企业成本结构、成本控制与存货管理（表2）这一案例时，可以选择 *The true cost*、《牛仔裤的代价》等纪录片供学生观看。这类纪录片主要介绍发达国家的服装企业为了控制成本将服装生产外包到孟加拉国等东南亚发展中国家，这种不断压缩成本的策略导致了众多社会问题的产生。这些社会问题包括对空气、水、土壤等的污染，使发展中国家的人民产生各种疾病，健康受到严重威胁。而在高危厂房里工作导致的坍塌事故更使发展中国家人民的生命安全得不到保障。

表 2 服装企业成本结构、成本控制与存货管理

产教融合	案例资料	教学过程	思政问题	思政元素	学术引导
服装企业实地走访调研 服装企业审计项目参与 服装企业产学研课题项目	视频资料 学术文献 研究报告 新闻报道 财务报告 公众号推文	问题设置（思政挖掘） 资料查阅 实地调研 分组讨论 课堂展示（思政引领） 评价激励（思政评价）	倡导快时尚的服装企业进行成本控制导致的负面影响有哪些 案例公司存货周转率变化的原因 企业持有较多存货可能产生哪些问题	平等、公正 社会责任意识、环境保护意识 供给侧改革、去杠杆 共同富裕、乡村振兴 企业高质量发展 化解过剩产能等	文献查阅方法与期刊介绍 成本控制、隐性成本、存货管理、存货舞弊等领域相关文献

通过实地走访和观看相关视频，学生可以更加清晰直观地理解绿色发展、环境保护等思政元素的重要意义，也有助于提升学生的社会责任意识，并深入思考平等、公正的意义。此外，服装企业的案例还涉及企业存货管理问题。通过引导学生查阅案例公司的存货周转率、周转天数等相关数据，并思考讨论"案例公司存货周转率变化的原因"及"企业持有较多存货可能产生哪些问题"，可以引发关于存货跌价准备、存货减值损失、机会成本、隐性成本、现金流、税收等问题的讨论。这将加深学生对供给侧改革、去杠杆、企业高质量发展、化解过剩产能等思政元素的理解。

（四）小组展示中的思政评价

每次讨论应确立具体的量化指标，对学生的表现进行评价与打分。并且，课堂讨论及展示结束后，除对表现突出的同学给予语言上的肯定和分数上的奖励外，教师还可以指导学生将综合案例讨论结果形成学术论文，并进行课堂展示（根据学生展示内容进行思政评价）。随后，学生可以根据课堂讨论内容反复打磨论文，并尝试投稿发表，以此增加自身的成就感、获得感。同时，对于未来打算进一步深造的学生，这一过程不仅能帮助他们在文献查阅、数据查找、数据处理软件运用、学术论文写作等方面得到锻炼与提升，而且能帮助他们积累一定的学术成果，以便申请或考取研究生。此外，教师对表现优异的学生进行一定物质奖励（如奖励学生蕴含思政育人元素的书籍），也能够有效地激励学生，并在潜移默化中起到进一步思政培育的作用。

六、结论与展望

在产教融合的大背景下，"管理会计"课程不仅是传授实际技能的平台，更是培养学生综合素质、树立正确人生观和价值观的重要途径。通过挖掘"管理会计"课程各章节的思政元素，并引入实践案例进行深入分析，不仅帮助学生掌握了管理会计的实际应用，而且培养了他们的社会责任感及勤俭节约、诚信公正的价值观。

通过案例分析与实地走访，学生在课堂上不仅是知识的接收者，更是问题的探究

者、实践的参与者。通过分析真实案例,学生思考企业在管理会计实践中所面临的各种挑战和机遇,形成独立见解,提高综合分析和解决问题的能力。同时,这些案例教学过程也为学生搭建了走进社会、了解企业运作的桥梁,使他们更好地融入职场、服务社会。

未来,在"管理会计"课程的教学中,可以进一步拓展思政育人的途径,使思政育人更具深度和广度。首先,可以进一步深化和加强产业界与学校的合作,将更多实际问题引入课堂,更高频次地开展课内外结合的实践活动,让学生沉浸在真实场景中体验管理会计的应用,增强他们的实践能力。其次,可以深入研究国内外企业的最佳实践,将国际化元素融入课程,通过对比分析,使学生了解不同国家、不同文化背景下企业管理会计的异同,培养学生的国际视野和跨文化沟通能力。最后,应鼓励学生参与社会实践项目,例如与企业合作进行管理会计实践项目,实现产学研用的转化。这种参与不仅可以锻炼学生的团队合作和项目管理能力,而且能够增强他们的社会责任感和使命感。

总的来说,通过不断深化思政育人的内涵,结合实际案例分析,"管理会计"课程可以成为培养学生思想觉悟、实践能力、社会责任感的平台。在未来的教学实践中,教师们应持续创新教学方法,挖掘更多的思政育人途径,为学生的全面发展提供更有力的支持,培养出更加符合社会需求的高素质人才。

参考文献

[1] 董必荣.论课程思政的建设思路与落地路径——以"会计学"课程为例[J].财会通讯,2022(14):20-23.

[2] 郝玉贵.会计专硕课程"思政+特色"的融合教育目标与实现路径[J].财会月刊,2021(24):63-66.

[3] 刘国城,董必荣,黄中生.会计学"课程思政"示范专业建设的研究动态、实现路径和保障策略——以南京审计大学为例[J].财会通讯,2022(12):27-32.

[4] 刘俊勇,赵雪媛,朱继光,等.关于会计专业开展课程思政工作的实践与思考[J].财务与会计,2022(12):15-18.

[5] 孙静,李秀丽.新文科背景下会计专业诚信教育与课程思政建设——以《管理会计工具与应用》课程为例[J].财会通讯,2023(19):160-165.

[6] 王蕾,葛军.应用型本科院校会计专业课程思政建设研究——基于数智化背景[J].财会通讯,2023(10):1-6.

[7] 许汉友,李媛媛,李莹.新时代会计学类课程的课程思政教学研究[J].财会通讯,2022(14):28-32.

[8] 徐伟,许汉友,李媛媛.审计国际化专业《绩效管理》课程思政建设的思考——以南京审计大学ACCA项目为例[J].财会通讯,2022(20):32-36.

[9] 薛丽达,张菊香,董必荣,等.会计学"课程思政"教学改革研究——基于管理会计指引体系的思考[J].财会通讯,2021(24):159-162.

[10] 殷俊明,张兴亮.会计学"专业思政"建设的思考与探索[J].财会通讯,2020(15):163-166,176.

会计学"三全育人"教学实践探讨与思考
——以"会计学原理"为例

王华杰

一、引言

习近平总书记在 2016 年全国高校思想政治工作会议上强调,高校思想政治工作关系高校培养什么样的人、如何培养人以及为谁培养人这一根本问题。要坚持把立德树人作为中心环节,将思想政治工作贯穿教育教学全过程,实现全程育人、全方位育人,努力开创我国高等教育事业发展的新局面。2017 年,中共中央、国务院印发《关于加强和改进新形势下高校思想政治工作的意见》,提出坚持全员、全过程、全方位育人,即"三全育人"的要求。"课程思政"是高校学习贯彻习近平总书记上述重要讲话精神、针对新时代大学生思想政治教育实际而探索形成的新型教学理念和思想政治教育模式,旨在构建全员、全程、全课程的"三全育人"格局,将各类课程与思想政治理论课同向同行,形成协同效应,把"立德树人"作为教育的根本任务,形成一种综合教育理念。

会计学课程具有系统性、实用性、更新性、综合性和国际化特点。系统性体现在一系列多层次课程构建了完整的会计知识体系;实用性强调培养学生解决实际会计问题的能力;更新性要求课程内容随会计法规、国际会计准则等相关制度不断更新,并保持与行业同步;综合性强调培养学生综合运用知识和解决问题的能力;国际化则要求相关课程融入国际视野,培养具有国际竞争力的会计人才。学生通过会计学课程不仅能掌握理论知识,而且能应对实际挑战,并在国际舞台上展现自己的能力。"会计学原理"作为会计学专业的基础课程,在培养学生基本会计理论与实践技能方面扮演着重要角色。该课程主要阐明会计学的基本理论、基本方法、基本技能和基本规范,使学生掌握以"会计目标"为核心的一系列会计基本概念、以"会计确认、会计计量、会计报告"为核心的会计基本理论、以"借贷记账法"为核心的会计核算方法、以"会计法律规范与会计职业道德规范"为核心的会计规范体系。

长期以来,会计学课程往往偏重知识与技能的传授,而思政教育则被置于次要位置。这种现象可能是由于会计学科的特点,注重理论知识的讲解和实践技能的培养,导致思政教育在课程设置和教学实践中占据较小比重。为了满足"三全育人"的教育要求和立德树人的根本任务,以及应对当前社会主义市场经济发展对会计相关从业人员道德伦理和社会责任要求的提高,将思政教育融入会计学课程显得尤为重要。我们认为，会计学课程天然具有融入思政元素的基础。虽然会计学注重理论讲解、业务核算和财务报表分析等技术性内容，但这些内容中也蕴含着社会责任、职业道德、诚信求真等思政教育的内涵。因此，会计学课程的教学可以自然地将技术性知识与思政教育有机结合起来，从而培养学生正确的诚信观念、职业道德和社会责任感。

鉴于此，本文以"会计学原理"这门会计学基础课程为例，基于课程知识、案例教学和自我拓展三个层面进行会计学课程思政教学改革尝试和实践。首先，在课程知识的传授方面，可以通过我国《企业会计准则》的发展过程、会计信息的质量要求及会计法律规范体系等内容，引导学生正确认识会计学及会计职业道德的重要性，培养学生的社会责任感和诚信守约观念。其次，通过案例教学，引导学生在实际案例中思考会计职业道德和诚信问题的重要性，激发学生的思辨能力和判断力，使他们明白正确的职业道德选择对会计实务及国家经济健康发展的重要性。最后，在自我拓展方面，布置小组案例分析任务，促使学生主动了解国内外会计领域的最新发展和热点问题，并引导他们思考和讨论其中的职业道德和社会责任议题，拓展他们的视野。通过以上课程设计，教师不仅可以激发学生的学习兴趣，更重要的是将思政教育融入会计课程中，培养学生心怀国家、勇于担当、诚信守约和开拓创新的理念和精神，实现"立德树人"的教育根本目标。

二、课程思政的内涵与会计学课程的特点

（一）高校课程思政的内涵

董必荣指出，课程思政的目标是站在为党育人、为国育才的高度，深刻把握两个大局，深入挖掘各类课程和教育教学方式中蕴含的思想政治教育资源，将世界观、人生观和价值观教育融入知识传授和能力培养中，引导和培育学生形成正确的世界观、人生观和价值观。韩小雅和张广认为，课程思政具有过程性、全面性和长期性三个特点，是一种教学理念和方式的集合，扩充了思政课程的内涵与外延。在思政课程之外的专业课程教学过程中挖掘思政教育元素，从而实现全员育人、全程育人和全方位育人。课程思政实质上是将立德树人的落实从单一思政课程的"点"延伸到专业课程的"线"，再推进至人才培养和专业建设的"面"的过程。课程思政绝不是简单的"课程＋思政"。在课程思政建设过程中，既要防止、规避穿靴戴帽和生搬硬套现象，也要避免对知识教育的冲击和干扰。课程思政建设需采取科学、恰切、有机的融合机制对课程知识进行教育性建构。因此，课程思政是在高校教学过程中，将思想政治教育的内容、要求和方法有机融入各门课程中，通过学科知识和思想政治教育的相互渗透、相互促进，实现知行合一、德才兼备的育人效果的教育模式。

所有课程都承担着传授知识、培养能力及思想政治教育的双重任务，致力于培养学生的世界观、人生观、价值观。这种拓展不仅能够使思想政治教育更深入地融入学生的学习生活，引导他们在专业学习中树立正确的思想道德观念和价值取向，而且能够促进学生在专业领域内全面发展，增强其社会责任感和使命感。通过专业课程思政

的拓展,高校可以更好地培养具备综合素质和道德情操的优秀人才,推动青年学生的全面成长,促进学术和思想的融合,提升教育教学质量,为社会主义现代化事业培养更加符合时代需求,具有社会责任感、创新精神和批判性思维的人才,推动人才培养工作向全面发展、多元化、有特色的方向迈进。

(二) 会计学课程的特点

会计学课程具有以下特点:

(1) 系统性:会计学课程包含了会计的基本理论、方法和实践技能,包括"会计学原理""中级财务会计""高级财务会计""管理会计""审计学""税务会计"等多层级课程,构建了完整的会计知识体系。通过系统学习,学生可以全面掌握会计学的基本知识体系。

(2) 实用性:会计学课程注重培养学生解决实际会计问题的能力,通过案例分析、模拟实操等教学方法,使学生能够在课堂上获得实践经验,提升应用能力,为未来从事会计相关工作做好准备。

(3) 更新性:由于会计法规、国际会计准则及企业管理模式的不断更新,会计学课程内容也需要与时俱进,及时调整,以适应行业发展的需要。学生需了解最新的会计法规和国际会计准则,提高对行业发展的敏感度。

(4) 综合性:会计学课程涉及财务会计、管理会计、成本会计等多个领域,要求学生具备综合分析和解决问题的能力。通过学习不同方面的会计内容,培养学生综合运用知识的能力,应对复杂的会计实务问题。

(5) 国际化:随着全球化进程的推进,国际会计准则的重要性日益凸显。会计学课程需要融入国际视野,培养具有国际竞争力的会计人才,使学生能够适应国际化的会计环境和国际贸易需求。

综上所述,会计学课程旨在培养学生系统掌握会计知识、具备实际操作技能、具有创新能力和分析解决问题的能力,以适应现代会计领域的要求,为学生未来的职业发展打下坚实基础。

(三) 会计学课程与课程思政

从课程特点看,与思政类课程不同,会计学课程主要讲授会计的基本理论、职能及核算方法技术等,具有较强的知识技能属性。然而,深入挖掘课程的内涵,我们会发现,会计学专业的核心在于培养具备家国情怀、勇于担当、诚信守则和开拓创新的新时代复合型人才,这与"立德树人""三全育人"的思政教育要求高度契合。

第一,职业道德和诚信教育在会计学专业中占据核心地位,是会计从业者的基本素养,对整个行业乃至整个国家经济的健康发展至关重要。

第二,会计学课程本质上是对会计准则的解读和执行,因此具有很强的法律意识和规则观念。会计从业者需严格遵守《中华人民共和国会计法》(以下简称《会计法》)《企业会计准则》等相关法律法规的规定。

第三,会计提供企业和个人的财务信息,这直接关系各方的利益,对资本市场乃至整个国家经济的健康发展具有重要影响。如果会计从业者随意篡改财务数据或隐瞒重要信息,将会对企业和整个市场带来极大的风险和损失。因此,会计人员应具备高度的社会责任感。

第四,会计学是一门不断发展的学科。为适应企业管理模式的不断更新,会计理论和准则也在不断改进和完善。这就要求会计学者具备与时俱进、开拓创新的态度和精神,以确保会计学不断向前发展,更好地服务于市场和个人。

三、会计学课程思政教学改革思路——以"会计学原理"为例

结合第二节中讨论的课程思政的内涵、会计学课程的特点及其所包含的与思政教育紧密相关的核心内涵,本文从课程知识、案例教学、自我拓展三个层面进行课程思政教学改革尝试,探讨专业课程与思政教育相契合的教学过程,落实"立德树人""三全育人"的教育要求。

(一)与课程思政相关的课程知识

会计的经济后果观念指出,会计信息的用户依据会计信息作出决策,因此会计所提供的信息会产生经济后果。虚假的会计信息可能对用户的决策产生严重的不良影响,特定单位对于其所提供的会计信息,特别是对外提供的会计信息,负有法律责任。提供会计信息应受到道德的约束,必须保证所提供的会计信息的真实和公允。会计的规范观念强调,会计必须建立并遵循统一的、法定的或公认的规范,以生成和提供会计信息。

会计信息质量的首要要求是可靠性。可靠性要求包含了对会计信息真实性、可验证性和中立性要求三层含义:要求一切会计记录必须有凭证证明,反映真实的交易或事项;一切会计信息应依据《企业会计准则》进行处理,能够得到一致的结果,不应偏向某一部分信息使用者而损害其他使用者的利益;不应为达到某种预定目的而使会计信息受个人偏向和主观意志的影响。

会计规范发展至今已经形成为一个具有不同层次结构的完整体系,各种规范相互联系、相互补充、相互影响,共同对会计运行过程及其结果进行约束。我国现已具备了完整的会计规范体系,形成了以《会计法》为中心,由会计法律、会计行政法规、会计部门规章与地方性会计法规四个层次构成的相对完整的法律法规体系。

(二)案例教学

本课程共引入中外两个案例进行思政教育和专业技能传授的融合。

第一个案例为美国安然公司财务造假事件。安然事件是指于2001年发生在美国的安然公司破产案及其相关丑闻。安然公司曾是全球最大的能源、商品和服务公司之一,曾名列《财富》杂志"美国500强"第七位,自称为全球领先企业。然而,2001年12月2日,安然公司因涉嫌会计舞弊和欺诈行为而宣告破产。安然公司案例揭露了高管团队和会计师事务所之间的勾结,他们通过虚构的财务报表和不当的会计手法掩盖公司的真实经济状况。该案为美国历史上第二大企业破产案,震惊了全球金融市场,

严重挫伤了美国经济恢复的元气,投资者和社会公众的信心受到重创。此事件引发了监管机构对公司治理和财务透明度的重视,也推动了美国立法机构加大对上市公司的监管力度,规范了金融市场秩序,对于整个金融行业的监管和改革起到了重要的推动作用。

第二个案例为康美药业财务舞弊案。作为市值曾高达1 283.36亿元的A股医药类白马企业,康美药业股份有限公司(以下简称康美药业)在2016年至2018年,通过多种手段进行了大规模的财务造假,累计虚增货币资金886.8亿元,累计虚增营业收入291.28亿元,累计虚增营业利润41.01亿元,累计多计利息收入5.1亿元。根据证监会的调查,康美药业被指控使用虚假银行单据虚增存款、伪造业务凭证进行收入造假、将部分资金转入关联方账户买卖本公司股票三项罪名。这一案件被认为是中国证券史上规模最大的财务造假案。

在讲解上述两个案例时,除结合财报数据介绍公司财务舞弊的手段和曝光方式外,重点是通过真实的案例向学生强调以下核心思想:

(1) 结合会计的经济后果观念向学生展示会计信息对资本市场健康运行的重要性以及虚假会计信息可能造成的严重后果,培养财经专业学生的使命感和社会责任感。安然事件连同美国"9·11"事件、世界通信公司会计造假案和安达信解体,被美国证监会前主席哈维·皮特称为美国金融证券市场的"四大危机",引发了美国2002年的金融危机,也促使了美国SOX法案的推行。康美药业的财务造假事件曝光后,其股价暴跌,市值蒸发近百亿元。据统计,有近5.5万名康美药业投资者向法院提起侵权诉讼,法院最终判决赔偿证券投资者损失24.59亿元。证监会认为,康美药业公司2016年至2018年连续3年有预谋、有组织、系统性地实施约300亿元财务造假,涉案金额巨大,持续时间长,性质特别严重,社会影响恶劣,践踏法治,对市场和投资者毫无敬畏之心,严重损害了投资者的合法权益,严重破坏了资本市场健康生态。

(2) 结合会计的规范观念及会计信息的可靠性要求,引导学生理解法律法规的重要性,强调会计职业道德的核心价值,培养学生诚实守信、爱岗敬业和遵纪守法的品质。突出职业道德和诚信是会计学专业的核心,是会计从业者的基本素养,对整个行业乃至整个国家经济的健康发展至关重要。具体而言,教师可以通过案例分析,向学生解释和分析案例中相关责任人员的做法如何违背了会计信息质量的可靠性要求,并向学生说明案例中相关会计从业人员最终受到的惩处。安然事件和康美药业财务造假事件虽然发生在不同国家,但均已成为商界伦理、公司治理的重要教训。这些事件提醒所有公司和从业人员必须遵守道德规范,坚守诚信原则,加强内部控制与监督,确保财务报表的真实可靠。

(3) 结合案例分析,教师可以深入介绍会计领域的基本法律法规、职业道德准则和会计标准,培养学生的法律意识,使学生明确会计规范的作用,了解我国会计规范体系的构成,掌握我国会计法律规范的基本内容,强调会计准则和职业道德对从业人员的约束力,帮助学生建立正确的行为准则,促使他们在未来的职业生涯中始终保持遵纪守法意识,提高整体职业素养和行为规范水平。

(三) 抛砖引玉，学生自主拓展分析

安然事件和康美药业财务造假事件均是具有重大影响的财务舞弊案例。在课堂上，教师可以与学生一同探讨案例分析的思路，以及从案例中可以获得的教育和启示。在此基础上，教师可以引导学生自主查阅财务舞弊案例，以小组的形式展开案例分析、总结和反思，并在课堂上进行小组分享和讨论。这种安排可以将学生从被动接受思政教育内容转变为主动思考案例中的育人内涵。在分析案例时，学生不仅模仿教师提供的思路，而且进行延伸和拓展，并加入自我思考的内容。这样，真正做到了将思政教育与课程教学有机融合。这种教育模式旨在实现知行合一、德才兼备的育人效果，为学生全面发展提供有效的教学范式。

在小组分享和讨论之后，学生普遍反馈，通过案例分析与课程知识的结合，他们对会计学的规范要求、诚信要求和职业道德要求有了更深层次的认识和理解。高质量的会计信息对经济和资本市场的持续健康发展具有重要作用。会计规范要求指引学生遵守会计准则和法规，确保财务报告的真实性和准确性。诚信要求学生在处理财务信息和报告时保持诚实和正直，杜绝虚假记录或误导性陈述。而职业道德要求则要求学生具备良好的职业操守，包括保密、客观公正、勇于担当等品质。通过深入理解这些方面的要求，学生将能够树立正确的职业态度，同时提升自身的综合素质，成为心怀国家、与时俱进、诚信守则和开拓创新的新时代复合型人才。

四、结语

由于会计学科的特点，会计学课程往往专注于知识与技能的传授，将思政教育置于次要位置。然而，实际上，会计学课程是一门天然融合了思政元素的课程。除理论讲解、业务核算和财务报表分析等技术性内容外，会计学课程还贯穿了社会责任、职业道德、诚信求真等思政教育的内涵。会计学课程的教学可以很自然地将技术性知识与思想政治教育有机结合，培养学生正确的诚信观念、职业道德和社会责任感。

以"会计学原理"这门会计学基础课程为例，通过课程知识的传授、国内外重大财务舞弊案例的分析，以及布置小组案例分析任务，引导学生自我拓展等教学实践环节，可以将思政教育融入会计课程中，激发学生的思辨能力和判断力，引导学生正确认识会计学及会计职业道德的重要性，明白正确的职业道德选择对会计实务以及国家经济健康发展的重要性，从而培养学生心怀国家、勇于担当、诚信守约和开拓创新的理念和精神，实现"立德树人""三全育人"的教育根本目标。

思政教育是一项长期任务，需要将其贯穿于整个课程的始终，并与其他学科有机融合，其目的在于帮助学生深刻理解会计的重要性、会计职业道德和诚信精神的重要性，以培养学生的社会责任感、会计职业道德素养和诚信理念，引导他们将诚信价值观贯穿于日常学习和未来工作的方方面面，使诚信成为他们职业生涯中不可或缺的品质。

参考文献

[1] 张烁.习近平在全国高校思想政治工作会议上强调:把思想政治工作贯穿教育教学全过程 开创我国高等教育事业发展新局面[N].人民日报,2016-12-09(1).

[2] 董必荣.论课程思政的本质与内涵[J].财会通讯,2022(12):21-26.

[3] 韩小雅,张广.高校课程思政的内涵及完善路径[J].德育研究,2020(3):28-29.

[4] 殷俊明,张兴亮.会计学"专业思政"建设的思考与探索[J].财会通讯,2020(15):5.

[5] 郝德永."课程思政"的问题指向,逻辑机理及建设机制[J].高等教育研究,2021,42(7):7.

新文科建设战略下一流财经人才培养模式的探索与实践

魏晓雁　高前善　李率锋　张淑慧

一、引言

自新文科建设提出以来,学术界对新文科的内涵、特性,新文科对学科转型发展、人才培养的影响,以及新技术对新文科发展的影响进行了广泛的理论研究。中国新文科具有时代性、中国性、世界性与技术性的时代内涵,其建设方向包括夯实人文灵魂、弘扬中国文化、耦合学科体系、重振文科教育,以助推中华民族的伟大复兴。王巍(2021)、周文杰(2021)、王晰巍(2020)、郭金秀(2021)等学者一致认为,新文科具有学科交叉特性,新文科建设将对人才培养、学科转型产生推动作用。查清华(2020)、金波(2020)等学者认为,新技术、数字人文、人工智能的发展将引发人文社科研究范式的变革及不同学科之间的交叉融合。唐衍军和蒋尧明(2021)则认为,信息技术的发展正在重塑审计工作及其人才技能需求,新文科跨界融合的教育理念可以培养"金刚石"型高素质财经人才,不仅有助于突破审计行业高质量人才匮乏的瓶颈,而且对创新高等教育人才培养机制具有重要推动作用。海妙(2021)则认为,新文科背景下的专业融合为高校开展创新创业教育提供了着力点,创新创业教育也为实现新文科专业改造升级提供了一种科学、合理、可行的路径选择。

新文科建设强调思维和创造力。思维和创造力是增加国家能力收益的最重要因素,也是经济、社会、政治和文化发展的决定性因素(Hasan,2021)。科技高速发展,生活节奏越来越快,竞争也越来越激烈,对高等教育提出了新的、更高的要求。大学应当走在时代的前列,对接时代发展要求。虽然重视和培养学生的创造力只是迈向更有创造力的社会的一小步,但却是经济能否健康发展的一个决定性的影响因素(Nimer,2016)。2007年,中国超过美国并一直保持着最高的大学入学率(Brown等,2008)。人才竞争越来越激烈,培养具有国际视野、国家立场、创新能力的高质量人才是高等教育的重要工作。

在新文科建设战略下,我们需要立足时代发展实际,积极应对新文科人才的新需求,立足中国化,在学科融合上下工夫,培养符合时代需要的新型人才。新文科建设是新时代高等教育从外延拓展向内涵发展转变的重大战略选择,强调学科交叉、文理相融,反映了学科发展与人才培养的新趋势。人工智能、大数据、云计算、区块链等技术的发展要求重塑财经工作,呼唤财经教育与学习方式的变革。基于新文科建设倡导的跨界融合教育理念,培养德才兼备、素质全面、拥有跨学科融合能力的高素质财经人才,对新时代背景下新文科教育的深入开展具有重要示范意义。新文科教育必须突出能力培养,在提升能力和健全人格的相互融合中实现立德树人。高校应以新文科理念为指导,培养具有家国情怀、大数据能力、国际化视野与整体性思维的新文科财经人才。

二、财经人才供需分析

(一)需求

一方面,受到互联网等新兴行业的冲击,财经专业的数字化转型已经迫在眉睫,具有复合型专业背景的财经人才更受市场青睐。另一方面,后疫情时代正在改变金融行业的服务形态和消费方式,"线上化"潮流对商业人才提出了更高的要求。

从需求热词来看,用人单位对诚信品质和大数据运用能力的需求日益旺盛,特别是大数据运用能力,2020年10月该词的提及频率比2019年10月增长了112.78%。高层次会计人才的需求也在增加,中级会计师的需求增长了35.99%,注册会计师的需求增长了48.82%,高级会计师的需求增长了43.06%。财经岗位中无职称的人员较多,因而初级职称——助理会计师的需求更加旺盛,增长了102.09%。财经人才需求热词分析如表1所示。

表1 财经人才需求热词分析

热词	2020年10月	2019年10月	增长率
创新	13 096	13 808	-5.16%
诚信	15 650	14 502	7.92%
大数据	2 898	1 362	112.78%
注册会计师	19 315	12 979	48.82%
中级会计师	12 038	8 852	35.99%
助理会计师	2 223	1 100	102.09%
高级会计师	1 339	936	43.06%

(二)供给

1. 社会财经人才供给情况

至2019年,累计有795万余人取得初、中级会计资格证书,取得高级会计师评审资格的人数有18万余人。取得初级以上会计资格的专业人才比2018年增长了10.11%,其中取得高级会计资格的专业人才增长了12.5%。虽然现有会计专业技术人才中500多万是初级会计人才,但从近几年的人才结构来看,会计人才呈现出高端化发展的趋势。截至2020年年底,全国共有执业注册会计师111 113人,其中合伙人(股东)35 768人,会计师事务所8 628家(不含分所)。

2. 高校供给情况

2020年,高校毕业生人数达到了874万人。2011—2020年,高校毕业生人数以2%～5%的年同比增长率逐年增加。近10年间,累计毕业生人数达到了7 603万人。2011—2020年我国高校毕业生人数统计情况如图1所示。

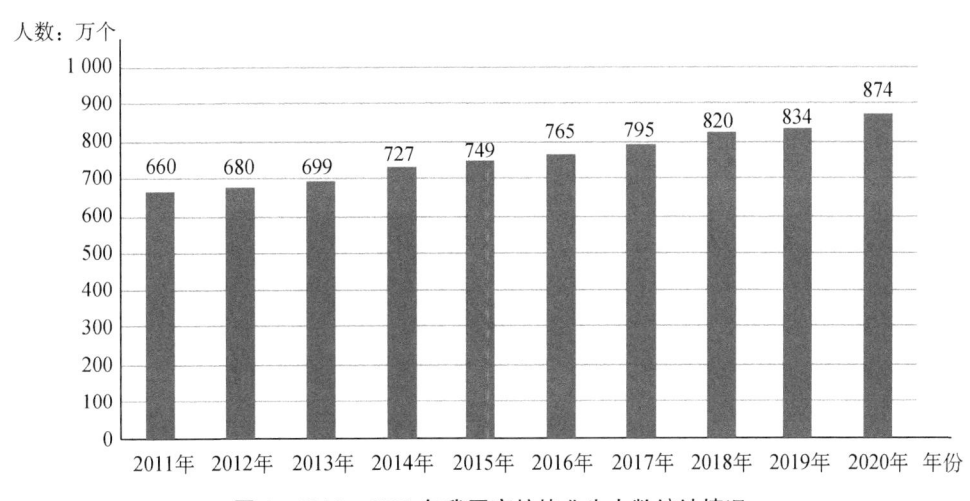

图1 2011—2020年我国高校毕业生人数统计情况

3. 创新创业师资供给情况

国家高度重视大学生创新创业教育,出台了许多相关政策,"大众创业、万众创新"的社会环境也为创新创业教育的发展提供了有利条件。创新创业教育改革是高等教育综合改革的重要突破口,必须坚持高起点、高标准、严要求,充分发挥"国创计划"的示范引领作用,着眼于加强项目过程管理,明确交流、激励和监督考核机制。截至2019年10月,全国高校已有近2.8万名从事创新创业教育的专职教师,他们是高校创新创业教育得到有效推进的重要保障。

三、"三维四线"一流财经人才培养模式的构建

基于新文科建设倡导的跨界融合教育理念,为了紧密对接当前及未来的财经职业需求,紧跟人工智能技术前沿,超前谋划,积极转型,以培养一流财经人才,在财经专业课程教学中积极探索改革,构建"三维四线"的一流财经人才培养模式,形成与新文科建设要求相匹配的财经人才培养理念,塑造政治品德、知识素质和创新能力协调发展的高质量财经人才。一流财经人才培养模式如图2所示。

"三维四线"培养模式坚持"以学为中心",旨在培养一流财经人才。该模式主要涵盖以下五个方面:一个目标、两个坚持、三项依托、四个结合和五种能力。其中,一个目标是指"以学为中心",培养一流财经人才;两个坚持是指坚持国际视野、坚持国家立场;三项依托是指依托学校坚实的财经专业基础、丰富的人文基础、一流的数理统计基础做好课程教学、实践模拟、创新创业指导三个课堂;四个结合是指专业与思政结合、

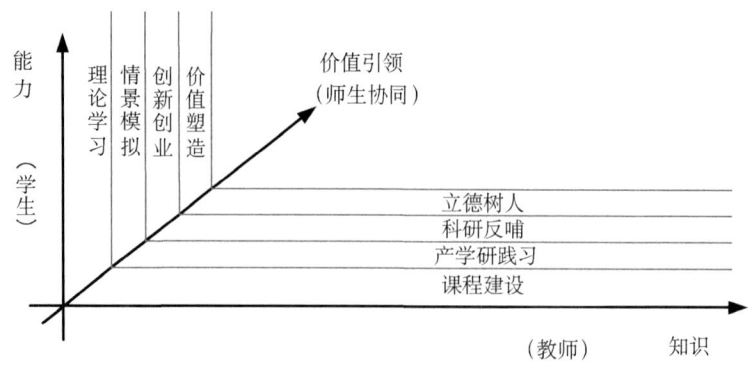

图 2　一流财经人才培养模式

理论与实践结合、课内与课外结合、线下与线上结合；五种能力是指创新能力、应用能力、沟通协调能力、团队合作能力、学习发展能力。

在新文科建设战略下，一流财经人才培养面临的主要问题按"以学为中心"的理念，可概括为"三个维度"：一维是教师对学生的价值引领问题和国际视野与中国立场的协同问题；二维是"实践"与"创新"专业能力的培养问题，主要是"大智移云"等现代技术对财经的影响及其在财经中的应用问题；三维是学生的专业知识、素质和发展能力的培养问题。

针对以上"三个维度"的问题，教学团队从"教"的角度，通过以下"四条线"来解决。

第一条线：教师立德树人、言传身教。教学团队创造性地搭建了思政元素融入课程教学的逻辑框架，即教师是推行思政课堂的关键，课程建设是思政课堂的载体，思政元素的融入是重点，学生最终的获得感是评价检验的标准。这种框架形成了知识传授、能力提升和价值引领的完整人才培养体系，并将其运用到财经专业课程的讲授过程中。把课堂教学作为加强思政教育的主战场，特别是紧密联系专业课程的相关内容，挖掘思政融合点，如舞弊问题、职业道德问题等，使学生在学好专业知识的同时，内心种下诚信的种子，为其职业生涯助力。

第二条线：提升教师的理论与研究水平，以科研反哺教学与学生创新能力的培养；明确教师在教学和科研方面的双重使命，鼓励教师积极开展科研工作，把最新科研成果融入日常教学内容。这不仅提升了课堂教学的深度和广度，而且激发了学生对专业知识的学习兴趣，强化科研育人的作用。特别是针对课程教材内容相对固定、滞后性问题，以及无法反映本学科最新研究进展的问题，教师应将课本知识与最新研究成果结合起来，不断完善知识结构，及时掌握学科的最新动态和发展方向。

第三条线：提升教师的专业实践水平，增强其指导学生实践的能力。鼓励教师参加各级各类培训和产学研实践活动，鼓励师生与实务单位协同开展产学研合作研究。特别是通过在事务所、企业单位、政府机构等单位的实践，提升教师的实际操作能力。这不仅使教师自身能力得到强化，而且能丰富课堂教学内容，提高教师的创新创业指导的能力和水平。

第四条线:以线上线下课程建设为核心,抓好课堂教学,强化学习过程控制与课程考核。融合在线教学和传统教学的优势,积极开展线上线下混合教学,让学生随时随地都可以进入学习状态,引导他们由浅入深地进行学习。以形成专业志趣为着力点,科学设计评价指标,对学生的学习效果开展评价,使评价结果成为激发学生深入学习的动力,从而促使学生自觉投入更多时间学习。

四、"三维四线"一流财经人才培养模式的实践

(一)聚焦价值引领

作为新文科之一,会计、审计、金融等财经学科具有科学性和价值性的双重属性。教师如何在传授专业知识的同时,引导学生树立正确的价值观、增强社会责任感、提升人文精神,是财经人才培养的任务之一。在"三维四线"一体化财经人才培养模式中,通过课程思政实现对学生的价值引领是一个重要环节。国际视野、中国立场是价值引领的基础。在课程教学中融入思政元素是立德树人的关键。教师作为主体,是推行思政课堂的核心力量;课程建设是思政课堂的重要载体;思政元素的融入是教学的重点,而学生的获得感则是评价和检验的标准。构建涵盖知识传授、能力提升和价值引领的完整人才培养体系,挖掘不同专业课程的思政元素,统筹协调并将其运用到专业课程的讲授过程中,打造专业课程思政综合体。通过这种方式,提升专业课程思政的针对性和专业性,不断满足学生的成长和发展需求。落实专业课程思政的引领责任,发挥专业课程与思想政治理论课的协同效应。

(二)培养体系变革

5G时代已经来临,万物互联对财经专业人才的培养提出了新的要求。财经思维、技术和方法都发生了很大的改变,传统的培养方案已经不能适应时代发展的需要。为适应互联网时代财经思维和数据处理模式的变化,需要在课程设置、教材编写、师资培训等方面进行创新,为学生的学习发展提供新的路径,不断提高学生的专业能力,以满足创新型财经人才的需求。高等院校财经专业与"互联网+"的接轨,才能够满足行业发展的现实需要。

为促进财经行业的创新发展,需要构建一体化、多层次的人才培养体系,打造全新课程体系和品牌课程模块,建设一流的应用型财经本科专业。需要积极对接智慧城市建设,推进财经管理、财经技术与人工智能、互联网技术、大数据分析技术交叉融合的智慧财经等新专业建设,形成特色鲜明的专业链和专业群。需要依据教育部颁布的本科教学质量国家标准,紧密结合现代财经行业的发展趋势和人才需求,着手探索智慧审计、智慧会计等交叉专业(方向)的教学质量标准。

(三)科教融合一体两翼协同发展

现代大学的基本特征是教学与科研并重,其中科研反哺教学是为了培养高素质应用型人才(刘绍丽等,2018)。构建科教融合一体两翼协同发展的机制,其中一体是指科教融合,而两翼分别是指科研与教学。以绩效考核为抓手,鼓励老师和学生组成团

队开展创新创业研究,在协同创新中促进科研成果对教学的反哺,激发学生的创新创业兴趣。

高校教师肩负着授业、研究和育人的三重使命。只有在教学思考过程中充分挖掘科研元素,并将科研成果有机地融入教学实践中,才能实现两者的融合发展,从而提升自身的能力和素质。"名师出高徒"的道理也在其中,因为要培育出优秀人才,必须要有教学能力和科研能力"双高"的卓越师资,统筹教学与科研两种资源,师生协同创新,铭记"德高为范",以塑造出政治品德、知识素质和创新能力协调发展的高质量人才。

(四)创新意识培养

创新精神一直是我们民族特有的最深沉的民族禀赋,中华民族的创新精神贯穿整个中华文明的创造史(王莉,2020)。创新人才培养是我国建设创新型国家的关键步骤,也是实施科教兴国和人才强国战略的必然举措(侯浩翔,2019)。各类高校都在持续强化创新教育能力,注重对学生创新能力的培养。创新创业能力是当代大学生综合素质的重要体现和地方应用型本科院校人才培养质量的重要衡量标准(阳彦等,2019)。

打造名师汇聚的一流师资队伍,构建产学研用、实验实训、人才素养等三大支撑平台,构建适应产教融合的现代内部治理体系,创新学科专业群建设管理模式,提高学校的整体办学层次和水平。积极鼓励专任教师指导学生参与各类纵横向科研课题的研究,让本科生参与现实世界、产业和学术研究挑战的跨学科项目,不断提高学生的科研创新能力。

五、总结与展望

时代在飞速发展,新文科建设对财经专业人才培养提出了新的更高的要求,社会对高层次创新型人才的需求不断增加,这对高校,特别是财经类高校是新的挑战。如何在三全育人背景下评价高校创新型人才培养质量问题也将是高校和学术界的一个重要议题。本文从用人单位需求特征、高校供给情况两方面讨论了创新型财经人才的供需情况,并在此基础上进一步分析了"三维四线"一流财经人才培养模式的构建问题,希望能为高校,特别是财经类高校,在财经人才培养方面提供一些借鉴。

参考文献

[1] 郭金秀.新文科背景下地方高校外语专业跨学科教育研究[J].湖北工程学院学报,2021,41(1):64-70.

[2] 海妙.新文科建设视角下的创新创业教育[N].甘肃日报,2021-02-05(10).

[3] 侯浩翔.智能时代高校创新人才培养的实然困境与应然转向[J].中国电化教育,2019(6):22-28.

[4] 金波.紧抓新文科建设机遇推动学科转型发展[J/OL].图书与情报,2020(6):6-9[2021-03-08].http://kns.cnki.net/kcms/detail/62.1026.g2.20210207.1020.006.html.

[5] 唐衍军,蒋尧明.论"四跨"融合下新时代新文科财经人才培养[J/OL].财会月刊,2021(6):1-

4[2021-03-08]. http://kns.cnki.net/kcms/detail/42.1290.F.20210303.1153.041.html.
[6] 王莉."两弹一星"精神对当代大学生的启示[J].智库时代,2020(2):103-104.
[7] 王巍.新文科建设与国家文化软实力提升[J].教育信息化论坛,2021(1):70-71.
[8] 王晞巍.迎合新文科建设要求培养复合型学科人才[J/OL].图书与情报,2020(6):14-16[2021-03-08]. http://kns.cnki.net/kcms/detail/62.1026.g2.20210207.1020.012.html.
[9] 阳彦,张文玉,肖奎.地方应用型本科院校创新创业教育改革探索与实践——以湖南工学院为例[J].法制与社会,2019(36):207-208.
[10] 查清华.以数字人文、人工智能推进新文科建设[N].中国社会科学报,2020-12-21(6).
[11] 周文杰.从多元异构走向融合归一——图情档新文科建设的趋向评析[J/OL].情报资料工作,2021,42(2):1-16[2021-03-08]. http://kns.cnki.net/kcms/detail/11.1448.g3.20210301.1016.006.html.
[12] Brown P, Launder H, Ashton D. Education, globalization and the future of the knowledge economy[J]. European Educational Research Journal, 2008, 7(2):131-156.
[13] Hasan R. Creativity and inhibitors of the Egyptian university students—A field study on the University of Zagazig[J]. Atarbiyah Al-Moasira, 2021(66):79-164.
[14] Nimer A M. The extent of the contribution of the educational environment of Najran University in developing creative and innovative enterprises among the university students[J]. Journal of Educational Issues, 2016, 2(1):305-330.

基于案例的在线教学设计与思政元素融合研究

张丽敏

一、引言

习近平总书记指出,教育是国之大计、党之大计,教育兴则国家兴,教育强则国家强。党的十八大以来,以习近平同志为核心的党中央高度重视教育问题,习近平总书记在不同场合多次强调发展教育的重要意义,为教育强国的建设指明了方向。我们要从党和国家事业发展全局的高度,把立德树人融入思想道德教育、文化知识教育环节,培根铸魂、启智润心。作为人才培养的重要阵地,各地高校在加强科研水平的同时,也要注重教学工作(鞠衍清,2019)。

随着信息技术迅速发展,特别是从互联网到移动互联网的演变,创造了跨时空的生活、工作和学习方式,知识获取的方式发生了根本性变化。本文围绕财经类院校的案例教学课程,借助网络化教学平台,通过有效设计与实施,实现信息技术与教育教学的深度融合,并执行综合评价环节,赋予新技术育人功能,对新时代在线课程的高质量发展和公平协调发展具有重要意义。本文的研究有助于在"停课不停学、不停教"的战线上实现育人目标,并对全面有序复学复课具有重要意义。

借助上海立信会计金融学院"毋忘立信、当必有成"的办学精神、鲜明的财经类特色专业以及"诚信品质、实践能力、创新意识、国际视野"的高素质应用型人才培养模式,本文将围绕案例教学课程中的主要知识点,科学设计课程思政建设目标,优化课程思政内容供给,将各层次的课程思政元素有机融入课程教学之中,实现价值塑造、知识传授和能力培养的紧密融合,从而帮助学生深刻理解社会主义核心价值观的理论内涵,引导学生从哲学视角分析和决策管理会计实际问题。落实立德树人的根本任务,将价值塑造、知识传授和能力培养三者融为一体,全面推进课程思政建设,寓价值观引导于知识传授和能力培养之中,帮助学生塑造正确的世界观、人生观和价值观。

二、在线教学设计工具与思政元素内容

基于互联网络和远程教育网络进行教育教学指导、研究、沟通、交流、培训,有利于教师对新课程理念与方法的把握,有助于教师把先进的教学理念转化为实际的教学行为,为提高目前教研工作的有效性提出了解决方案。这不仅是目前常规教研的一种延伸,而且是一种多主体、跨时空、低成本、高效率的教研新途径(魏晓彤,2011)。

在案例教学中,我们可以借助"学习通""腾讯会议"等在线教学软件和 Camtasia

视频录制剪辑工具，全面、系统地阐释和运用现代财务管理的基本理论、基本原则和决策方法，分析我国现阶段特有的资本市场现象，提高学生的资本经营管理能力。通过在线教学，增强学生对"聚财、用财、生财"财务管理内容的理解，解释并简要评价财务管理案例，保持对财经事件的敏感度和好奇心。具体内容包括以下五个方面：①在课前，借助"学习通"让学生填写调查问卷，了解学生的知识水平和课程需求，实现与学生的沟通交流，并在此基础上设计以后的课程（课前安排）。②借助"学习通"的投票功能，了解学生的分组需求（课前安排）。③借助"学习通"的签到功能，进行花式签到。④借助"学习通"的主题讨论功能，进行课堂讨论（课上安排）。⑤利用"腾讯会议"进行"直播授课""在线互动"和"在线答疑"，全程在线，让学生充分享受在线辅导和"陪伴式"学习。

在案例教学中，结合学校定位、专业特色和课程特点，深挖思想政治教育资源，完善课程内容，改进教学方法，探索创新课程思政建设模式和方法路径，将课程建设目标融入课程教学的全过程。下面将以"管理会计案例"为例进行说明，在课程中将不同层面的思政教育主题有机融入"管理会计案例"课堂教学的各个章节，主要内容包括以下五个方面：①在"管理会计概述"的职业道德章节中，融入诚实守信、爱岗敬业的思政元素。②在"突发公共卫生事件中的管理会计"章节中，融入公司诚信、凡事预则立等经营理念的思政元素。③在"管理会计沟通专题"章节中，引入中国传统文化与优秀价值观的教育理念，融入文化自信的思政元素。④在"战略驱动的成本计算和精益管理"章节中，融入精细化管理的思政元素。⑤在"大智移云与管理会计"章节中，融入创新驱动发展的思政理念。

三、在线教学设计方法和思政融入实施路径

（一）在线教学设计与评价方法

1. 在线教学目标方面

该方面主要借助在线教学平台，通过案例专题，展示案例研究的科学分析过程，陈述财经类案例分析中常用的工具、软件，引导学生树立"诚信"的财务观，增强学生在商业实践分析中的法律意识，具体要完成以下目标：能描绘案例分析的知识体系并概述相关知识点；能举例说明从公司IPO、投融资到公司治理等基本理论如何应用于具体案例分析；能解释并简单评价财务会计领域的案例研究论文；对前沿财务管理案例的研究具备好奇心。

2. 教学技术运用方面

该方面主要利用"学习通"让学生填写调查问卷，具体内容包括：已经修过的与本门课相关的课程有哪些？你希望的课堂模式是什么？你希望从这门课中学到什么？你课下打算花多少小时投入本课程的学习？你预期自己期末的成绩是多少？（0～100分）。据此，充分了解学生的知识水平和课程需求，实现与学生的沟通交流，并在此基础上设计以后的课程。借助"学习通"的投票功能，于课前了解学生的分组需求

（自选分组、随机分组）。借助"学习通"的签到功能，进行花式签到，包括直接签到、拍照签到、位置签到、手势签到等方式。借助"学习通"的主题讨论功能，进行课堂讨论，据此评估学生在在线学习过程中对知识点的掌握情况。

3. 教学策略与方法方面

该方面主要利用与知识模块紧密相关的、学生感兴趣的视频来调动学生的知识储备、引发学生思考和思辨，自动构建财务管理案例课程的知识框架和知识体系。利用简洁的 PPT 整合文字和图片信息，提示老师讲课思路，引导学生思考，以加深学生对课程内容的理解。最重要的是，借助文字、图片、视频等工具进行启发式、混合式教学，传道、授业、解惑。在在线教学中，PPT 的主要功能是辅助讲述顺序、提示学生思考，以及提升课堂的教学效果。课堂教学涉及大量的重要的文字信息，无法通过板书综合呈现，而运用 PPT 可以快速、准确、清晰地呈现信息。为了防止课堂气氛过于沉闷，教师可以在讲述过程中添加与课程内容相关的图片和视频，以活跃课堂气氛，调节教学节奏。

4. 学生综合评价方面

为了充分调动学生在线学习的积极性，本文拟按照下列标准对学生的学习效果进行综合评价：总成绩＝平时成绩×50%＋期末成绩×50%，满分为 100 分。其中，平时成绩＝考勤×40%＋课后作业×60%＋课堂表现＋案例报告＋助教，满分为 100 分。这种评价标准旨在兼顾性格内向型和外向型学生的学习特点，实现因材施教。助教的评定通过"学习通"的"抢答"功能产生，这一功能可以充分调动学生的学习热情和学习积极性。

5. "生生互评"方面

在线进行互评学生的匹配，另外，互评作业的评价标准要清晰、具体。互评成绩公布后，学生如对评分有异议，可向老师申请复评。

（二）思政元素融合的实施路径

1. 全面落实思政教育目标

紧紧围绕坚定学生的"理想信念"这一核心指向，以"爱党、爱国、爱社会主义、爱人民、爱集体"为主线，以"政治认同、家国情怀、文化素养、宪法法治意识、道德修养"等为重点，优化课程思政内容的供给，系统进行"中国特色社会主义和中国梦教育、社会主义核心价值观教育、法治教育、劳动教育、心理健康教育、中华优秀传统文化教育"。聚焦专业人才培养目标，进一步丰富"管理会计案例"课程目标，在原有的知识目标、技能目标的基础上，增加与专业、与课程紧密关联、与思想政治理论课目标高度一致的思想政治教育目标，以实现在知识传授、技能训练过程中的价值引领。

2. 深入挖掘思政教育元素

在确定的思政教育目标的基础上，充分挖掘与学校、专业、课程、学生相关的思政教育元素。结合课程性质、学科背景以及教学内容中所蕴含的意识形态内容，分类提炼思政元素，并进行挖掘梳理。这样可以使案例教学彰显出科学文化底色的思政基因。

3. 科学选择思政教育载体

为了更好地落实思政教育目标,还需要选择合适的思政教育载体,以春风化雨般的姿态将抽象的思政元素融入学生的思想,具体的载体包括与课程知识点相关的具有职业操守的榜样、案例公司典型事迹、公司社会责任报道等。教师通过这些具体的载体,把细小的思政教育元素组合在一起;通过课堂教学,将具体内容以视频、图片等形式直观展示,能够给学生带来强烈的情感冲击和深刻印象。

4. 专题式嵌入思政元素

针对"管理会计案例"教学,可以按照以下方式融入思政元素到课程章节中:在"管理会计概述"专题中,融入诚实守信、爱岗敬业的思政元素;在"突发公共卫生事件中的管理会计"专题中,融入公司诚信、凡事预则立等经营理念的思政元素;在"管理会计沟通"专题中,引入中国传统文化与优秀价值观的教育理念,融入文化自信的思政元素;在"战略驱动的成本计算和精益管理"专题中,融入精细化管理的思政元素;在"大智移云与管理会计"专题中,融入创新驱动发展的思政理念。

5. 充分开展思政教育活动

在挖掘了合适的思政教育元素并选择了恰当的思政教育载体之后,教师需要科学设计合理的思政教育活动,通过理论阐述、案例分析、分组讨论、提问答疑等形式,遵循"学生为主体"的理念,开展思政教育活动,推动课程思政效果的实现。将教学目标细化为"知识、能力、价值"三个维度,并结合情境体验、互动讨论等多种教学方法将思政元素无痕地浸润到专业知识点中,确保教学目标的实现。

6. 有效组织思政教育评价

结合学生的综合表现进行课程思政效果的测量和评价,检验所确立的思政教育目标的达成度,从而为后续课程思政教育提供借鉴和改进的一手数据基础。

四、教学反思与总结

首先,建立终身学习的机制和习惯。习近平总书记在北大考察时,提出"坚持教育者先受教育",这表明教师要具有一定的自主学习能力。教师的自主学习强调教师的自主性,意味着教师需要依靠自己或在他人的帮助,逐步建立问题意识,主动诊断自身的学习需求,规划学习目标,识别学习所需要的人力和物力资源,选择和使用恰当的学习策略,并监控学习过程(陈莉和刘颖,2016)。因此,教师学习本质上是一种自我指导式的学习,而不是被动接受新知识、新技能。教师要能够清楚地认识到自己的学习需求,关注所需的学习资源;能够根据自身情况自主选择学习方式;具备思考能力,能够及时反思学习内容和学习过程。

其次,将科研成果与促进教学水平相结合。教育科研以教育质量的提高、学生充分的发展为终极目标(顾泠沅和周超,2017),其结果务必切实有效,不能仅停留在理论研究上。培养人才是大学的第一使命,是大学的根本。在承担这一使命的过程中,教学侧重于言传,而科研侧重于身教。教学与科研对于高校而言,如鸟之双翼、车之两轮。因此，今后的教学科研要积极建构"科教融合、学术育人"的行动框架。

再次，明确教学目标。通过改进创新案例在线教学设计并融入思政元素，在学生培养方面达到了以下目标：学生能描述案例分析的知识体系并概述相关知识点；能举例说明从公司 IPO、投融资到公司治理等基本理论如何应用于具体案例分析；能解释并简单评价财务会计领域的案例研究论文；对前沿财务会计案例的研究具备好奇心；培养学生在掌握基础知识的同时，提高学生在专业领域的逻辑思考与分析能力、独立思考的能力和解决实际问题的能力；正确认识自我、社会和中国当下发展成就与未来发展趋势，充分发挥思政课在立德树人中的关键作用，切实推进改革创新。

最后，重视同行交流。同行交流是提升教师能力的最直接的方式（齐振国和荆永君，2011）。与观摩学习和自我反思模式相比，同行在教学设计的前期工作中给予充分的建议，结合实际教学经验对教学设计进行修改上的指导。在在线教学过程中，教师应定期参加在线课堂教学，持续观察和充分记录教学方法和教学不足，并提出建设性的改进意见。在线下课堂教学过程中，教师应定期到教室听课，充分观察并记录线下课堂教学效果，并在课后给予授课教师教学方式改进上的建议。在课程设计中，尤其是教学方式和难易程度的设置上，需要充分考虑学生的接受能力，注重教学方法和内容的持续改进。

参考文献

［1］齐振国,荆永君.基于视频案例的课堂教学校本研修［J］.中国电化教育,2011,289（2）：103-106.

［2］鞠衍清.高校自然科学学报发表学科教学研究论文的必要性——基于 L 省的初步调查［J］.辽宁师专学报（自然科学版）,2019,21（3）：103-108.

［3］魏晓彤."同课异构"网络教研模式的探究［J］.中国电化教育,2011,289（2）：110-113.

［4］陈莉,刘颖.从教师培训到教师学习：技术支持教师专业成长的途径与策略［J］.中国电化教育,2016,351（4）：113-119.

［5］顾泠沅,周超.教师专业化的实践与反思——顾泠沅教授专访［J］.苏州大学学报,2017（2）：86-93.

如何在中国情境下培养学生健康的筹资理念
——基于"财务管理"课程教学的摸索

李 锋

一、引言

"财务管理"课程(以下简称"本课程")是经济管理类专业的基础课程,其中筹资管理是本课程的三大内容之一。筹资是企业生存的基础,而健康的筹资理念则是企业持续发展的基石。改革开放四十多年以来,许多企业借助国家政策的支持,利用各种筹资渠道顺利实现了跨越式发展。然而,也有少数企业持有不健康的筹资理念,存在盲目筹资、圈钱甚至非法集资等行为,这给企业带来了巨大的财务风险,甚至导致其破产。事实上,国家也"三令五申"并陆续出台了一系列法律、法规、制度来规范企业的筹资活动。在本课程教学中,我们要求学生深入学习和领会这些政策精神,将"依法筹资"的准绳深深烙刻在心中。本课程不仅要求学生理解西方的经典理论,而且要求学生因地制宜,分析国内企业筹资存在的问题,探索适合中国特色社会主义市场经济的筹资理论。这对于培养学生正确的政治方向、弘扬社会主义核心价值观具有重要的意义。

二、中国情境下培养学生筹资理念的必要性

(一)西方筹资理论与概念以成熟资本市场为基础,与我国不尽相同

本课程涉及的筹资理论以西方成熟资本市场为基础,理论支撑包括投资者理性假设和有效市场假设。投资者理性假设要求较高,而现实的资本市场难以完全满足这些要求。但有效市场假设却能在实际市场中得到较好的解释,因为即使一部分投资者不完全理性,他们的交易行为具有随机性,不至于相互传染,交易噪音(即高估或者低估)会相互中和而不至于对证券价格产生较大的影响。但如果这部分投资者交易相互影响以至于产生羊群效应呢?这也问题不大!因为成熟市场中的套利交易会消除前者对价格的影响。与西方发达市场相比,我国资本市场起步较晚,不论是投资者素质还是市场有效性特征都不可同日而语,特别是我国市场中散户交易占比较高,机构投资者规模还未壮大,证券市场的价格发现功能尚不健全,无论是机构投资者还是散户,都存在一定程度上的羊群效应,个股层面也缺乏有效的套利交易机制,市场上经常出现"追涨杀跌"、价格大起大落的现象。由于市场环境不同,我们在教学中不能照搬西方市场的经典理论,毕竟"鹦鹉学舌"只会导致"东施效颦"。我们要求学生理解这些理

论产生的基础,并找出我国与西方市场的差异,探索适合解释我国企业筹资行为的理论。此外,本课程中的某些筹资概念也与我国的实际情况有所不同。例如,关于"资金的时间价值"概念,各大教材中都表述为"可以使用通货膨胀很低时的短期政府国债利率来表示资金时间价值",这是因为西方发达资本主义国家的经济特征一般为"低增长、低通胀"。而我国属于发展中国家,在大部分时期的经济特征是"高增长、高通胀",政府发行的国债期限也在3年以上,根本不存在所谓的"短期政府国债"。因此,简单套用国外的概念会显得"不接地气",学生也难以理解。

(二) 我国经济体制下企业筹资行为及其理论解释具有一定的中国特色

市场环境的差异会造成企业融资行为的不同。本课程涉及的西方企业融资的主要理论是融资顺序理论(Meyers 和 Majluf,1984),该理论认为在市场信息不对称的条件下,企业进行股票融资会被市场认为前景不佳,向市场传递企业当前股票价格被高估的信号,从而导致股票价格的下跌,而债务融资的比例可以传递企业价值的信息,高质量的企业通过承担较高的负债比例来告诉外部投资者企业是高质量的(例如,美国苹果公司的资产负债率由2010年的30%持续提高至2022年的85%)。然而,企业过多的债务融资会面临财务危机的风险。因此,企业在进行新项目融资时通常会遵循以下顺序:首先考虑内部融资,再考虑外部融资。如果需要外部融资,会优先选择债务融资,最后才使用权益融资。融资顺序理论在美、英、法、日等发达国家的资本市场中得到了验证。然而,我国学者(黄少安等,2001)却发现我国上市公司存在截然相反的融资顺序,即企业融资时优先选择权益融资,其次选择债务融资,最后才选择内部融资,这被概括为我国上市公司的"股权融资偏好理论"。这和我国上市公司价格高估、企业分红较少有关。也有学者指出我国上市公司并不存在股权融资偏好,提出了"过度融资理论"(张军等,2005),表现为企业陷入"股市圈钱"(降低资产负债率)、"银行借款圈钱"(资产负债率上升)、新一轮"股票圈钱"的循环。这种过度融资可能导致企业过度投资、规模过大、财务爆雷等问题。因此,在教学中,我们要因地制宜,要求学生理解我国企业融资行为与西方发达市场的不同,让学生分析其中的利弊,并寻找改善我国企业融资行为的路径。

三、学生健康筹资理念的价值观框架体系

(一) 贯彻中央精神,坚定正确的筹资政治方向

习近平总书记在党的二十大报告中为当前教育指明了方向,全面贯彻党的教育方针,落实立德树人根本任务,培养德智体美劳全面发展的社会主义建设者和接班人。本课程力求塑造广大青年学生健康的筹资理念,坚定正确的筹资政治方向,鼓励学生紧贴时代脉搏,立志在财务管理工作中将个人前途、企业发展与国家政治精神紧密结合起来。表1列出了我国自党的十四大提出建立社会主义市场经济体制以来,不同时期中央指导企业筹资的政治精神及主要路线。在"确立和建设社会主义市场经济体制"时期,中央把"建立健全企业独立法人资格"放在首要地位,要求企业通过市场化手段进行筹资,筹资

中面临的各种问题要在国家顶层设计的指引下解决；在"完善社会主义市场经济体制"时期，国家突出强调统筹兼顾"国有企业改革"任务，要求国有企业在融资中引入战略投资者，提升国有企业治理水平，对于中国特色的非流通股问题，国家推出了股权分置改革，从而调动了大股东和管理层提升上市公司市值的动力；在"加快完善社会主义市场经济体制"时期，企业要贯彻"经济高质量发展、科技自立自强"的新发展格局，国家在企业筹资方面的主要路线也无不践行了新时代的政治精神。

表1 企业筹资的政治精神及主要路线

时期	中央指导企业筹资的政治精神	主要路线
确立和建设社会主义市场经济体制时期(1992—2003年)	增强市场在资源配置中的基础性作用，转换企业经营机制，政企分开，把企业筹资推向市场	设立证券交易所，鼓励企业进行股票、债券筹资
		商业银行严格执行国家的信贷纪律，规范企业贷款行为
		指导企业解决三角债问题
		成立四大资产管理公司，剥离银行向企业贷款形成的不良资产
完善社会主义市场经济体制时期(2003—2012年)	坚持全面协调可持续发展，加大企业股份制改革力度，解决企业筹资"同股不同权"的问题，为创业企业提供融资渠道	国有企业（包括银行）引入战略投资者，提高融资治理机制
		通过非流通股东向流通股东支付对价形式进行股权分置改革
		推出创业板市场
加快完善社会主义市场经济体制时期(2012年至今)	贯彻新发展理念，企业融资要为"经济高质量发展、科技自立自强"服务，增强金融服务实体经济能力，提高企业直接融资比重	深化国有企业改革，推进混合所有制改革和员工持股
		推进供给侧结构性改革，降低企业财务杠杆，化解潜在金融风险
		成立科创板，为未盈利的高精特新企业上市融资提供支持
		设立北交所，解决中小企业上市融资问题

（二）具有诚信品质，遵守筹资信用规则

"中国现代会计之父"潘序伦先生对于"诚信"一词有着深刻的见解。潘老无论是开办会计师事务所、学校还是出版社，均以"立信"为宗旨。他认为"人无信不立，做人、处事、做事，都要坚守信用。财会工作者，更应提倡做老实人，办老实事，讲老实话"。潘老所强调的"诚"，指的是诚实，财务人员必须言行一致，真实可靠。潘老表述为不夸大、不缩小、不隐瞒、不歪曲，老老实实，绝不弄虚作假。而他所指的"信"，则是指公正信义，即财务人员要坚守信用、信守承诺。诚信品质对于筹资而言尤为重要，因为筹资涉及资金所有权与使用权的分离。如果企业财务人员丧失诚信，金融市场必将"劣币驱逐良币",使优秀企业难以筹集资金,而资金所有人也势必会遭受投资损失。

为何现实中屡有企业不遵守筹资的信用规则?对于拖欠银行贷款的某些国有企业而言,这可能与企业领导人计划经济的思维模式有关。他们还认为企业是国家的,因此企业拖欠银行的贷款无关紧要,因为银行也是国家的,都是自己人,内部债务最终可以一笔勾销。对于拖欠供应商款项的某些民营企业而言,这可能与企业领导人法治观念淡薄、急功近利的心态有关。他们将供应商的资金长期(甚至无限期)占用,然后陆续滚动投入其他项目中,这是一种"店大欺客"的行为,本质上是利用别人的资金过度投资,以博取高收益,形成了融资的"堰塞湖",导致巨大的信用风险。

诚信要从年轻做起。"信以立志、信以守身、信以处事、信以待人"是上海立信会计金融学院校训的精髓。我们务必要求青年学生树立诚实守信的形象,因为只有做人讲诚信,才能扩大自己的交友范围,接触更广阔的世界。踏上社会后,经营企业也是如此,只有讲诚信才能顺利筹资,实现自己的事业目标。

(三)坚持底线思维,强化筹资风险意识

党的二十大报告中指出,当前我国发展进入不确定因素增多的时期,各种"黑天鹅""灰犀牛"事件随时可能发生。在筹资教育方面,我们要求每一个青年学生都要居安思危,坚持底线思维,增强忧患意识。企业的筹资风险是内外部环境变化导致的不确定性。企业在生产经营过程中各个环节的变动都会导致其现金流循环的迟滞,甚至引发资金链断裂的风险。

高管的贪婪会放大企业的筹资风险。为了追求高收益,贪婪的高管可能会盲目扩大企业规模,导致现金流紧张。通过沙盘模拟训练学生的筹资风险意识是一种效果良好的教学方法。当前有一款风靡全球的财商培训沙盘——"财富魔法兔子"。这款沙盘要求学员来到兔子农场,学习如何规划创业初始资金,合理配置资源买卖兔子。相比于稳健经营兔子的学员,那些过于贪婪、急于筹资扩大兔子规模的学员虽然在卖兔毛、繁殖兔子等环节能够获得高收益,但在购买兔草、修缮兔舍等环节也需要投入更多的资金。当遇到兔灾等风险事件时,他们面临更高的破产风险。

青年学生对未来充满热情、更容易接受新鲜事物,勇于探索和创新。然而,青年学生也更容易过度乐观,轻视甚至漠视筹资风险。这要求我们在教学中利用各种方法提醒学生筹资带来的财务风险,坚持底线思维,在筹资风险面前警钟长鸣。

四、培养学生健康筹资理念的教学场景展示

(一)提示"想不到":大学生有个人信用积分吗?

很多大学生只知道企业有信用评级,却不知道社会对个人也有信用评价。为了引起学生对信用情况的重视,我们在授课时设计了芝麻信用积分调查问卷,旨在让学生了解自己的资信评价情况。芝麻信用积分调查问卷教学设计如表2所示,芝麻信用分调查问卷回答结果汇总如表3所示。

表 2　芝麻信用积分调查问卷教学设计表

教学目的	要求学生了解个人信用积分的构成,理解信用积分的重要性,掌握提高信用积分的方法
教学要求	要求学生按以下步骤操作:打开"支付宝"—点击"芝麻信用"—更新"芝麻分"—查看"我的芝麻分"
教学场景	要求学生在"学习通"App上填写调查问卷,教师投屏后向学生演示问卷汇总结果
教师点评	教师介绍个人信用积分的使用场景,点评学生芝麻分的分布情况,指出提高信用积分的方法

表 3　芝麻信用积分调查问卷回答结果汇总表

项目	信用积分范围(分)	人数(人)	占比
A	350～400	0	0
B	401～450	0	0
C	451～500	0	0
D	501～550	0	0
E	551～600	16	34.0%
F	601～650	8	17.0%
G	651～700	17	36.2%
H	701～750	6	12.8%
I	751～800	0	0
J	801～950	0	0

由表3可以看出,所授班级大学生的信用积分集中在551～750分内,其中651～700分的占比最高,达到36.2%。在教学中,我们告诉学生芝麻信用积分相当于个人的第二身份证,包括信用记录、行为偏好、履约能力、身份特质及人脉关系五个方面的评价要素,鼓励学生从生活中的点滴做起,提高自己的信用积分,做一个诚信的社会人。

(二) 解答"不知道":花呗分期划算吗?

花呗是蚂蚁金服公司推出的一款消费信贷产品,本质是信用卡,其信用额度范围为500～50 000元。大学生还没有走上社会,平时接触的金融工具比较少,经过调查发现,花呗是大学生使用最多的一种融资工具。然而,大学生几乎无人能够正确计算花呗的融资成本。有些学生在看到花呗利率时感到困惑,向老师询问其计算原理。为了让学生理解资金成本的含义及其计算,本人重点向学生讲解花呗分期的利率计算原理。当前,花呗分期包括分3期、分6期、分9期及分12期四种。以授课班级某同学该月消费1 200元为案例,不同分期的利率计算过程如表4所示。

表 4　花呗分期利率计算过程表

期数	分3期	分6期	分9期	分12期
总费率	2.25%,9折	4.50%	6.50%	8.80%
0	1 200	1 200	1 200	1 200
1	-408.1	-209	-142	-108.8
2	-408.1	-209	-142	-108.8
3	-408.1	-209	-142	-108.8
4		-209	-142	-108.8
5		-209	-142	-108.8
6		-209	-142	-108.8
7			-142	-108.8
8			-142	-108.8
9			-142	-108.8
10				-108.8
11				-108.8
12				-108.8
月利率	1.01%	1.27%	1.28%	1.32%
年化利率(单利)	12.11%	15.27%	15.34%	15.86%

学习的难点是如何计算月利率,这是通过 Excel 中的财务函数 IRR 实现的。这相当于计算考虑资金时间价值的资金成本,而年利率使用单利计算,为月利率乘以 12。这一案例演示的落脚点是让学生明白花呗分期是否划算。通过计算,学生看到高达 15.86% 的年化利率,从而得出花呗分期成本较高的结论。该案例向学生有效提示了生活中存在的筹资风险。

(三) 避免"走弯道":股东违背契约精神剥夺债权人财富

"诚信"一词的中的"信"字强调一个人要言而有信、遵守契约精神。《论语》中的"民无信不立"也是这个意思。在讲述债务筹资时,本文引入 Jensen 和 Meckling(1976)提出的资产替代问题,并以国内某民营企业 BN 集团为案例,分析该公司实际控制人姚××如何违背契约精神、操纵公司进行资产替代,从而达到剥夺债权人财富的目的。BN 集团资产替代链条如图 1 所示。

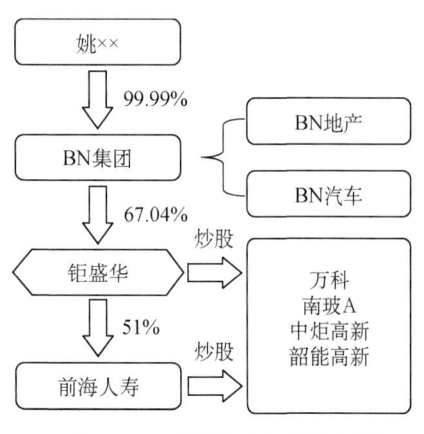

图 1　BN 集团资产替代链条图

资产替代表现为公司将债务融资的资金投

资于较高风险的项目,使负债资金的实际风险增大,从而降低了负债资金的价值。图1中,前海人寿是一家人寿保险公司,主营万能险,保单持有人实质上是该公司的债权人。钜盛华是一家融资平台公司,融资主要来源包括银行贷款、发行债券及信托产品等。企业进行债务融资理应遵守债务合同的约束,恪守契约精神,特别是保险资金务必要投资于较低风险的项目。但在实质控制人的操纵下,前海人寿和钜盛华的资金被挪用,一部分用于炒股(标的公司包括万科、中炬高新等),一部分被转移给 BN 集团的直属企业(包括 BN 地产和 BN 汽车)。这种资产替代行为最终给前海人寿和钜盛华的广大债权人造成了巨大的损失。前海人寿的偿付能力大幅下降,钜盛华的债务逾期数百亿元。高风险投资的最终结果是姚××"搬起石头砸了自己的脚",被判为"老赖",为金融机构和公司员工所唾弃。

通过对该反面案例的分析,学生认识到资产替代的实质,也加深了对"诚信"的理解。这对于培养学生健康的筹资理念具有重要的教育意义。

五、培养健康筹资理念的未来探索思路

经过 20 多年的摸索,本人在培养学生健康筹资理念方面积累了一些经验,教学效果也较为良好,学生评教结果连续为优秀。许多学生毕业后恪守健康的理财观念,表现出色,为社会作出了贡献。但时代在变迁,教学场景在改革,学生的思想也在潜移默化地改变。因此,在本课程教学中探索培养学生健康的筹资理念之路应该与时俱进,探索未来的方向。

如何在混合式教学模式下提高学生筹资理念是摆在我们面前的一个课题。2020 年突如其来的疫情对传统的教学方式产生了巨大的冲击。过去"面对面、口对口、手把手"式的纯教室环境教学场景已不再是唯一选择,我们不得不采取线上线下相结合的混合式教学模式。这种教学模式是我们的必由之路,出生在 Z 时代的学生更加习惯于通过移动互联网进行在线学习,"低头族"现象已经普遍,"点对点、人对人、实时互动"已成为新常态。即使没有疫情,我们的教学也要适应学生的这种趋势。混合式教学改革的大幕已经徐徐拉开,如何在这个舞台上更进一步培养学生的健康筹资理念值得我们认真思考。

此外,培养学生健康筹资理念的方法体系也需要进一步完善。Z 时代出生的学生个人主义色彩较强,受象牙塔之外的社会环境的影响更为显著,过去的说教式教育对学生健康筹资理念的培养效果较差。我们需要在教学中探索适应时代特点的新方法和新途径,将企业财务行为与立德树人思想相融合,使学生的健康筹资理念与其人生观、世界观和价值观有效结合起来。

参考文献
[1] 习近平.习近平著作选读:第一卷[M].北京:人民出版社,2023.
[2] 习近平.习近平著作选读:第二卷[M].北京:人民出版社,2023.

［3］中共中央宣传部."三个代表"重要思想学习纲要[M].北京:学习出版社,2003.

［4］中共中央宣传部.科学发展观学习读本[M].北京:学习出版社,2006.

［5］龙安志.朱镕基传[M].香港:香港中和出版有限公司,2013.

［6］潘序伦.潘序伦文集[M].上海:立信会计出版社,2008.

［7］Jensen M C, Meckling W H. Theory of the firm: Managerial behavior, agency costs and ownership structure[J]. Journal of Financial Economics, 1976, 3(4): 306-360.

［8］Meyers S C, Majluf N S. Corporate financing and investment decisions when firms have information that investors do not have[J]. Journal of Financial Economics, 1984, 13(2): 187-221.

［9］黄少安,张岗.中国上市公司股权融资偏好分析[J].经济研究,2001,11(1):77-83.

［10］张军,郑祖玄,赵涛.中国上市公司资本结构:股权融资偏好、最优资本结构,还是过度融资?[J].世界经济文汇,2005(6):45-61.

"三全育人"要求下的应用型高校实践类课程建设探索

闫国威

一、引言

高校肩负着人才培养、科学研究和社会服务的重任。高校的实践类课程无疑是学子们踏入社会前的重要"模拟演练"。对应用型高校而言,实践类课程是把理论与实践有机结合的课程,也是学生们可以无缝衔接大三、大四实习及未来服务社会的重要"倚仗"。这份"倚仗"蕴含着对知识的要求、实践的要求,更蕴含着对"德"的要求。鉴于此,认真贯彻执行中共中央、国务院下发的《关于加强和改进新形势下高校思想政治工作的意见》中明确提出的"三全育人"的要求,对应用型高校实践类课程建设的路径探索有其重要意义。

二、应用型高校实践类课程全员育人路径探索

(一)应用型高校实践类课程育人现状

实践类课程在应用型高校的课程设置中始终占有一定的比重,通常安排在相关理论课程结束后。而实践课程的教师队伍往往是"双师型"教师,即有一定企业背景的专业教师。同时学校也会聘请业界导师进课堂或者开设讲座,以提高学生的实践能力。许多应用型高校也会为大三、大四学生开设专业实习课程,学生在实习过程中有校内和校外实习导师的指导,并由双导师分别评分,最终给出专业实习的总评分。实习过程中,学生们有任何问题既可以请教校外导师,也可以和校内导师及校内辅导员老师沟通解决,但目前无论是实践类课程还是专业实习,学生最后的成果往往是录入系统的分数,而缺少对经验的总结与复盘。这样的实践类课程育人现状与全员育人的目标尚且有一定的距离。

(二)应用型高校实践类课程全员育人路径建设

基于上述现状,针对性的全员育人路径建设可以进行以下几个方面的调整。

1. 改革考核方法

针对校内实践课程和到企业进行的专业实习,可以尝试新的考核标准,即不仅依赖教师或校内外双导师的评分。

针对校内实践类课程,可尝试分组实践并进行全员互评。针对不同类型的实践课程,可运用管理学中的管理幅度理念,将授课班级内的学生按照8～10人一组进行分

组。组长可以通过自荐或推荐产生,然后进行组内互评;或者将学生分成7~10人的无领导小组进行讨论、项目操作、实践,然后进行组内互评。

针对到校外企业进行的专业实习,除了校内外双导师评分,还可以增加校内实习导师同组学生间的经验教训分享后的互评。

2. 增加行政人员及往届学生的参与度

现有制度下,高校通常采取行政负责管理及为教师提供服务的模式,教师负责教学,辅导员负责指导学生。这种传统管理模式有其合理性,促使我国高校迅速发展并培养了大批优秀人才。然而,这种模式也存在各自为政、管理分割过于刻板化的问题,导致无法灵活因材施教,有时呈现出"各人自扫门前雪"的状态。同时各级行政人员往往对学生工作缺少"一线"支持,而行政人员的认知和站位正是专业课教师相对欠缺的。鉴于此,增加行政人员的参与度具有一定的必要性。辅导员、专业教师、行政人员甚至心理教师按一定比例对每一学生组进行配置,可以形成全员育人态势,有利于学生个体成长。校内的组合培养设置可以让学生获得全方位、多角度的关注体验,能针对个体问题提供相应的解决方案。全员育人不仅要增强全员参与度,而且要保证全员育人后的教育结果。通过整理、分析、总结实习、就业及用人单位的反馈,以帮助提升高校学生在就业市场的竞争力。

在就业形势严峻的当下,更要发挥校友会的作用。组织往届学生回到校园内给学弟学妹们讲授步入职场后的经验教训,让在校生明白应用型高校实践课程需进一步提升的知识和技能。同时,校友会还可请往届学生为在校生提供就业信息和就业岗位。这样的全员育人模式在一定程度上能帮助在校生与未来职场无缝衔接。

三、应用型高校实践类课程全过程育人路径探索

(一)应用型高校实践类课程过程育人现状

实践类课程往往在相关理论课结束后开设,但由于经费、审批流程等原因,实践课的开设是完全独立的,并且往往落后于企业端。学生所学的实践课程的操作系统常常落后于企业目前使用的系统很多。这导致难以形成与理论课、社会服务有机结合的全过程育人状态。实践类课程培养方案的设计和实施具有一定的流程性,而在高速发展的当今时代,实践类课程需要快速更新、较大创新,并与企业无缝接轨。

(二)应用型高校实践类课程全过程育人路径建设

1. 改革课程设置架构

目前,我国高校主要分为研究型、应用型、技能型学校,不同类型的高校具有差异化的培养目标。应用型高校主要培养具有诚信品质、实践能力的较高素养的应用型人才。针对应用型高校实践类课程的不同类型,采用不同的课程设置架构,比如对于依托理论知识较强的实践类课程,可以与理论课程融为一体:例如,如果理论课原有32课时,相关的实践课24课时,可以将两者融合成为一门新的[32+24=56(课时)]理论与实践相结合的大课。这样学生在学习过程中,既夯实了理论知识,又提升了实践效果。对于综合

实践类操作课程,以校内专业教师授课指导为主,增加企业专家进课堂的授课及问题解答比例,使学生的综合实践过程更贴近真实的企业模拟实践。这有助于学生认识到企业需要什么样的人才,同时认清自身在实践类课程中未来可提升的相关素养。

2. 落实全过程育人的各个环节

全过程育人的目的是让学生通过各个环节的实施真切感受到应用型高校实践类课程的必要性、重要性及可操作性。建议全过程育人的第一个环节是大一新生入学的新生指导课。这门课程可以设置成由辅导员＋专业导师＋学长共同授课,课程内容体现出应用型高校培养目标以及理论与实践类课程最终要达到的高度。同时,可以邀请导师制下的学长分享经验、教训,从而提升大一新生的认知,缩短对专业学习的距离感,又可提升学长们的综合能力。新时代的大学生成长在互联网高速发展的当下,各类资讯以微信公众号、各类小程序、AI等方式铺天盖地而来,传统的授课方式已无法满足学生们的探索需求。因此,在育人过程中,可以录制与人才培养及素养提升相关的视频,通过生活观察、案例分析等喜闻乐见的方式补充并深化授课内容,强化培养学生们对网络资源去粗取精的能力。实践类课程后期,可以邀请校外专家进课堂,进行有针对性的沟通与辅导。最终形成"教书育人、科研育人、实践育人、管理育人、服务育人、文化育人、组织育人"的全过程育人的长效机制。

四、应用型高校实践类课程全方位育人路径探索

（一）应用型高校实践类课程方位育人现状

目前,高校实践类课已经进行了多种、多轮的课程思政建设。学生在实践过程中对"德"的重要性有了一定的切身体会。但整体而言,与全方位育人还存在一定的提升空间。实践类课程的考核仍然以实践操作、实验报告、阶段测试的传统方式为主,仅凭课程分数无法全面衡量学生的世界观、人生观、价值观。这些方面目前并没有量化到课程分数中,因此很难真正实现全方位的育人目标。

（二）应用型高校实践类课程全方位育人路径建设

1. 实践课与价值引领有机结合

根据不同的实践课类型,采用不同的价值引领方式。例如,对于会计、金融类的实践课而言,诚信教育为重中之重。一定程度上的案例警示教育对相关专业的实践课程具有正向引导作用。

首先,在设计实践类课程教学大纲和授课计划时,需全方位体现价值引领,充分体现出课程思政的要求,做到教学内容充分、详实、合理。

其次,在实践类课程授课开始即可融入思想引领,如在软件操作开始前,让学生清楚所操作软件的分配账号、密码的重要性——保护企业信息安全也是保障自己的职场发展。

再次,在授课过程中,在合适的章节中融入诚信教育、团队建设方式方法、法治教育等内容。

最后,通过实践操作测试、小组讨论等方式来达到并夯实教学目标,并在评分中增

加小组互评分数,以促进团队合作和共同进步。

2. 落实全方位育人的各个环节

全方位育人的目的是培养德才兼备的建设者和接班人。思想价值引领应贯穿全方位育人的各个环节,完善和加强教师的职业道德规范。在实践课程建设和校外实习课程开展过程中,实践类专业教师是全方位育人的第一责任主体,要监督和把控学生与校外导师、企业专家的互动内容,共同提升学生的道德素养。在实际操作中,可以通过学校公众号、小程序等媒体增设实践分享板块、诚信教育板块、社会责任意识教育板块、学院沿革板块、优秀校友等板块。从制度上制定协同育人机制,二级学院为育人主战场,行政人员、专业教师、辅导员展开有效的联动协同育人机制,共同提升学生的思想政治素养,教师间应加强沟通与协作,更要进行定期的培训。实践教学是学生与未来社会服务最接近的环节。通常,学生在大二以后开始进行实践教学的学习,这一时点,学生已经具有一定的专业知识积累,但对未来企业应用部分仍是一知半解。而实践课程的开设正是把理论与实践进行统一,把学生从校园内推送到校园外的过渡性课程。这是培养德才兼备人才的重要一环,其培养过程必须严格落实,不可有一丝松懈。

五、结语

"三全育人"是党中央、国务院对高校思想政治工作提出的要求之一,而应用型大学的实践类课程是学生在就业前与企业社会端连接最紧密的课程。因此,其培养目标与培养过程更加要与"三全育人"的要求完全一致。尽管课程思政已经建设了数年,且有必要继续长期、持续地建设下去,但如何真正做到全员育人、全程育人、全方位育人,则是所有高校工作者面临的重大课题。实践类课程的特殊性决定了其课程思政建设不但要涵盖专业知识、实践操作,更要与新时期、新时代、新形势息息相关,最终为培养大批的德才兼备的建设者和接班人贡献应有的力量。应用型高校实践类课程建设过程也是引导师生树立正确的三观的过程,同时是加强法治意识,提升社会责任意识教育,增强师生道德素养的过程。

参考文献

[1] 中国政府网.中共中央 国务院印发《关于加强和改进新形势下高校思想政治工作的意见》[EB/OL].(2017-02-27)[2024-01-05].https://www.gov.cn/xinwen/2017-02-27/content_5182502.htm.

[2] 中华人民共和国教育部办公厅.教育部办公厅关于开展"三全育人"综合改革试点工作的通知[EB/OL].(2018-05-18)[2024-01-06].http://www.moe.gov.cn/srcsite/A12/moe_1407/s253/201805/t20180528_337433.html.

[3] 刘萍."三全育人"背景下会计类实训课程思政融入实效性研究[J].经济师,2024(3):234-236.

[4] 张文凤.高职院校"全员育人"工作中亟需改进的几个问题[J].职业技术教育,2019(77):304-312.

审计学科知识模块与思政元素融合研究

高前善　何　芹

一、引言

我国古代经典《礼记》云："师也者，教之以事而喻诸德也。"我国教育家陶行知也指出："先生不应该专教书，他的责任是教人做人；学生不应该专读书，他的责任是学习生之道。"科学家爱因斯坦曾说："我确实相信，在我们的教育中，往往只是为了有用和实际，过分强调单纯智育的态度，已经直截了当导致对伦理教育的损害。"英国作家阿狄生说："教育之于心灵，犹如雕刻之于大理石。"可见，古今中外都高度重视教育中"教书"与"育人"的双重职责。课程思政就是教师在传授知识的同时，注重履行"育人"的职责。

课程思政的关键问题是梳理与课程相关的思政元素，并将思政元素无缝隙地融入课程内容与课堂教学中，使课程思政在对学生的价值引领与品格塑造上达到"润物细无声"的效果。本文首先在审计学经典定义、审计学科体系，以及现行审计学课程的内容梳理基础上，归纳出审计学科的主要知识模块，进而挖掘马克思主义思想、习近平新时代中国特色社会主义思想、党领导中国革命与建设的伟大过程及成就等相关思政元素，并将这些思政元素有机地融入相应的审计学科知识模块中。最后，本文探索了如何在审计学课堂教学与评价中无缝融入思政元素，为相关审计学课程思政建设提供了参考与借鉴。

二、审计学科知识模块梳理

1. 审计定义

关于审计的定义，中外审计学者给出了诸多表述。但公认的最经典的定义应是美国会计学会于1972年在其颁布的《基本审计概念公告》中给出的定义：审计是一个系统的过程，即客观地收集和评价有关经济活动与经济事项认定的证据，以便证实这些认定与既定标准的吻合程度，并将结果传达给利益相关者的系统过程。这个定义的要点包括：①审计是一个系统过程。②审计的对象是经济活动与经济事项的认定。③审计要获取充分适当的审计证据。④审计一定要有评价标准，并将收集的关于审计对象的审计证据与评价标准进行对照，评价其吻合程度。⑤审计的工作结果是审计报告，供利益相关者阅读。

阿尔文·A·阿伦斯在《审计学：一种整合方法》（16版，2021年）中强调，审计是由有胜任能力的独立人员对特定的经济实体的可计量信息进行收集和评价，以确定和报告这些信息与既定标准的符合程度。与美国会计学会的定义相比,这个定义强调了审计主体的专业胜任能力与独立性,以及审计对象的可计量性。

2. 审计学科体系

根据审计的定义与本质,审计学者一直在探讨与完善审计学科体系。郭华平(2007)构建的审计学科体系如下:

(1) 审计发展史,研究审计职业活动的产生与发展的理论与实践,涉及审计产生动因理论及发展理论。

(2) 理论审计学,研究审计理论体系的学科,其主体是审计理论结构与审计理论体系,以及审计理论的发展史。

(3) 基础审计学,研究审计基础理论、基本方法、基本程序和基本活动分析的专业学科。

(4) 专业审计学,研究行业审计、具体业务审计的学科。

(5) 边缘审计学,研究审计理论与方法在社会其他行业中运用的理论与实践,如社会审计学、管理审计学、司法审计学等。

吴传俭、吴星泽(2018)从理论逻辑、历史逻辑与实践逻辑上论证了将审计学定位为经济门类一级独立学科的依据和必要性,并根据审计监督的经济资源对象属性,将一级审计学科细分为审计基础理论、审计技术方法、国民收入分配审计、资源配置责任审计、人力资源审计、生态环境审计和国有资产(资本)审计七个二级学科体系。进一步地,根据经济资源的类别归属和审计监督的要求,各二级学科可细分为不同的三级学科体系。

3. 现行审计学课程的内容梳理

由上文可知,审计学科体系的上下级之间以及同一级的体系之间都存在着必然的联系,内容存在或多或少的联系与重复,尤其是审计的基本理论、基本概念、基本方法与基本程序等贯穿整个审计学科体系。审计按审计主体分为注册会计师审计、国家审计(政府审计)和内部审计。从现行高职与本科阶段审计学课程的开设情况看,主要有"审计基础"或"审计学原理""审计学""内部审计学""国家审计"(或称"政府审计"),以及其他专业审计类选修课程,如"财政审计""金融审计""经济责任审计""绩效审计""经济效益审计""舞弊审计""基建审计"等相关课程,以及现代审计技术与方法方面的课程。其中,"审计基础""审计学原理"与"审计学"等课程除介绍简要的审计史及审计动因理论外,基本都是介绍注册会计师审计的基本理论与方法,这些课程基本可等同于注册会计师审计的内容。专业审计类课程是对行业或特殊业务的审计,内容庞杂,但这些专业审计类课程基本属于政府审计或内部审计范畴。现行研究生专业硕士开设的"审计理论与实务"课程包含了注册会计师审计与审计专题(主要是国家审计与内部审计,以及现代审计技术与方法)。国家审计、内部审计与注册会计师审计三类审计除在基本概念、基本理论、基本程序与方法等方面与注册会计师审计相通外,在其他主要方面,如审计主体、审计本质与审计职能、审计目标与内容、审计评价标准、审计职业标准、具体审计程序与方法、具体审计证据、审计报告、审计处理与审计责任等方面都存在着本质的差异。

总之,审计学课程可以分为以下几个主要知识模块:注册会计师审计、国家审计、内部审计、现代审计技术与方法。每个知识模块中都可以挖掘相应的思政元素,从而有效地进行课程思政建设。

三、审计主要知识模块与思政元素的内容融合

根据以上对审计定义、审计学科体系的具体内容,以及对现行审计学相关课程内容的梳理,下文笔者将结合审计学课程建设的目标与主要思政内容,梳理审计学课程涉及的主要知识模块及相应的主要思政元素,并归纳为表1所示的内容。

表1 审计主要知识模块及相应的主要思政元素

知识模块	主要内容	主要思政元素
审计产生与发展	中外审计产生发展史 审计产生的动因理论	马克思主义经济学解释审计产生与发展; 中国古代审计思想; 中国共产党领导的审计事业(包括新民主主义革命时期和新中国建设时期的审计事业); 习近平总书记关于党集中领导审计事业的重大意义的思想
审计基本理论	审计环境与审计目标 审计假设 审计核心概念体系 审计理论结构	审计环境与审计目标的关系蕴含的辩证唯物主义思想; 审计证据蕴含的辩证唯物主义认识论; 审计重要性蕴含的马克思主义矛盾论; 审计风险蕴含的习近平总书记关于"底线思维"与防范化解重大风险等重要论述; 规范审计理论结构蕴含的习近平总书记的科学思想方法和思维方式
审计规范体系	审计职业道德 审计执业标准	审计职业道德与社会主义核心价值的统一; 审计诚信道德原则在社会主义核心价值观中的地位; 审计准则的动态修订蕴含的马克思主义发展观
审计程序与方法	审计过程 风险导向审计 审计取证方法 审计评价方法	审计计划与《礼记·中庸》中的"凡是预测立,不预则废"; 风险导向审计与马克思主义的系统观; 审计评价与马克思主义辩证唯物主义认识论; 党的实事求是路线
审计报告与审计责任	审计报告 审计职业责任 审计期望差距 审计法律责任	审计职业责任与公民对公众的道德责任; 审计职业责任与审计政治意识、"两个维护"的关系; 审计法律责任与习近平总书记的全面依法治国思想
国家审计	国家审计本质与模式 国家审计规范体系 国家审计过程与报告 国家审计的业务(含相关专业审计) 国家审计管理	政府审计与习近平总书记的治国理政思想; 中央委员会与"两个维护"的重大意义; 财政、金融审计与维护国家安全的关系; 经济责任审计与反腐败的重大意义; 资源审计与习近平总书记的环境思想

(续表)

知识模块	主要内容	主要思政元素
内部审计	内部审计定义与职能 内部审计职业规范体系 内部审计业务（含相关专业审计） 内部审计报告 内部审计管理	内部审计与习近平总书记关于做大做强国有企业的关系； 内部控制与马克思对资本的论述思想； 内部审计与我国古代的监察制度； 舞弊审计与习近平总书记关于廉政建设的思想
现代审计技术与方法	信息系统审计 "大智移云物"等方面的审计	证监会对"獐子岛"采用卫星定位取证方法与"四个自信"； 审计署在线审计、大数据审计与"四个自信"； 华为新技术与树立自主创新的意义

这里要强调的是，思政元素是动态发展的。本文列示的思政元素主要是方向性的，为动态挖掘相关思政元素提供了方向。

审计学课程应将习近平新时代中国特色社会主义思想、马克思主义哲学与经济思想、社会主义核心价值观，以及与审计相关的中国优秀传统文化等思政元素融入课程中，发挥课程思政的价值引领与品格塑造的功能，使学生树立正确世界观与人生观、掌握正确分析问题的方法论、感知"四个自信"、领悟"两个维护"的重大意义。

四、审计学课程教学与评价和思政元素融合的方法探讨

1. 课程思政教学模式

审计学课程教学应在"价值引领、专业知识、创新思维"的目标指导下，坚持"学生中心、产出导向、持续改进"的原则。教学中应对课程思政教学模式进行持续探索，坚持三个结合：以学生为中心与教师引领相结合；专业知识、实践能力、创新思维的培养与思政教育相结合；考核评价与持续改进相结合。

（1）突出学生中心，坚持以学生为中心与教师引领相结合。通过积累丰富的教学资源、完备的教学流程、多样的教学方法为学生提供优越的学习条件，激发学生的学习兴趣和潜能，提高学习效果。审计学课程可以采用多种教学方法，包括教师讲授、案例分析、项目学习以及文献阅读与交流等。教师在教学过程中将理论教学与思政教学相结合，提高学生的审计理论水平和政治思想道德素养。将思政教学融入案例分析与项目学习，提高学生对习近平新时代中国特色社会主义思想、马克思主义哲学与经济学、社会主义核心价值观以及中国优秀传统文化的感悟，潜移默化地对学生进行持续的价值引领与品格塑造。将思政教学融入文献阅读与交流，提高学生独立思考的能力，培养学生审计创新思维。同时，课程思政教学中教师的"引领"作用至关重要，课程教学中应重视提高教师在思政教育中的理论与教学水平，牢牢树立"两个观念"：第一，立德树人，言传身教。无论是在课内还是课外，教师在与学生的沟通中都应时刻注意自己的言行，铭记"德高为范"，用自己优秀的政治思想品德来影响学生、感化学生。第二，

以思政科研反哺思政教学。教师通过参与思政教改项目，及时掌握思政教学发展动态，提升自己的思政理论与思政教学水平，创造性地搭建思政元素融入课程教学的逻辑框架，探索思政教学内容全覆盖的整合式课程思政教学。

（2）突出产出导向，坚持将专业知识、实践能力、创新思维的培养与思政教育相结合。审计学课程属于理论与实务相结合的课程。审计学课程教学应紧密对接人才培养目标，围绕思想政治素质、专业技能、创新意识、国际视野等几个方面科学合理地设定教学目标，完善教学大纲，优化课程章节，提炼并挖掘课程中的思政元素，将其有机融入审计知识模块中，以切实提高课程思政教学的成效。

（3）突出持续改进，坚持考核评价与持续改进相结合。将课程思政评价纳入课程整体评价体系，审计学课程应分别从评价主体多元化、评价内容全面化、评价方法多样化等多个方面实现对课程思政教学的评价，及时发现教学中存在的问题。具体来说，评价主体由单一的教师评价发展为教师评价、学生自评、生生互评等多元化主体评价；评价内容由传统的平时成绩考核与期末成绩考核细化为课堂参与、案例分析、演讲讨论、拓展思考、期末成绩等多个环节评价；评价方法采用定性评价与定量评价相结合、过程评价与结果评价相结合、小组评价与教师评价相结合等多层次评价方法。在评价过程中，充分利用线上教学平台，通过采集和分析线上数据，提高课程思政成效评价的客观性和公正性。考核评价的最终目的是实现课程目标，应在今后的教学中持续利用评价结果进行教学改进，完善教学内容与教学方法，促进课程思政元素与时俱进，最终实现课程思政目标。

2. 审计学课堂教学中有机融入思政元素的原则与示范

课程思政切忌突兀、死板，避免给人以政治说教的印象。在课堂教学中融入课程思政要注意以下几个原则：

（1）思政元素要与专业知识有机融合，做到思政元素与专业知识的无缝对接。

（2）思政元素的内容不能冲淡专业知识的传授，要让学生在掌握专业知识的前提下，感悟到思政内容的价值引领与品格塑造。

（3）思政元素应尽量结合现实与学生感兴趣的话题展开，提高思政教学的效果。

（4）思政教学中要突出学生的积极参与，可让学生收集相关思政素材，让学生多进行讨论，使学生能够感知自我教育的效果。

（5）思政元素的内容广度与深度要适中，根据相关专业知识的重要性、与专业内容的相关度及其现实性，具体决定思政元素教学内容的广度与深度。

以下就表1中的课程思政元素扼要介绍三个课程思政的教学示例。

示例1：中国古代审计思想

中国是世界文明古国之一，拥有悠久的历史、灿烂的文化。中国古代审计的起源亦源远流长。中国古代审计活动从何时开始很难断定。舜继位后，命皋陶作刑。《左传·昭公十四年》载："己恶而掠美为昏，贪以败官为墨，杀人不忌为贼。《夏书》曰：'昏、墨、贼，杀。'皋陶之刑也。"可见，早在夏禹时代之前，就已存在关于惩治官吏贪污受贿的法律,从而可能产生了对官吏进行某种经济监督的立法。

通过这段资料的讲解,可以让学生领会到我国文化的博大精深,树立"文化自信"。在讲授中国古代审计思想时,可让学生就知悉的与中国古代审计相关的思想和事件进行发言,以提高学生对这一思政元素的兴趣。

示例2:审计职业道德与社会主义核心价值的统一

我国注册会计师审计职业道德守则的基本原则包括:诚信、独立性、客观与公正、专业胜任能力和勤勉尽责、保密、良好的职业行为。而社会主义核心价值观是富强、民主、文明、和谐、自由、平等、公正、法治、爱国、敬业、诚信、友善。其中,诚信、公正是一致的要求,而且敬业与勤勉尽责、友善与良好职业行为也有相通之处。

诚信是审计职业道德的第一条原则,在审计职业中尤为重要,可重点讲授。诚信不仅是社会公众对审计人员的期望,而且是自我保护、避免审计失败与法律责任的基本保障。可结合《中华人民共和国证券法》(以下简称《证券法》)对会计与审计造假处罚力度的大幅提高,以及《证券法》实施后ST康美和五洋建设的"天价"罚款审计案例,让学生体会作为审计人员,诚信执业对社会以及对个人的现实意义。

示例3:审计法律责任与习近平总书记的全面依法治国思想

2014年10月,党的十八届四中全会拉开序幕。"全面推进依法治国"首次被写入党的中央全会的历史,习近平法治思想第一次系统、全面地呈现在世人面前。2020年11月16日至17日,党的历史上首次召开的中央全面依法治国工作会议,将习近平法治思想明确为全面依法治国的指导思想。

作为审计人员,重视学习习近平总书记的全面依法治国思想,加强法治意识,是维护社会公正利益和保护自身合法权益的内在要求。证券市场实行注册制后,以信息披露为核心的监管模式将进一步强化审计人员的法律责任。

参考文献

[1] 中共中央宣传部.习近平新时代中国特色社会主义思想学习纲要[M].北京:学习出版社,2023.

[2] 习近平.习近平谈治国理政[M].北京:外文出版社,2017.

[3] 中共中央宣传部,中央全面依法治国委员会办公室.习近平法治思想学习纲要[M].北京:人民出版社,2021.

[4] 郭华平.中国审计理论体系发展研究[M].北京:经济出版社,2007.

[5] 何芹,高前善.审计理论与实务[M].上海:立信会计出版社,2022.

[6] 吴传俭,吴星泽.审计学科归属经济学门类独立学科的逻辑基础和学科体系构建[J].中国审计评论,2018(10):95-107.

[7] 申艳艳.审计学科的发展演化及未来趋势:学科属性、知识体系与专业建设[J].商业会计,2022(3):62-65.

创新"财务分析",提供中国智慧

孙 瑞

一、引言

老一辈革命家陈云同志在指导我国经济金融工作过程中曾提出过"不唯上、不唯书、只唯实,交换、比较、反复"这样的十五字箴言。本文将以"财务分析"这门课为例,根据经济活动的发展和会计制度的变更,对传统比率分析进行批判和改进,在"唯实"的基础上进行创新,提出了很多更加完善的指标和分析方法,以新时代为背景交出一份对财务报表进行分析的中国方案,让党的二十大精神进教案、进课堂、进头脑,传播中国智慧,将文化自信根植于年轻人心中。介绍如何从教学内容中提炼出有益的思想和价值观,并举例说明哪些教学内容可以体现这些思想,希望能为对如何将"思政"元素融入教学中感到困惑的一线教师们提供一些启发。

二、在教学中引导学生树立勇于批判和创新的文化自信

"财务分析"这门学科原本就是顺应现实经济生活的需求而出现和发展的。在100多年前的美国,银行家需要对贷款人的资质进行审核,因此资产负债表和信贷分析应运而生。经济大萧条后,美国公司开始更多地使用股权融资,投资者们更加关注公司的盈利能力,于是逐渐产生了利润表、现金流量表以及投资分析。随着时间的推移,财务报表分析方法日益复杂多样,各种财务比率被广泛运用,西方传统教材的内容也逐步进入一个稳定期和停滞期。

然而,进入21世纪以来,经济业态、会计准则、税收制度等都发生了诸多变化。我们如果用发展的眼光来看待财务分析,就不应该墨守成规,而是要深刻认识到"传承与扬弃"在学科发展中的辩证关系。我们只有通过不断创新,才能使财务分析的理论体系永葆生命力并适应时代的需求。

举个例子,大多数传统教材在讲如何评价企业营运能力时,会使用应收账款周转率,并用营业收入除以平均应收账款来计算这个指标,但这个指标存在诸多问题。对于某些企业,如格力电器,它的赊销业务大量使用票据结算,这类应收款项会记在"应收票据"科目。如果只看应收账款本身的周转率,会高估企业的营运能力。此外,近年来,由于税法变化,很多应收款项已被列入合同资产,而非应收账款,如果只考虑应收账款,会低估应收金额。因此,正确的做法是用商业债权周转率评价其营运能力,即将平均商业债权作为分母,包括应收账款、应收票据、合同资产、应收款项融资等。此外,

原始公式的分子也是有问题的。随着我国税制改革的推进，全行业已实行增值税制，那么应收账款周转率的分子继续使用营业收入就不合适，因为营业收入金额中是不含增值税的，然而分母上的应收款项包括客户应付的货款和增值税额。因此，张新民教授在他的教材中指出，正确的做法应该是将分子营业收入乘以"1加上增值税率"。这些对西方经典方法的批判和改进都体现了我们中国学者的智慧和洞察力。不过，即使按照上述方法改进了原始的应收账款周转率指标，也不能生搬硬套地用它解释营运能力，而是要认识到西方比率指标的局限性。例如，这一指标并不能准确地反映年度内收款的进程及均衡情况；当销售具有季节性，特别是当赊销业务量各年相差较悬殊时，该指标不能反映实际情况，不便于对跨年度的应收账款收款情况进行连续反映；该指标反映的是一段时期的周转情况，因此，只有等到期末才能根据年销售额、应收账款平均占用额计算结果，不方便及时提供应收账款周转率信息。

综上所述，我们在教学中要向学生强化这一思想：在继承与学习传统财务报表分析方法体系的同时，要能发现并努力克服其自身存在的不适用性和局限性，要深刻认识到，我们只有通过创新才能使财务分析体系不断得到发展与完善。我国《企业会计准则》的出台和会计准则制度的变革是我国经济发展和资本市场不断完善的必然产物。学者和从业人员要敢于顺应时代发展，在财务分析领域进行分析方法等方面的创新，进而提高我们的文化自信。

三、在教学中引导学生养成辩证唯物主义思维方式

唯物辩证法的实质和核心是矛盾观，而财务分析中处处体现了这样的观点。例如，在讲流动资产的时候，我们要帮助学生深刻体会在某些情况下，存货的盈利性和周转性之间是鱼和熊掌不可兼得的关系。同时，存货的周转性和商业债权的周转性之间也经常存在"此消彼长"的关系。要运用辩证思维来选择评价标准，从而提升综合评价企业财务质量的能力。

唯物辩证法也教育我们要用联系的眼光看问题，用发展的眼光看问题。我国企业会计改革是建立在国际趋同理念基础上的，但也充分考虑了我国特殊的制度背景和市场发展阶段。因此，我们要帮助学生深刻认识到基于我国企业具体业务环境（包括政策环境、经济环境和市场环境等）和财务信息披露特征进行财务报表分析方法创新的重要意义。学习传统的财务比率来评价企业的偿债能力、盈利能力、营运能力固然是有意义的，但更要思考其不适用性和局限性，并大胆尝试新的分析维度和分析方法。例如，可以更多通过附注里面的信息来考察项目的质量，构建具有中国特色并在国际上有影响力的财务分析理论体系。

辩证唯物主义思想还可以用来研究在企业不同发展阶段其现金流量的质量特征。要让学生深刻理解经营活动产生的现金流量对企业生存的决定性意义，投资活动产生的现金流量对企业发展的战略意义，以及筹资活动产生的现金流量对经营活动和投资活动的支撑意义。经营活动、投资活动和筹资活动产生的三种现金流量之间存在着彼

此制约又相互支持的辩证关系。将这一思维方式推广开来，我们可以引导学生充分领悟增长与盈利、盈利与现金流量之间的辩证关系，深刻认识三张主要财务报表之间的辩证关系。

传统的财务分析方法使用的一般都是合并报表的数据。由于我国《企业会计准则》要求上市公司同时准备合并报表和母公司的财务报表，这为我们提供了独特的优势，使我们有机会通过比较合并报表和母公司的财务报表的差异进行辩证分析。例如，通过计算母公司财务报表中长期股权投资多于合并报表长期股权投资的部分，我们可以得知母公司对子公司的投资规模，并了解母公司的发展战略是以经营为主还是投资为主。在此基础上，进一步分析控制性投资的资产扩张效果、资金管控模式、母子公司业务关联度和费用管控效率等方面的内容，可以将财务分析理论体系提升到研究战略的新高度。

四、帮助学生树立以"高质量"和"可持续"为特征的发展观

财务数据虽然有用，但不是万能的，数据好看的企业未必就是好企业。我们要引导学生形成这样的理念：粗放野蛮的业绩增长是不可取的，企业应该追求有质量的适度增长。企业的可持续发展应该是在保障企业质量基础上的适度扩张。企业在发展过程中，要兼顾利益相关者的利益，实现整个业态和谐共生的可持续、高质量发展。企业应该做到当下与未来的平衡、速度与高度的协调、数量与质量的统一。

学生应该树立正确的系统发展观。以往财务分析对企业的战略分析比较欠缺，但实际上，企业的资产结构反映了企业对经济资源的安排与布局，是企业资源配置战略选择与实施的财务体现。要帮助学生认识到企业只有制定和实施适合企业发展的战略，才能保证企业资产质量不断得到提升，企业整体的财务状况质量不断得到改善，才有可能为企业可持续、高质量发展提供重要基础。

要分析企业的战略是否优良，需要先分析其资本结构。资本结构影响企业的控制权结构，控制权结构决定了企业管理层的人事安排，也就决定了企业的战略和治理制度。企业的战略对资源的配置又有决定性的作用。治理质量高的企业会坚持长期主义观点来经营，更加注重可持续发展而不是眼前的利益。这类企业会竭力为顾客创造价值，与利益相关者分享收益，追求整体和长远利益，实现与股东、员工、顾客、供应商、政府以及整个社会的合作共赢。因此，我们可以说，资本结构从根本上决定了企业整体质量，是企业高质量发展的动力来源和根本保障。

前面已经述及，企业的资产结构取决于资源配置战略选择，企业的盈利能力取决于资源配置战略的实施效果。传统的盈利能力分析过于注重数量分析，我们要帮助学生树立正确的高质量发展观，即强调从质量维度进行企业盈利能力分析的必要性和重要意义。学生应充分意识到，判断扭亏为盈绝不能仅关注利润金额的"转负为正"，更应注重利润质量的"起死回生"。获取高质量的利润是企业高质量发展的根本保障。在追求盈利、实现增长的过程中，"现金为王"的重要性不容忽视，企业应注重有含金量

的盈利和有质量的增长,从而为实现企业的可持续发展提供坚实的基础。

除分析利润这一结果变量外,我们分析企业期间费用这些过程变量的规模与结构变化过程,也可以窥见企业的生存状况与管理特征。例如,我们通过观察企业销售费用和研发费用的规模趋势和相对结构变化,可以探寻该企业盈利能力的驱动因素。高质量、可持续发展的企业应该更多通过研发创新而不是市场营销来驱动。因此,应向学生强调自主创新是企业增强核心竞争力、实现企业高质量和可持续发展的必由之路。

随着经济的发展,企业的规模越来越大,并购也越来越常见,母公司的控制性投资质量对企业的高质量发展有着重要影响。教师要引导学生牢固树立母子公司战略协同、融合共生的可持续发展观。在我国资本市场上,大量上市公司的实践证明,相当数量的上市公司通过控制性投资实现了迅猛发展(如美的集团、宁德时代等),但也有一些上市公司因为控制性投资而陷入财务困境,长期不能自拔(如华谊兄弟、安洁科技等)。控制性投资的资产扩张效果既取决于子公司的经营能力、债务融资能力、利润积累能力以及吸纳子公司少数股东入资的情况,也取决于并购过程中的代价大小(一般情况下,应避免因出价太高而产生巨额商誉)。母公司的控制性投资质量对企业的可持续发展来说意义重大。

五、帮助学生树立诚信为本的价值观和踔厉奋发的职业使命感

我们立信(上海立信会计金融学院)的校训是"信以立志,信以守身,信以处事,信以待人,毋忘立信,当必有成"。培养学生的诚信意识是教师最重要的使命之一。教师在让学生全面掌握财务报表编制和披露中必须遵循的一般原则和法律法规体系的过程中,一定要引导学生树立诚信为本的价值观,坚守职业道德底线,强化准则约束意识与法律意识。在课堂上,可以通过一些财务舞弊的案例,说明财务造假对社会造成的危害以及对个人职业生涯带来的严重后果。大多数学生将来会到会计师事务所从事审计或到公司从事财务会计等工作,那么一定要让他们牢记朱镕基总理对会计人员所提出的"诚信为本、操守为重、坚持准则、不做假账"要求。

财会从业人员除了保持诚信,还要勇于创新。由于比率分析法早已约定俗成并被业界广泛采用,我们必须充分认识到财务报表分析领域的创新相对困难。然而,创新似乎又是必须的,因为在分析我国企业财务报表方面,原有的比率分析法存在太多的不适用性和局限性。这些不适用性和局限性只能由我国的报表分析者自己来面对和解决。教师通过培养学生踔厉奋发的职业使命感,鼓励学生针对这些不适用性和局限性展开积极思考、勇毅探索和尝试新的分析方法,以不断推动现有的分析体系向前发展。

也有一些学生将来会去创业,或者进入各种企业从事不同部门的工作,因此教师也要在教学过程中帮助他们树立全面的社会责任观。通过深入学习上市公司的信息披露制度,强调企业应该提供相对客观、充分的财务信息,这是取得社会信任的基础,

应该成为企业承担的社会责任的重要内涵之一，同时也是资本市场建立信用体系并实现高质量发展的必要条件。此外，企业的社会责任还包括善待员工、保护环境、加强公司治理等等内容，这些也应该成为新时代青年在择业、就业、创业过程中应当遵循的职业理念。

  以上是笔者在教学中所做的一些总结。教师除了要在教学大纲中详细列出思政内容，还需要注意采取灵活的教学方法和合理的考评方式。在"财务分析"课程中，思政教育应始终贯穿课程始终，并灵活运用"刚柔相济"的多元化教学手段。以柔性管理和刚性约束相结合推进课堂教学模式改革，即在道德、法律层面强调刚性约束，在政治、文化层面强调柔性管理。同时，教师应充分利用现代信息化教学手段，综合运用不同的教学方法，增强思政教育的亲和力。课程考核评价体系也要处处体现课程思政理念。我们可以在课程目标中加入以下内容：热爱祖国，践行社会主义核心价值观；具有诚信品质，遵守信用规则；具有高尚的职业操守和服务社会的奉献精神，行为规范良好。毕业要求也应包含关于思想政治素质和诚信品质的要求。平时成绩的每个分项都应对课程目标中的思政理念进行具体考核，以符合立德树人的教育目标。

  党的二十大强调推动国家治理体系和治理能力现代化建设。财务会计工作作为国家治理的重要领域，在国家经济体制改革不断深入的背景下，财务会计作为政府宏观管理和市场经济活动的基础，在保障市场运转、促进经济发展、支持宏观决策等方面发挥着越来越重要的作用。财务会计类人才是推进现代企业管理工作体系建设的重要因素。加快打造一支专业化、复合型、高素质的财务会计人才队伍，是专业教师光荣而伟大的历史使命。

参考文献
[1] 张新民,钱爱民.财务报表分析[M].6版.北京:中国人民大学出版社,2023.

课程思政　引领育人
——"会计学"课程思政改革课堂教学纪实

李雪琴

一、引言

为庆祝党的二十大胜利召开，全面贯彻党的教育方针，解决"培养什么人、怎样培养人、为谁培养人"根本问题，我们坚持不懈地以习近平新时代中国特色社会主义思想铸魂育人，进一步挖掘各类课程思政教育元素，展示课程思政育人成果。本文结合"会计学"课程思政改革的课堂教学实践，从教学背景、教学设计、教学成果、教学分析和教学反思五个方面进行阐述，旨在和同仁共同分享、共同学习、共同进步。

二、教学背景

"会计学"课程于2019年度被列为上海立信会计金融学院会计学院课程思政教育教学改革试点课程之一。其目标是在向学生传授会计知识和培养学生会计实务技能的过程中，突出价值引领，把会计专业、会计行业的精神内核植入学生心中，增强其自主学习的动力。结合2017年中共中央、国务院印发的《关于加强和改进新形势下高校思想政治工作的意见》和《关于加强会计人员诚信建设的指导意见》（财会〔2018〕9号），以及本校校训"立信"和学校精神"立诚明德，经世致用"，"会计学"这门课程紧密围绕诚信教育，将"诚信"理念贯穿于会计学课程的教学中，积极培养学生的诚信品质，使大学生为国家会计事业和社会诚信建设贡献自己的一份力量。

综观"会计学"课程教学计划，作为课程主讲教师，我结合大一新生的学习特点，决定将第一章和第十二章相结合，融入思政元素。第一章是"会计学"课程的核心部分——总论，其内容包含会计基本前提和会计基础、会计信息质量要求、会计要素及其确认和计量、会计规范等。第十二章则是财务报表列报，即"会计学"课程的最终环节。财务报表是上市公司向社会公众披露的信息，也是会计职业道德最重要的体现。通过这部分内容的学习，学生不仅要掌握知识，最重要的是，作为未来的会计人，还要学习会计信息质量要求、会计政策、会计基础，以及《会计法》《企业会计准则》《会计人员会计职业道德规范》等，这有助于他们树立诚信意识和掌握会计学底层逻辑，增强遵守相关法律法规的自觉性，树立正确的职业道德观念，提升职业知识水平，为以后步入社会从事会计工作打下良好基础。这也充分体现了我们学校的教育理念——"诚信"。

为此，作为"会计学"课程教师，我在这部分内容讲解的过程中，利用上市公司案例,围绕课程思政,从"会计""会计信息质量要求"以及"会计要素"的概念入手,逐层剖析,将理论知识融入实际案例中。一些案例涉及上市公司财务舞弊,我利用这些案例揭示造假者是如何利用相关会计政策进行舞弊的,舞弊违背会计信息质量要求和会计要素的计量标准,同时也违反企业职业道德准则。通过引入这些案例,我进一步探讨"诚信"问题,带领学生深入思考相关公司在财务舞弊中的行为及其后果。

通过这样的案例教学形式,学生对"诚信"这一概念有了更清晰深入的理解,将"诚信"理念根植于内心。同时,这种教学方法培养了学生将来从事会计工作必备的职业素养,使诚信意识内化于心,外化于行。

三、教学设计

第一,在案例的选取上,我们侧重选择"反面案例",这样能使学生比较容易留下深刻的印象,产生较好的教学效果。同时,必须考虑案例的可理解性和清晰性,确保难度适中。因此,我们选择了江苏雅百特科技股份有限公司(以下简称雅百特)财务造假案作为教学案例。

雅百特在重组上市过程中,于2015年1月披露承接巴基斯坦木尔坦地铁公交工程的金属屋面围护系统工程,合同金额为3 250万美元。重组上市后,2015年年报披露工程完工,实现收入2亿元。然而,实际上,雅百特的财务运作是由一名财务会计和一名不懂财务的助理在一间只有20平方米的小工作室里进行的,他们负责雅百特的6家主要供应商和4家走账公司的资金流转。有关机构调查发现,雅百特通过虚构境外项目、虚构跨境资金循环、虚构建材出口、虚构境内建材贸易等手法,虚增收入5.8亿元,虚增利润2.6亿元。2017年12月,证监会对雅百特做出严厉惩罚,对相关责任人员依法采取证券市场禁入措施。

第二,思考在案例教学过程中如何凸显"知识传授"与"价值引领"的结合,落实和推进"课程思政"建设。

在雅百特财务造假案中,雅百特通过多种造假手法虚增收入5.8亿元,虚增利润2.6亿元。我们可以通过互联网、相关文献资料查找财务报表的相关信息,使用顺查法、逆查法等方法核实具体数据,逐步深入分析案例,在传授专业知识的同时,分析"可靠性原则"在案例中的体现。可靠性要求企业应当以实际发生的交易或事项为依据进行会计确认、计量和报告,如实反映各会计要素符合会计确认和计量要求的财务状况、经营成果和现金流量。而雅百特通过虚构境外项目、跨境资金循环、建材出口、境内建材贸易等手法,虚增收入5.8亿元,虚增利润2.6亿元。其行为是虚假列报,而且数额巨大,情节十分恶劣,造成了严重的影响。

该公司的行为违反了最基本的法律法规,相关会计人员没有遵守《会计法》和《企业会计准则》,没有按规定办理会计事务、进行会计核算、实行会计监督。企业也没有按照《会计法》的规定,规范企业会计行为,保证会计资料的真实和完整。具体而言,企业没有设置规范的会计机构并配备会计人员,也缺乏会计机构内部的稽核制度和牵制制度。

我在整个教学过程中开展思想道德教育。在会计行业，诚信意识以及良好的职业道德品质的重要性远远超过知识与技能。大学不仅要教会学生知识，而且要教会学生做人，引导学生树立良好的职业道德观念。学生需要具备以下基本的职业道德：爱岗敬业，严肃认真，一丝不苟，忠于职守，尽职尽责；诚实守信，实事求是，如实反映，保守秘密，不为利益所诱惑，执业谨慎，信誉至上；廉洁自律，公私分明，不贪不占；依法办事，坚持准则，保持独立；不断提高专业技能（要有不断提高会计专业技能的意识和愿望、勤学苦练的精神和科学的学习方法等）。

四、教学成果

我通过这样一种新颖的教学方式，让讲授内容和诚信理念不断深入学生的思想和内心，使学生深切感受到会计诚信的重要性、会计职业道德的重要性。

在和同学们的交流中，有同学表示：不论是在学校学习会计还是将来到企业从事会计相关职业，乃至从事经济方面的任何职业，对于每个人来说最重要的是要遵守法律法规、遵守会计准则、遵守职业道德规范，尤其要做到最基本的"诚信"。

正所谓"先做人后读书"，如果连最基本的诚信都做不到，没有良好的职业道德观念，那么即使学习成绩再好，工作能力再强都无济于事。

五、教学分析

整个课程的核心问题是"育人问题"，如何围绕这个问题进行课堂教学，在专业知识教学过程中恰如其分地融入"诚信"育人元素，是教师思考的重点和难点。

首先，教师需要认真分析本学期的教学大纲和教学计划，按照教学课时的要求完成基本的教学任务。

对于没有制造业工作经历的学生来说，学习会计确实是一项挑战。他们完全依靠老师课堂上的语言来想象整个企业的运营过程，包括如何筹集资金，购买原材料，通过工人的劳动将原材料转化为产品，以及月末如何归集直接费用和间接费用，计算完工产品和在产品的成本，运用品种法、分步法、分批法、分类法等分配方法等。生产过程结束后，产品进入销售环节，企业将产品出售后实现销售收入，在此基础上，企业通过扣除成本计算出利润并按照国家税法规定缴纳各种税金。如何将看似简单的制造过程和会计密切联系起来，是教师的重任。需要投入耐心、爱心，深入浅出，因材施教。

其次，分析整个学期的教学内容，选择适当的关键点融入会计"诚信"思政元素。经过多年的课程教学实践，我们深刻认识到会计是一门技术性和专业性较强的课程，其中的知识点，例如，"长期股权投资""长期负债""收入核算""金融工具与计量"等，较难掌握。尤其对于刚刚接触会计专业知识的大一新生来说，这些内容具有相当的难度。然而，在总论和报表部分，特别是在"会计信息质量要求"和"财务报表"的披露中，适时引入诚信思政元素是较为恰当的。

最后，寻找知识传授与价值引领的契合点，这一环节非常重要。教师在传授专业知识的同时,也是在传递责任心。通过扎实的专业知识、认真备课和在讲台上的辛勤付出,我们不断精耕细作,播撒奉献的种子……这些就是会计学"课程思政"的高层次,是对专业学习的进一步升华,也是我们教书育人的最终目的。

在教学过程中取得的成效在于学生在学习专业知识的同时,提升了个人品质,这对其未来遵守职业道德产生了积极影响。在"会计学"课程教学过程中,如何寻找恰当的案例,即既与教学内容紧密相关,又能与学校的文化特色和教学理念相结合的案例,使学生更愿意接受,这是教师需要思考的关键问题。同时,在案例分析的过程中,面对大是大非的抉择时刻,教师可以结合自己学会计、做会计、教会计的职业经历,以身作则,感化学生,把社会主义核心价值观"润物细无声"地渗透到学生的灵魂深处。

六、教学反思

"会计学"课程丰富新颖的思政教学方式,相比于枯燥的课堂讲授,更能激发学生的学习兴趣,同时引发学生思考,提高学生的课堂参与度,并真正提升其思想认识。因此,这种教学方式在未来的教学过程中值得推广,使学生在学习专业知识的同时提高思想道德观念,加深对专业素养的认知。

另外,"会计学"专业课的课时量有限,完成基本的教学任务存在一定困难。如果没有精细的思考,充分的准备和熟练的教学功底,引入"会计诚信"思政元素将会影响教学任务的完成和教学质量的保障。

我们学校从潘序伦老校长开始就注重诚信建设,并采取了很多方法加强学生诚信教育,其中一些方法沿用至今。校园文化是滋养诚信意识的重要土壤。要想使社会主义核心价值观深入人心,全面提升学生的诚信品质,有赖于显性教育与隐性教育的有机结合。课堂教育要和各类校园文化活动同向同行,立体推进,形成浓厚的育人氛围,继而对"课程思政"教学实践产生良性影响。

高校肩负着人才培养、科学研究、社会服务、文化传承创新等重要使命,加强和改进高校思想政治工作是一项重大的政治任务和战略工程。而加强会计诚信教育对于大学的会计学专业职业教育尤为重要,这将为营造"守信光荣、失信可耻"的良好社会氛围打下坚实基础。

参考文献

[1] 郭红.应用型高校会计学专业优化调整的逻辑与路径研究[J].现代商贸工业,2024,45(9):160-161.

[2] 张琴.应用型高校会计学课程思政建设探索与实践[J].山西大同大学学报(社会科学版).2024,38(2):125-129.

[3] 董必荣.论课程思政的本质与内涵[J].财会通讯,2022(12):21-26.

[4] 肖星.一本书读懂财报[M].3版.杭州:浙江大学出版社,2022.

[5] 舒守娟.协同推进高校课程思政和教学改革的:探索与实践[J].高教学刊,2024(5):35-38.

课程思政助力人才培养的实践与思考
——以"公司战略与企业风险管理"为例

张淑慧

一、引言

课程思政是在党的十八大所确立的"把立德树人作为教育的根本任务"的时代背景下,我国高等教育领域深入学习贯彻习近平总书记关于教育的重要论述,为培养担当民族复兴大任的时代新人和德智体美劳全面发展的社会主义建设者和接班人,对高等教育的育人理念、育人模式和育人机制的有益探索与创新。

课程思政无疑也是高等教育提升思政育人效果的重要抓手,更是思政育人的重要渠道。课程是课程思政的基本载体,而在思政课程、通识课程和专业课程中,专业课程的学分和学时在学生学习的课程体系中占据较大比重,对学生的影响也较为深远。基于此,《高等教育课程思政建设指导纲要》指出:所有的专业教师都应该根据自己专业的特色和优势,深入研究专业的育人目标,深度挖掘提炼本专业知识体系中所蕴含的思想价值和精神内涵,科学合理地拓展专业课程的广度、深度和温度,把"立德树人"作为根本任务,肩负起"为党育才,为国育才"的职责与使命。

本文根据国家对于审计人才的需求以及上海立信会计金融学院审计专业的人才培养方案,结合"公司战略与风险管理"课程的特点,探讨对审计专业课程思政教学设计的实践和几点思考。

二、审计专业特点与课程情况

上海立信会计金融学院审计专业致力于培养具备良好的思想政治素质与职业道德修养,系统掌握现代审计及相关领域的知识和技能,适应数字化时代对审计职业发展的要求,具有国际视野与创新思维、较好的综合素质与适应能力、较强的职业判断能力与解决实际问题能力的高层次、复合型、应用型审计专门人才,以满足国家发展需要的各类审计人才。

习近平总书记于2023年5月在二十届中央审计委员会第一次会议上强调,要发挥审计在推进党的自我革命中的独特作用,进一步推进新时代审计工作高质量发展。"公司战略与企业风险管理"课程的设置有助于落实中央关于"增强风险意识,防范化解重大风险"和"发挥审计在推进党的自我革命中独特作用"的要求,培养具有战略思维、风险意识、底线思维、创新意识和科学精神,能够不断进行自我反思的复合型、应用型审计人才。

三、课程思政教学设计案例

(一) 课程思政设计的总体思路

本课程从全局战略风险的角度引导学生思考和掌握企业生存与发展的基本概念、原理和方法,培养学生分析公司战略与风险管理中的具体问题和提出解决问题方案的能力;按照习近平总书记关于"增强风险意识,防范化解重大风险"的要求,培养具备良好的思想政治素质和职业道德素养,具有风险意识、底线思维、战略视野、批判性思维的高层次、复合型、应用型审计人才。基于此,本课程的课程目标如下:

课程目标一:掌握公司战略、战略管理、战略创新、公司治理、风险与风险管理等基本概念,掌握战略管理的内涵、特征和过程;了解公司战略与风险管理的演进历史与发展趋势。

课程目标二:掌握战略分析框架,了解每个层次战略选择的适用范围、优劣势以及战略实施的关键环节与注意事项;了解公司治理的三大问题和公司治理的基础设施与治理原则;了解风险管理的流程与体系,初步具备对公司进行战略决策的基本定力与判断能力。

课程目标三:熟悉战略管理的流程,具备运用风险管理的相关技术与方法识别和评估风险的能力,能够运用战略分析、战略选择与战略实施的模型和框架对案例公司进行初步的分析。

课程目标四:能够运用所学的战略管理与风险管理的知识、技能与方法分析教学案例中的战略决策困境,并根据背景信息做出对案例公司有利的战略决策;具备信息检索和分析、团队合作及逻辑思维能力。

课程目标五:具备战略分析与战略选择等实践能力和在战略决策过程中独立做出复杂判断和决策的能力,关注与防范重大风险的意识;形成保证审计专业技能相关性和时效性的持续学习与创新能力,及时了解和关注审计的理论前沿和发展动态。

(二) 课程思政整体教学设计的思考

课程思政教学设计图如图1所示。

1. 学情分析

课程的学情分析主要通过课前"调查问卷"了解学生对课程的期待和要求,并结合课程目标让学生了解课程的学习方法和需要锻炼的能力。课前测试用于聚焦学生的疑难问题;课中利用"课堂测试"来掌握学生对已授知识点的掌握程度;课后通过"主题讨论"进行疑难问题征集,便于对仍有疑问的同学和学困生进行有针对性的辅导和答疑,助力学生建立勇于面对难题,不断突破自我的信心。同时,通过"主题讨论"的微案例帮助学生对所学知识进行拓展和延伸。课前、课中、课后学情分析如图2所示。

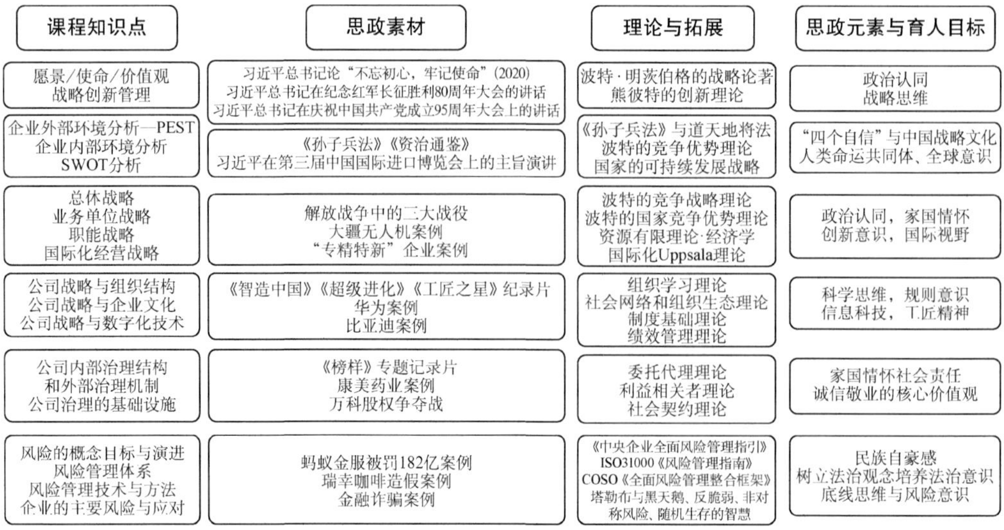
课程知识点
思政素材
理论与拓展
思政元素与育人目标
愿景/使命/价值观
战略创新管理
习近平总书记论“不忘初心，牢记使命”(2020)
习近平总书记在纪念红军长征胜利80周年大会的讲话
习近平总书记在庆祝中国共产党成立95周年大会上的讲话
波特·明茨伯格的战略论著
熊彼特的创新理论
政治认同
战略思维
企业外部环境分析—PEST
企业内部环境分析
SWOT分析
《孙子兵法》《资治通鉴》
习近平在第三届中国国际进口博览会上的主旨演讲
《孙子兵法》与道天地将法
波特的竞争优势理论
国家的可持续发展战略
“四个自信”与中国战略文化
人类命运共同体、全球意识
总体战略
业务单位战略
职能战略
国际化经营战略
解放战争中的三大战役
大疆无人机案例
“专精特新”企业案例
波特的竞争战略理论
波特的国家竞争优势理论
资源有限理论·经济学
国际化Uppsala理论
政治认同，家国情怀
创新意识，国际视野
公司战略与组织结构
公司战略与企业文化
公司战略与数字化技术
《智造中国》《超级进化》《工匠之星》纪录片
华为案例
比亚迪案例
组织学习理论
社会网络和组织生态理论
制度基础理论
绩效管理理论
科学思维，规则意识
信息科技，工匠精神
公司内部治理结构
和外部治理机制
公司治理的基础设施
《榜样》专题记录片
康美药业案例
万科股权争夺战
委托代理理论
利益相关者理论
社会契约理论
家国情怀社会责任
诚信敬业的核心价值观
风险的概念目标与演进
风险管理体系
风险管理技术与方法
企业的主要风险与应对
蚂蚁金服被罚182亿案例
瑞幸咖啡造假案例
金融诈骗案例
《中央企业全面风险管理指引》
ISO31000《风险管理指南》
COSO《全面风险管理整合框架》
塔勒布与黑天鹅、反脆弱、非对称风险、随机生存的智慧
民族自豪感
树立法治观念培养法治意识
底线思维与风险意识

图 1　课程思政教学设计图

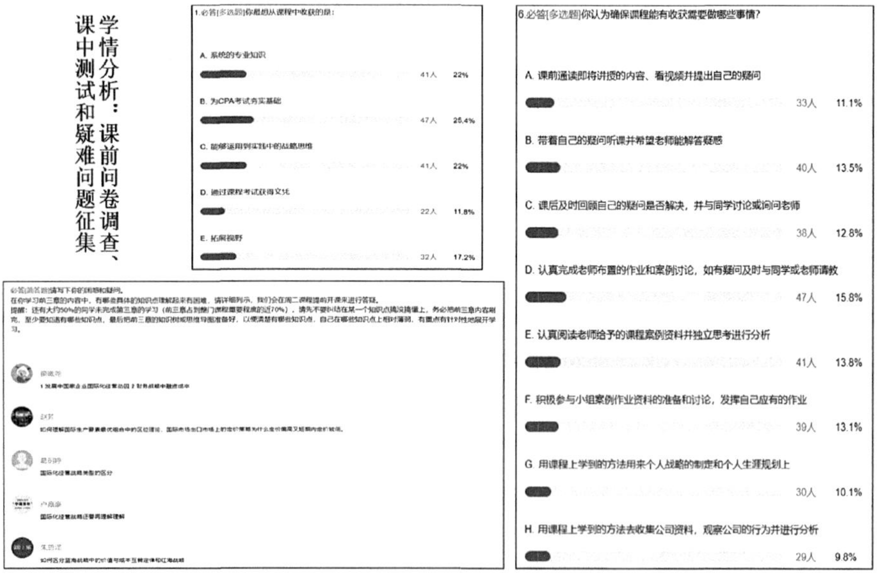
学情分析：课前问卷调查、课中测试和疑难问题征集
6.必答[多选题]你认为确保课程能有收获需要做哪些事情？
A. 课前通读即将讲授的内容、看视频并提出自己的疑问 33人 11.1%
B. 带着自己的疑问听课并希望老师能解答疑惑 40人 13.5%
C. 课后及时回顾自己的疑问是否解决，并与同学讨论或询问老师 38人 12.8%
D. 认真完成老师布置的作业和案例讨论，如有疑问及时与同学或老师请教 47人 15.8%
E. 认真阅读老师给予的课程案例资料并独立思考进行分析 41人 13.8%
F. 积极参与小组案例作业资料的准备和讨论，发挥自己应有的作业 39人 13.1%
G. 用课程上学到的方法用来个人战略的制定和个人生涯规划上 30人 10.1%
H. 用课程上学到的方法去收集公司资料，观察公司的行为并进行分析 29人 9.8%

图 2　课前、课中、课后学情分析

2. 教学目标与重难点

“业务单元战略”课程目标如表 1 所示。

表 1　“业务单元战略”课程目标

教学目标	目标内容
知识目标	① 能够区分成本领先战略、差异化战略和集中化战略的适用情境(重点)； ② 运用“战略钟”模型分析战略的有效性； ③ 能够描述蓝海战略的内涵，把蓝海战略与企业创新关联起来(难点)

(续表)

教学目标	目标内容
能力目标	① 根据既定案例信息,识别并分析案例公司所运用的战略,培养学生学以致用和逻辑分析的能力; ② 随机选择2个小组分享基本竞争战略运用的案例,培养学生沟通表达和团队合作能力; ③ 除汇报小组外的其他同学提问,汇报小组回答,培养学生批判性思维和应变能力
价值目标	① 讲述集中化战略知识点时播放"辽沈战役"小视频,讨论为什么解放军与国民党在实力差距悬殊的情况下能够取得胜利,学习并践行"集中优势兵力各个击破"的战略思维; ② 引导学生结合自身经历讨论对"战略钟"模型中的"坐地起价""变相涨价""质次价高"战略的看法,树立诚信品质和遵守信用规则的意识; ③ 讲述蓝海战略知识点时讨论大疆公司如何成为世界范围内航拍平台的领先者和无人机制造的独角兽,从而培养学生科学精神和创新思维

3. 课程思政教学设计与教学策略

课程的教学围绕教学目标,按照五星教学法推进——聚焦问题、激活旧知、求证新知、应用新知和融会贯通五个环节来推进教学环节的。五星教学法示意图如图3所示。

1) 课前准备:聚焦问题、激活旧知

课前布置学生完成知识点的预习,包括以下步骤:第一,观看预习视频(每个视频约10分钟,共3个)。第二,完成相应知识点的小测试。第三,通过课前"问卷调查"聚焦学

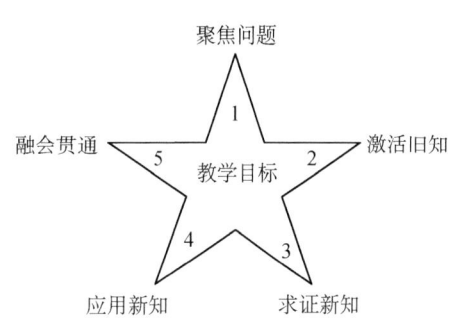

图3 五星教学法示意图

生预习后仍难理解的重难点问题。第四,要求学生以小组为单位,根据本节内容找一家关注的公司,分析其所采用的基本竞争战略,以及进行此战略选择的依据和原因。

引导学生自主学习,并根据测试结果了解自己对知识的掌握程度,从而提出自己的疑问。小组在完成案例公司选取和战略选择分析时,也会促使小组内成员讨论知识点的内涵,以便识别和判断案例公司采用的战略类型,进而收集案例公司信息,并结合之前章节内容分析其做出战略选择的原因和依据。学生通过小组任务提升合作能力,在讨论中,通过观察和模仿同伴,获得学习体验。教师也会根据提交的案例情况给出修改意见与反馈。课前的"问卷调查"能够让学生带着疑问走进线下课堂,有针对性地解决重难点问题。

2) 课堂教学:求证新知、应用新知

求证新知的相关内容如下:

第一,聚焦课前问卷调查,收集学生的疑难问题,有针对性地答疑解惑,通过课堂小测试了解学生对于重难点知识的进一步理解和掌握程度。

第二,根据教学目标和重难点提供案例信息,让学生参与知识建构的过程,增加其对知识理解的深度,拓宽视野。同时,培养学生学以致用和逻辑分析的能力。

此版块主要涉及的关键知识点如下:

第一,集中化战略与战略思维。在学习"集中化战略"知识点时,播放4分钟的"辽沈战役"视频。学生在观看后讨论为什么解放军与国民党军队在实力悬殊的情况下能够取得决战胜利?通过讨论学习我军将领"集中优势兵力各个击破"的战略思维,以及解放军战士为争取人民解放的坚定信念和浴血奋战用生命换来今天幸福生活的精神,引导学生思考并讨论集中化战略和战略思维在日常学习生活中的运用。集中化战略与战略思维教学设计和学生互动截图(部分)如图4所示。集中战略的知识链接与价值引领教学设计截图(部分)如图5所示。

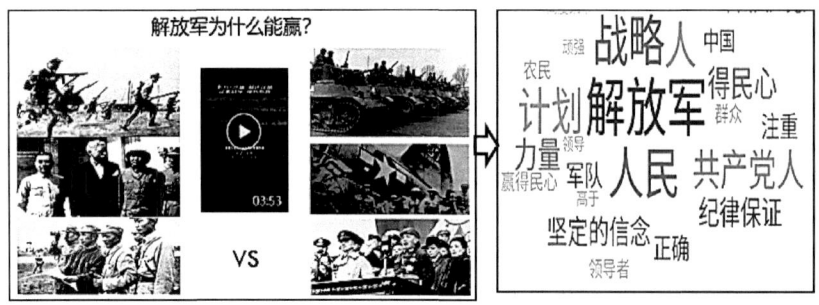

历史纪实:从军事战略中体会战略思维　　学生参与:收获政治认同和家国情怀

图4　集中化战略与战略思维教学设计和学生互动截图(部分)

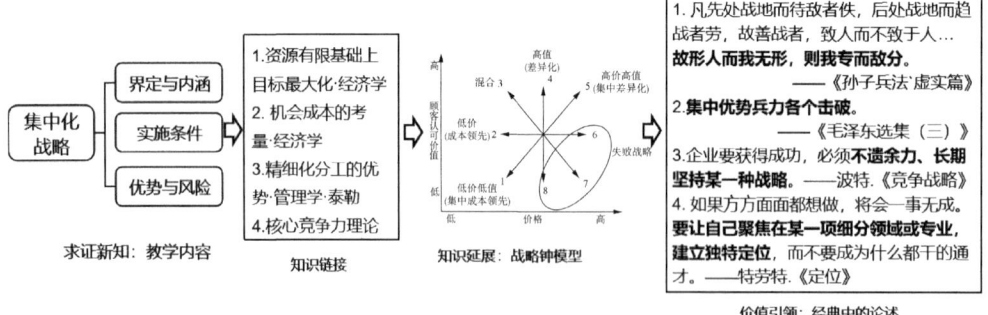

图5　集中战略的知识链接与价值引领教学设计截图(部分)

第二,蓝海战略与中国创新精神。在学习"蓝海战略"知识点时,可以播放一段大疆公司的视频(时长约2分钟),然后组织学生讨论大疆公司如何成为全球航拍平台的领导者。通过讨论,让学生意识到具有创新思维和科学精神的重要性,引导学生将创新思维和科学精神运用到学习和生活中。

案例背景:大疆公司由汪滔创立于2006年,从事无人机的研发。到2021年,大疆共研发出3 206项国家专利和916项公开专利。大疆占据着全球80%的消费级无人机市场,掌握着无人机领域70%以上的专利技术,被《华尔街日报》誉为"首个在全球主要科技消费品领域成为先锋者的中国企业"。

美国政府曾要求军队停止使用大疆的无人机,转而使用其他公司的产品。然而,美国政府在全球范围内并未找到合适的替代品,这迫使美国在停用1年后再次向大疆发出10亿多美元的订单。当美国再次通过加征关税的方式制裁大疆公司时,大疆公司对销往美国市场的无人机采取了对等的涨价策略。在被美国制裁的1年时间里,大疆无人机仍然占据全球无人机市场70%和北美市场85%的份额。涨价后,美国市场的销售反而增长了2%。蓝海战略与创新精神课程PPT和学生互动截图如图6所示。

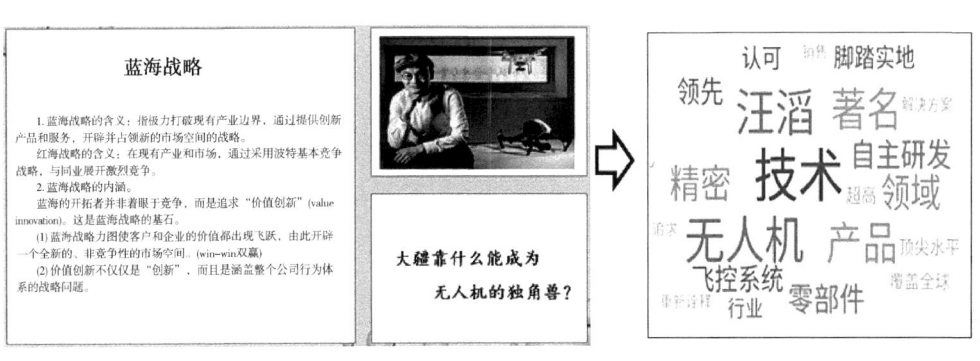

中国创新故事:科学精神与创新思维　　　　　　　　　　学生参与:勇于创新脚踏实地

图6　蓝海战略与创新精神课程PPT和学生互动截图

应用新知的相关内容如下:

在课堂上,随机选取2~3组学生进行6分钟的案例分析展示。汇报结束后,学生们进行提问,汇报小组成员回答问题,提问和回答时间约为5分钟。这项教学活动旨在锻炼汇报小组成员的表达能力和应变能力。同时,其他学生需要以批判性思维聆听汇报,并敢于针对案例内容提出自己的质疑和困惑。通过这种互动,学生可以加深对知识的理解,并从多个角度看待问题。案例分享标准与具体分享案例PPT和学生反馈截图如图7所示。

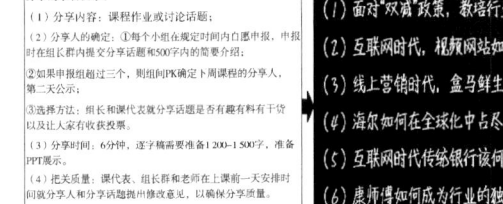

明确要求:建立规则意识　　　案例分析与问答:批判性思维与逻辑表达　　　学生反馈:获得成长

图7　案例分享标准与具体分享案例PPT和学生反馈截图

3) 课后延展:融会贯通

课程结束后,要求学生整理课程笔记,绘制课程导图,完成章节测试,并撰写课程反思小结,从而形成知识学习的闭环。通过"学习通"平台的"主题讨论"和资料区的案例拓展,提供微案例讨论题和延伸案例资料,帮助学生融会贯通所学知识,并将其运用到日常学习和生活中。这样,学生能够切实感受到运用知识从多维度看待事物、分析问题和解决问题所带来的成长和改变。

四、教学效果及反思

(一)教学评价、目标达成与学生评价

在课程融入思政元素后,教师根据教学目标对教学内容进行了精简,重新梳理了重要知识点。知识目标的达成和评价通过线上教学平台完成。课堂更多地聚焦于学生在自学过程中遇到的疑难问题,并通过测试及时获取反馈。课堂上增加了现实案例供学生讨论与互动,学生通过参与这些教学活动,在激活旧知识的基础上验证和应用新知识。这样可以更有效地帮助学生理解知识,了解知识的应用场景和关键点,并通过课程互动,切实感受到自身能力和认知的提升。部分学生评价内容如表2所示。

表2 部分学生评价内容

学生	评教内容
学生一	老师认真负责,突出重点,对于同学们的疑问也及时解答,结合实际案例使我们更好地理解所学的知识,并且组织同学们进行案例分享,使我们进行思考,得到启发,收获颇多。老师与同学们互动良好,课堂氛围很好,教学方法多样,注重启发我们的思维,拓宽我们的知识面
学生二	老师非常注重我们的自我学习能力,要求我们将学习与实践相结合,实践性很强。还让我更加多元化地去思考问题,在课程的讨论或是小组展示的过程中,同学们经常会对同一个问题产生很多种不同的看法,每一种都有它的道理及独特性,都值得思考
学生三	提高了小组分工合作、团队协作的能力。我们小组做过一次分享,虽然相比其他两组,显得准备不够充分、讲演不够精彩,但还是从这次小组展示中学习到了很多,如果不是要做展示,可能不会去刻意地了解疫情之下各行各业的状况,不会去和小组内之前不认识的同学沟通
学生四	老师很重视学生的反馈及对课程的反思
学生五	老师非常负责,课堂汇报老师会每一个小组进行评价并提出修改意见

(二)教育教学改革成果

在进行教育教学改革的过程中,主要的教育教学成果总结如下:

(1)课程组积极挖掘思政元素,完成课程思政体系构建。课程组把立德树人作为根本任务,深刻领会并践行《高等学校课程思政建设指导纲要》的要求,思考重构课程思政教学目标,修订教学大纲,完善线上教学平台的内容,挖掘思政元素,创新教学模式,推进现代信息技术在课程思政教学中的应用。通过这些努力,课程组成功激发学生兴趣,引导学生深入思考,培养国家需要的审计专业人才。"公司战略与风险管理"课程于2021年被评为上海高等学校一流本科课程(优质在线课程)。

（2）课程组教师不断完善自我，积极引导学生参与实践，提升其运用知识解决现实问题的能力。课程组教师指导学生参与了十项创新创业项目，其中一项获得第十七届"挑战杯"全国大学生课外学术科技作品竞赛二等奖，一项获得上海市市赛二等奖。教师还带领学生参与社会项目实践，达到了学以致用的良好教学效果。

（三）教学反思

（1）设计分层次的教学目标和科学合理的教学评价标准，使学生明确自己将在课程中学到什么内容，了解教师的评估方式，以及学习后将获得哪些能力的提升和认知的升级。

（2）不断提升信息技术驾驭能力，更好地利用信息技术赋能教学设计，提升课堂效率，使学生能够便捷地参与课程，切实践行"以学生为主"的教育理念。

（3）教学团队仍需不断打磨课程，钻研教学内容，合理提升学业挑战度，增加课程难度，拓展课程深度。这样才能切实培养学生主动思考、带着问题探究、创造性提出解决方案的能力，以及终身学习的能力。

五、教学特色与创新

在本课程的思政设计中主要有以下几点思考和做法。

1. 明确培养目标，充分挖掘课程思政元素

在明确立德树人的目标和为国家和社会培养需要的审计人才这一定位下，教师应充分挖掘课程的显性和隐性的思政元素和教育资源。培养学生在具备良好的思想政治素质和职业道德修养的基础上，不仅系统掌握专业知识，还具备战略思维、风险意识、科学与创新精神，以及较强的职业判断能力和解决问题能力。

2. 运用五星教学法进行教学设计，激发学生学习内驱力

课程根据皮亚杰的建构主义理论，按照五星教学法，即聚焦问题、激活旧知、求证新知、应用新知和融会贯通五个环节进行教学设计。

通过在课前进行调查问卷，对学生的知识储备、专业能力和素养等进行学情分析，以聚焦重难点问题。根据学生特点进行教学设计，借助信息技术和线上教学平台，采用多种教学手段，包括"课前问题清单""讨论""投票""专家讲座"等，引导学生主动思考，激活他们的旧知识，并验证新知识。在课堂上，运用"课堂辩论""相互点评""案例研究"等方法，提升学生的沟通合作能力和问题探究能力。通过"沙盘推演"和"课程反思报告"，鼓励学生运用新知并融会贯通地摆脱现实困境，培养他们的终身学习能力。这样做有助于学生树立正确的价值观，形成对审计职业的热爱，并提升职业素养。

六、结束语

课程思政要求从事高等教育的每位教师专注于自己的专业，深入挖掘和提炼思政元素，并将其有机地与专业知识相结合，潜移默化地影响学生的思想道德品质和行为表现。这样可以让党的教育方针政策在各类课程的教学中得到贯彻和实施，通过协同效应,真正完成立德树人的根本任务。

参考文献

[1] 韩宪洲.课程思政的发展历程、基本现状与实践反思[J].中国高等教育,2021(23):20-22.
[2] 张淑慧.思政元素融入审计课程教学的研究实践[J].商业会计,2021,10(18):112-114.
[3] 张淑慧.新文科背景下审计专业课程建设的思考与实践[M]//新商科人才培养长三角论坛案例论文集.上海:立信会计出版社,2022.
[4] 董必荣.论课程思政的本质与内涵[J].财会通讯,2022(12):21-26.
[5] 孟子敏,李莉.课程思政教学实践中的若干问题及改进路径[J].中国大学教学,2022(3):51-57.
[6] 中华人民共和国教育部.教育部关于印发《高等学校课程思政建设指导纲要》的通知[EB/OL].(2020-06-01)[2022-03-13].http://www.moe.gov.cn/srcsite/A08/s7056/202006/t20200603_462437.html.
[7] 皮亚杰.结构主义[M].北京:商务印书馆,2007.
[8] 付胜南.中国共产党人精神谱系融入高校思政课教学的价值导向与基本原则[J].中国高等教育,2023(Z2):51-54.

跨国并购中的科技强国战略思政教学案例

吴向阳　毛昕炀

一、教学背景

"国际财务管理"课程是会计学院财务管理专业大四学生的专业必修课。本课程以国际经营企业的高级形式——跨国公司的特殊财务管理问题为研究对象，介绍跨国经营财务管理的特殊理论、方法和技巧，促进国内企业财务管理向国际经营的拓展。课程主要内容包括国际融资管理、国际直接投资管理、跨国营运资金的流量和存量管理、跨国公司的外汇风险管理、跨国转让定价管理、跨国税收管理以及跨国公司的绩效评价与控制等。学生通过学习本课程，不仅能够了解跨国经营财务管理的产生和发展，而且能够掌握跨国经营财务管理的特殊理论、方法和技巧。这有助于他们正确运用国际财务管理理论分析国内公司真实的价值创造途径，并有针对性地比较学习西方经典理论在我国实践中的合理性和匹配性，激发学生对国内外经济热点的兴趣，提升国际化视野和能力。同时，引导学生构建具有中国特色社会主义对外直接投资的思考和研究视角。

二、教学特点

本课程结合当前财务管理学科、企业国际经营活动和金融工具不断创新的特点。我们的授课着重强调分析和考察的视角是跨国企业而非金融机构，并从企业财务管理的角度对课程内容进行有机整合。在6大课程思政目标的指引下，本课程体现了以下几个特点：

在教学内容安排上，以财务管理的融资、投资和利润分配三大板块为基础，结合汇率变化对企业经营活动的影响、各国不同程度的金融管制对企业资金的限制、企业如何规避外汇风险以及对外资本预算跨国经营环境中的独特视角相互整合。目前发达国家金融工具的不断创新以及经济一体化推动金融市场的一体化，这给企业经营活动带来机遇与挑战。我国企业对外投资中也将越来越多地运用各种金融合约进行套期保值。本课程通过一系列案例分析重点介绍，既包含了国际财务管理的基本内容，又反映了该学科的最新发展。

在教学内容的讲授中，注重理论联系实际。汇率变化对企业财务结果的影响是很大的，即使是一家完全在国内运营的企业也会受到汇率变化的影响。因此，我们结合中国企业实际的经营环境，在授课中分析人民币汇率变化对企业的经营活动以及财务结果的影响。同时,我们也结合国际外汇市场及金融工具的创新,具体分析企业如何进行套期保值。

在教学与科研的结合方面,承担本课程的教师近年来围绕国际财务管理进行研究,在教学、科研和课程建设设计方面不断更新教学内容,改进教学手段和方法。他们运用网络教学平台和技术,在"一带一路"倡议、跨国并购、外汇风险管理、海外企业特定税收等领域开展了高质量的研究,这有助于提升教师的教学能力和科研水平。

学生学习创新模式的构建体现在学生学习能力提升方面。除以上提到的专业内容的课堂内外、线上线下教学结合外,我们更注重学生小组内的自主团队合作与分工,以增加学生参与课堂的时间和比例。课后学习的主线是问题寻找、问题归类及如何合理解答,旨在调动学生参与课堂的积极性,引导他们自主设计知识理解深度,并丰富学习体验,形成创新的学习模式。

三、教学详述

本课程《第十六章 对外直接投资和跨国收购》旨在向学生介绍企业跨国并购的动机和经济后果。在教学过程中,教师应注重理论介绍与案例分析相结合,以帮助学生理解在中国成为全球第二大经济体的同时,跨国并购选择呈现何种趋势。在探讨发达国家的跨国并购时,我们如何有效实现学习效益最大化?首先,需要客观评价我国企业最近的跨国并购基本现状,分析并购绩效不理想的原因,从而提升学生对国家战略指导方针的理解,加深他们对当前国家经济发展和社会热点的关注。

(一)教学思路

首先,结合理论部分的介绍,让学生理解企业跨国并购的一般动机,包括贸易壁垒、劳动力市场不完备、无形资产(如科技和管理经验)等。在介绍现有的国际学术界理论时,特别需要将其与中国的国情结合起来,引入和介绍中国企业的跨国并购动机,让学生了解我国与西方发达国家之间的区别。任课老师在选择案例时需要明确方向,最好以国家发展战略、产业升级、科技创新的大国方针为指导,因为能够走出国门的企业往往获得政府的大力支持(如政策审批、贷款),理应承担起引领国家发展主要方向的重任,起到产业升级的主体作用。确定了这些大方向,引导学生关注新闻,结合公司的热点和社会投资人的反响和声音,不仅可以激发学生对专业知识的热情,而且可以增进学生的家国情怀。

(二)教学的方法

教学方法主要是将理论知识与我国企业案例进行衔接和契合,以引导学生正确解读我国企业跨国并购动机和国家战略政策的一致性。一方面,学生方面,通常需要提前将学生分组,以便后续资料获取和讨论,同时帮助制定小组讨论的议题,由小组长负责分工,以促进学生团队互助学习和能力提高。另一方面,教师方面,教师在教学过程中,通过向学生介绍国家战略政策和具体的中国企业跨国并购经典案例,并结合当前中国经济发展的国情,引导学生树立大力发展实体经济的意识,认识到将资源合理配置到高科技产业和国家战略政策方向的重要性。

（三）案例教学的内容展示

结合前面所有的要求,任课老师最终选取美的集团股份有限公司(以下简称美的集团)收购库卡机器人集团的跨国并购案例,其针对高科技企业的跨国并购事件能够很好地体现我国科技强国的战略方针。在具体内容展示中,任课教师首先介绍我国"走出去""一带一路"倡议和《中国制造 2025》科技强国的国家战略政策,探讨我国战略政策的发展轨迹。进一步地,向学生展示美的集团并购库卡机器人的案例,包括并购双方、行业特征、并购过程和结果等。通过这一案例,引导学生分析美的集团并购库卡机器人的动因以及带来的预期效益。

1. 国家战略政策

我国政府鼓励企业通过跨国并购走出国门的战略方针政策如表 1 所示。

表 1 我国政府鼓励企业通过跨国并购走出国门的战略方针政策

时间	国家战略政策
2000 年 11 月	党的十五届五中全会首次明确提出"走出去"战略
2013 年 11 月	党的十八届三中全会进一步鼓励和支持我国企业通过跨国并购等多种方式参与国际竞争
2013 年 9—10 月	习近平总书记在出访中亚和东南亚国家期间提出"一带一路"重大国家战略,以鼓励和刺激中国企业"走出去"
2015 年 5 月	国务院正式印发《中国制造 2025》,提出坚持走中国特色新型工业化道路,以促进制造业创新发展为主题,以提质增效为中心,以加快新一代信息技术与制造业深度融合为主线,以推进智能制造为主攻方向,以满足经济社会发展和国防建设对重大技术装备的需求为目标,强化工业基础能力,提高综合集成水平,完善多层次多类型人才培养体系,促进产业转型升级,培育有中国特色的制造文化,实现制造业由大变强的历史跨越
2016 年 5 月	习近平总书记在全国科技创新大会、两院院士大会和中国科协第九次全国代表大会上发表了题为"为建设世界科技强国而奋斗"的重要讲话。本次讲话指出科技是国之利器,国家赖之以强,企业赖之以赢,人民生活赖之以好。中国要强,中国人民生活要好,必须有强大的科技。习近平总书记强调,新时期、新形势、新任务要求我们在科技创新方面有新理念、新设计、新战略。我们要深入贯彻新发展理念,深入实施科教兴国战略和人才强国战略,深入实施创新驱动发展战略,统筹谋划,加强组织,优化我国科技事业发展的总体布局

表 1 列示了国家通过制定政策,引领和鼓励我国企业借助跨国并购进入国外市场,获取国外先进的技术、丰富的管理和运营经验以及其他优质资源,从而提升竞争力,最终促进我国经济转型和产业结构升级。因此,跨国并购是我国"科技强国"战略的重要组成部分。教师通过对国家政策的解读,一步步引导学生发现我国政府通过鼓励企业跨国并购而实现科技强国的战略思想形成路径。

2. 美的集团并购库卡机器人的教学案例展示

美的集团于 1968 年成立于中国广东,其子公司美的电器(股票代码:SZ.

000527)于1993年在深圳挂牌上市,之后迅猛发展,成为国内最大的家电企业之一。2013年,美的集团(股票代码:SZ.000333)实现整体上市。由于家电市场的饱和成熟,美的集团于2011年开始实施战略转型,以"产品领先,效率驱动,全球经营"为三大转型方向,力图通过战略转型发展智慧家居、智能制造、机器人和大数据等新产业。具体地,美的集团通过各类收购来拓宽业务领域。其中,收购华凌集团(后重组变更为威灵控股)、小天鹅(股票代码:SZ.000418)和德国库卡(股票代码:DE0006204407)分别作为其电机业务、高端洗衣机业务和自动化业务的主体,使其业务体系更加完整。

截至目前,美的集团已发展成为集多种业务为一体的科技集团,其业务范围主要包括以下四部分:①以微波炉、冰箱、洗衣机等为核心的消费电器业务。②以空调、供暖及通风系统为核心的暖通空调业务。③以库卡集团、美的机器人公司等为核心的机器人及自动化系统业务。④以安得智联为集成解决方案服务平台的智能供应链业务。

库卡机器人集团(以下简称库卡)是一家高科技企业,是世界知名的机器人供应商之一,以机器人为基础的自动化是其最大的优势。1973年,库卡开创了作为机器人先驱的辉煌历史,研发出世界上首台拥有六个机电驱动轴的工业机器人FAMULUS。自2004年起,库卡专注于机器人技术和自动化技术,在机器人行业位居世界首位。2014—2016年,库卡的营业收入分别高达20.96亿欧元、29.66亿欧元和29.49亿欧元,其主要来自机器人业务和控制系统业务,其中约20%来自亚太地区。

美的集团并购库卡主要是出于以下两个层面的动机:一是行业层面动机。美的集团所属的传统家电行业逐渐落伍,而库卡所属的机器人行业市场前景广阔。中国机器人市场在2012年至2017年平均增长率达到28%,国家政策鼓励企业发展机器人核心技术,同时企业需要降低劳动力成本,因此自动化需求增加。另外,随着人口老龄化的到来,对服务机器人的需求也在增加。未来机器人行业仍有巨大发展空间。二是公司层面动机。美的集团并购前已经是国内家电行业的巨头,但由于市场的发展,急需进行转型升级。库卡作为全球领先的机器人制造商,其机器人制造技术非常先进。库卡机器人可以应用于物流运输、金属加工、自动化和食品等多个行业。美的集团可以充分利用库卡机器人方面的优势,推动工业自动化和信息化发展,确保自己在工业4.0的潮流中不落后。

四、教学结果

借助美的集团并购库卡的案例,教师和学生可以深入理解中国从"走出去""一带一路"到《中国制造2025》科技强国战略的发展脉络。这可以唤起学生"科技兴则民族兴,科技强则国家强"的民族责任感和家国情怀。此外,通过案例,引导学生深入理解科技兴国应以坚持教育为本,把科技和教育摆在经济、社会发展的重要位置,增强国家的科技实力和科学技术向现实生产力转化的能力,提高全民族的科学文化素质,把经济发展转移到依靠科技进步和提高劳动者素质的轨道上来,进而认识到科技强国人人有责,每个人都应是国家科技强国战略的重要参与者。

通过在国际财务管理中的一个完整的案例教学,我们深刻体会到了专业课程与思想政治课的有机结合对学生育人和引领核心价值观的重要性。将教学内容与国家政策、社会热点有机结合,有助于培养学生的关注和理解能力,并锻炼其批判性思维和大局观。实际上,将教学内容与家国情怀和民族责任心进行有机结合是一个很庞大和完整的体系,需要在课程规划和教学讨论中精心设计,包括:①思想素质,引导学生树立正确的思想观念和核心价值观。②诚信品质,培养学生践行社会主义核心价值观,树立诚信意识。③专业技能,培养学生系统掌握国际财务管理知识,解决复杂技术性问题。④创新意识,培养学生创新精神,能够在专业领域创造性地开展工作。⑤独立思考能力,培养学生独立思考和分析问题的能力。⑥团队合作,培养学生团队合作意识,在合作中实现共赢。⑦国际视野,让学生了解国际企业财务管理所面临的特殊挑战,如外汇交易业务等。在课程的每个章节中,都应贯穿以上目标,确保学生在学习过程中全面发展。

我们发现,通过课程组提前设计相关主题,并引入新的关注热点,不仅加深了相关知识的反思和内在逻辑的深入探讨,而且促使教师和学生共同探讨我国企业的现实问题。这提高了学生深入学习的热情,尤其是对时事热点问题的关注和分析能力有了很大提高。同时,也促进了教师将专业课程与资本市场实践结合的程度,增强了教师创造性教学的能力和热情。

五、教学分析

本课程的思政案例可以通过案例分析,引导学生在理解国家科技强国战略的基础上,激发学生的"科技兴则民族兴,科技强则国家强"的民族责任感和家国情怀。

在以上案例教学中,我们教师团队着重展示了库卡集团的机器人技术水平。与此同时,我们试图向学生展示美的集团跨国并购过程中西方各国的质疑和压力,以印证我国科技战略的重要性。例如,此次收购需要获得德国联邦金融监管局的批准,征求德国联邦经济事务和能源部的意见,并通过多个国家的反垄断审查。由于库卡在机器人技术领域有很深的造诣,德国政府担心并购后可能出现的工业敏感和数据安全性问题。他们担心一旦库卡的所有权归属于中国,德国工业4.0中的机器人技术可能会被窃取,对德国的发展造成不利影响。

在此基础上,我们还提供了一个交流平台,让学生上台展示他们小组的分析和收获。由于前期获取的案例资料几乎相同,学生会在课堂上展开互动和讨论,形成一种打擂台的氛围。老师可以设计一些小问题,进一步引导学生思考科技兴国应以坚持教育为本,将经济发展转移到依靠科技进步和提高劳动者素质的轨道上。通过这个过程,学生能够理解科技强国人人有责,每个人都应是国家科技强国战略的重要参与者。

六、教学反思

虽然经过这个专业课程的实践，我们积累了许多提升空间和良好的做法，但在整个教学过程中，总是试图突出思想政治教育的一些硬性元素。如何巧妙地将理论知识与思想政治元素相融合仍然存在一定的挑战。例如，在梳理和展示国家战略政策、案例背景介绍和分析时，过多的引导可能会导致学生产生排斥心理，从而被动地接受和学习。相反，如果能够通过案例讨论的形式展开，让学生参与案例的选取、资料的收集、案例分析等环节，专业课程与思想政治教育相结合将使我们的课程更具实践感，更能切合学生的热点。因此，在今后的教学过程中，要尽量避免人为地引入明显的思想政治元素。除此之外，我们课程组尚未将所有课程知识点有机融合在一个课程思政的框架内。"国际财务管理"课程作为财务管理专业的一个主干课程，其基本理论来自西方发达市场。如果在教学实践中从课程思政的角度将所有的知识点串联起来，应该能更好地体现与我国现实结合的真实性。

参考文献

［1］习近平.把思想政治工作贯穿教育教学全过程开创我国高等教育事业发展新局面［N］.人民日报，2016-12-09（1）.

［2］Cheol S E，Bruce G R.国际财务管理［M］.8版.北京：机械工业出版社，2022.

［3］李昱丞，王镜茹.美的集团完成对库卡100％股权收购 公司智能机器人制造业务加速发展［N］.证券日报，2022-11-16.

［4］肖静华，吴小龙，谢康，等.信息技术驱动中国制造转型升级——美的智能制造跨越式战略变革纵向案例研究［J］.管理世界，2021（3）：161-179，225.

［5］王红艳.科技创新文化融入高校思想政治理论课教学研究［J］.黑龙江教育（理论与实践），2022（4）：15-17.

"四位一体"课程思政与教学实践新探索
——以"会计学原理"为例

庞 欣

一、课程思政的内涵及发展

党的二十大提出要用社会主义核心价值观铸魂育人，完善思想政治工作体系，推进思想政治教育一体化建设。其中，课程思政建设正是中国特色社会主义现代化进程中高校思想政治教育的丰富与深化。2016年12月，习近平总书记在全国高校思想政治工作会议上指出，要坚持把立德树人作为中心环节，把思想政治工作贯穿教育教学全过程，实现全程育人、全方位育人。要使各类课程与思想政治理论课同向同行，形成协同效应。2018年全国教育大会上，习近平总书记进一步强调立德树人是教育工作的根本任务和教育现代化的方向目标。2020年，中华人民共和国教育部发布《高等学校课程思政建设指导纲要》，提出全面推进课程思政建设不仅是落实立德树人根本任务的战略举措，而且是全面提高人才培养质量的重要任务，并进一步细化明确课程思政建设的目标要求和内容重点。

特别地，针对管理学等专业课程，《纲要》提出，要在课程教学中坚持以马克思主义为指导，帮助学生了解相关专业和行业领域的国家战略、法律法规和相关政策，引导学生深入社会实践、关注现实问题，培育学生经世济民、诚信服务、德法兼修的职业素养。因此，在新文科财经人才建设的背景下，如何将思政要素融入专业课程建设中，发挥两者的协同效用将成为推动新时代会计学科发展和人才培养的重点。基于此，本文聚焦于会计专业课程思政发展的宏观背景和现实需求，探索提出了"思政—教学—科研—产业"四位一体的课程教学实践新模式。

二、"会计学原理"课程思政必要性分析

(一)"会计学原理"课程性质及特征

"会计学原理"课程是会计学院开设的学科专业课模块必修课，旨在阐明会计学的基本理论、基本方法、基本技能和基本规范。通过该课程的学习，一方面，使学生掌握以"会计目标"为核心的系列会计基本概念，以"会计确认、会计计量、会计报告"为核心的会计基本理论，以"借贷记账法"为核心的会计核算方法，以"会计法律规范与会计职业道德规范"为核心的会计规范体系。另一方面，培养学生树立"立足本职岗位、诚信工作、服务社会、实现自我价值"的社会责任感和使命感。在学习和工作中自觉践行社

会主义核心价值观、遵纪守法、爱岗敬业、恪守职业道德。

"会计学原理"课程主要具有以下特点：

（1）基础性与专业性并存。"会计学原理"是会计专业学生在大一期间接触的第一门会计学基础课程，对学生未来建立会计知识体系和会计职业道德感至关重要。同时，课程具有较强的专业性，对于没有接触过会计学的学生来说需要一定的时间去理解和建立会计思维、解决会计问题。这也要求任教老师能够做到深入浅出，利用多种教学方法增强学生对于专业知识的理解。

（2）理论性与实践性并存。作为原理类课程，"会计学原理"对会计的基本概念、方法以及规范进行了系统性的理论梳理。相对于其他会计类课程，"会计学原理"更加注重对理论基础的讲解和阐释。同时，由于会计学自身有较强的实践性和专业性要求，"会计学原理"课程还配套设立了同步模拟实验课程"会计基础实验"。通过手工做账和计算机会计系统模拟做账，提升学生的实践操作能力。

（3）学科交叉性特征显著。当今会计专业课程已经不再局限于教导学生如何进行会计记账，而是实现了多学科多专业的交叉融合发展，实现了1+1大于2的效果。首先，会计作为对一定单位经济活动进行计量、记录、分析和检查的管理活动，其信息对企业、政府、投资者等的决策至关重要，因此"会计学原理"课程与财税、金融、经济等相关专业学科存在紧密关联。第二，随着大数据、区块链、人工智能等信息技术的发展，会计信息系统、财务共享、智能机器人、云会计等概念的出现增强了会计课程与信息管理、计算机、大数据等专业学科的联系，使教学内容和方法更加多元化和智能化。第三，考虑到当前对财经专业人才的需求，对学生的培养不仅需要关注其专业技能，而且需要注重其职业道德和社会责任感。因此，增加会计专业与思想政治课程的融合，培养学生"立足本职岗位、诚信工作、服务社会、实现自我价值"的社会责任感和使命感，提升其践行社会主义核心价值观的意识和能力，成为新时代"会计学原理"课程发展的必然要求。

（二）"会计学原理"课程思政教学的必要性

（1）经济转型发展，德才兼备的新财经人才是未来会计教育培养方向。从国际经济发展趋势来看，目前世界正处于百年未有之大变局中，中国作为世界第二大经济体势必成为推动全球治理体系改革和建设的主力军。在这个过程中，需要一大批可堪大用、能担重任、具有中国情怀和国际视野的财经人才。从会计行业转型趋势来看，数字化、智能化技术的发展虽然降低了会计信息生成和传递的成本，提高了信息处理效率，但会计信息爆炸式增长对财经从业者的信息判断和处理能力提出了更高的要求。因此，无论是出于宏观经济发展还是中观行业进步的需要，都要求大学教育在培养学生专业能力的同时，提高他们的家国情怀和职业道德。将思政教学融入专业课程建设恰恰有利于实现这一目标。

（2）社会信息化趋势显著，需要思想政治引导来提升学生的专业判断力。"会计学原理"课程面向大一新生开设，这些学生基本为"05后"，他们成长在网络媒体高度发达、信息多样复杂、言论自由的新时代，同时他们自身正处于塑造人生观、价值观和世界观的重要阶段。在课程中融入社会主义核心价值观、传统文化、唯物史观等思想政治要素，有利于增强他们的信息判断能力，提高其理想价值追求。特别地，"会计学原理"既是会计学基础课程，也是会计专业学生的第一门专业课程，因此有必要在"会计学原理"课程中为学生播下思想政治的种子。在教学过程中，通过对会计理论、方法和规范的解析，培养学生更多地从国家、社会的角度看待组织经济运行活动，可以增强他们的民族使命感和社会责任感。

（3）会计思政教育面临孤岛效应，亟需探索新的思政教学模式。虽然课程思政的进展不断加快，高校和教师对课程思政建设越来越重视，但目前会计课程中的思政内容建设尚未形成完整全面的理论体系。突兀、碎片化的思政元素植入无法有效激发学生的理解和共鸣，也削弱了课程思政的学理内涵，与课程思政"润物细无声"的育人目标存在一定差距。以"会计学原理"课程为例，如果只是强行将一些历史思政案例和专业知识点简单串联起来，不仅容易遭到学生的排斥，而且可能影响他们对专业知识的理解和学习。因此，如何深入剖析专业课程中的思政要素，将两者有机结合，以及如何利用多样化的教学资源和方法增加学生对课程思政元素的兴趣和学习主动性，实现协同效益，是当前会计思政教育亟需解决的重要问题。

三、"四位一体""会计学原理"课程思政与教学实践新探索

（一）以思政要素为引领

（1）深入挖掘丰富的思政元素。在全面梳理"会计学原理"课程内容后，我们对知识点进行详细分解，寻找专业知识与思政要素可能的结合点。通过传统案例、历史回顾、时事新闻、政策学习等多种途径，利用视频、案例分析、田野调查、实地参观、上机实验等多种形式，深入挖掘并形象展示"会计学原理"课程思政元素，实现专业课程知识与思想政治内涵的有机结合。这样不仅能丰富教学内容，而且能使学生更直观地理解和掌握知识点，从而完善"会计学原理"课程的思政体系。"会计学原理"课程思政要点节选如表1所示。

表1 "会计学原理"课程思政要点节选

章节	主要知识点	思政融入点及展现	思政要素
第一章 总论	会计的产生与发展	• 结合参观中国会计博物馆和观看《世界文明史巡礼》视频，可以提出在西周时期我国已经出现了专门从事会计工作的官吏。而后在唐宋时期，四柱结算法的出现，以及明清时期龙门账的发展，为现代会计的应用奠定了基础。这些历史实例不仅展示了中华文化的博大精深，而且有助于提升学生的民族自信心	文化自信 爱国情怀

(续表)

章节	主要知识点	思政融入点及展现	思政要素
第二章 会计核算基础	会计信息质量要求	• 依托科研和大数据分析,可以强调信息披露在会计中的重要性 • 列举相关法律法规 • 案例讨论,可以选取獐子岛、瑞幸等代表性财务造假案例和学生讨论会计信息质量的重要性	爱岗敬业 诚实守信 遵纪守法
第五章 会计记账方法 ——应用	筹资业务、采购业务、制造业务、销售业务、利润与利润分配业务会计核算	• 可以采用小组实操模拟的教学形式。每个小组的学生将扮演企业资金流通不同阶段的会计负责人,通过实践来深入理解各阶段会发生的会计事项以及如何进行会计核算	团队协作 实事求是 责任意识
第六章 会计凭证	会计凭证的作用、审核与填制	• 案例讨论,选取影响力较大的偷税漏税案例和学生讨论会计凭证须具有真实性。会计核算以会计凭证为依据,不可任意修改销毁会计凭证	诚实守信 遵纪守法
第九章 财务报表	财务报表的构成与列报要求	• 案例讨论,分析华为、航天电子、京沪高铁等民族企业财务报表,讲解财务报告的构成和具体内容,同时增强学生民族自豪感	民族自豪感 家国情怀
第十章 会计规范	会计法律规范 会计职业道德	• 案例讨论,分析财务造假案例中会计从业人员违反了哪些法律法规和职业道德 • 以小组为单位完成会计职业道德调查问卷和报告	法律意识 职业道德 爱岗敬业 团队协作

(2) 增加思政元素的具象性、可视性和体验性。目前,学生对思想政治教育内容兴趣较低的一个重要原因是思政知识往往以文字化的理论论述为主,具有较强的理论性和逻辑性,部分学生会觉得生涩难懂,不易接受。那么,提升思政元素的具象性、可视性和体验性可以激发学生对于会计思政内容的兴趣。例如,第一,可以充分利用上海立信会计金融学院建有全球第一家会计专业博物馆的优势,组织学生参观中国会计博物馆。通过参观,学生可以全方位理解会计发展历史,不仅对知识有了更加具象的理解,而且有利于建立文化自信。第二,可以在课堂中增加视频、图片等可视化的学习资料,例如观看《世界文明史巡礼》等,激发学生对会计专业的兴趣。第三,可以增加小组演练、案例讨论等形式,提高学生的参与度。例如,以小组为单位让学生扮演企业资金流通不同阶段的会计负责人,引导他们自主思考在不同阶段会发生哪些会计事项,需要如何进行会计处理。这不仅增加了学习的趣味性,而且可以增强学生对专业知识和思政元素的体验感,使他们身临其境地学习知识。同时,这也有利于培养学生的团队协作精神,实现专业教育和课程思政的双重目标。

（二）以课堂教学为基础

课堂教学是课程思政的主阵地，在理论知识教学中充分挖掘思政元素。我们可以依托线上互联网和线下课堂等多个平台，满足学生对教学内容的不对称需求。通过课堂前、课堂中和课堂后三个阶段的协同递进，综合提升学生在"会计学原理"学习过程中的思政意识和专业能力。

在课堂前，通过对学生特征和教务内容特征进行分析，设计操作性强、有层次的教学目标和任务。我们可以充分依托超星学习通等在线学习平台发布教学计划和相关多媒体资源，利用丰富生动的案例和其他形式的资料完成课程导入。同时，通过翻转课堂等形式引导学生对课程基础知识进行预习，以提升他们的自主学习能力。在此过程中，需要对学生的自主学习情况进行动态分析，找出共性问题，为课上进行讲解做好充分准备。

在课堂中，基于学生线上学习情况，将重点聚焦在对有深度、拓展性及疑惑性的高阶问题进行讲解和讨论。我们可以采用板书、PPT 展示、案例讨论、实战模拟、视频播放、小组报告等多种形式，实现时政热点、思政元素和专业知识的有机链接。这样做能够深入浅出地引导学生学习会计学基本核算方法和理论，同时深化学生对社会主义核心价值观的理解，增强他们的民族自豪感、使命感和职业道德感。例如，通过引入一些影响力较大的偷税漏税案例，可以讲解会计凭证的重要性，教育学生要养成认真细致的工作作风，诚实守信的处事原则，廉洁自律的职业道德。另外，通过分析华为等民族企业的财务报表，不仅可以帮助同学们理顺会计要素之间的关系和财务报表的核算和编制，而且能提升学生的民族自豪感。

在课堂后，一方面，引导学生梳理总结课堂学习知识，形成完整的知识链条和体系，做到温故知新。另一方面，利用线上或线下多渠道布置融入思政元素的任务及作业，不仅局限于传统的个人书面作业，还需利用田野调查、上机实验、热点讨论等模式增加学生之间以及学生与老师之间的课后互动和交流。例如，引导学生从身边的人和事出发，讨论党的二十大报告给自己未来学习方向和职业规划等带来的思考，使学生深刻感受到新时代、新中国的伟大变革和发展。同时，教师需通过课堂效果以及线上平台提供的教学成果分析数据实时掌控学生学习情况，对教学环节进行动态调整和优化。

以财务报表这一章节的内容为例，课程将围绕航天电子这家航空航天高科技上市公司的财务报表结构、要素、内容等进行分析，旨在向学生讲解财务报告的基础知识，并挖掘航天精神、中国特色社会主义制度自信等思政元素。在课前，通过 PPT 等学习资料引导学生对财务报表的构成与列报要求有清晰认知，使他们对于"四表一注"的内容结构有一定的了解。并以小组为单位对航天电子的财务报表进行阅读分析，引导学生积极思考。这不仅可以让他们对现实资本市场中上市公司的财务报表有直观清晰的了解，而且可以增强他们的航天报国、航天强国的家国情怀。同时，鼓励同学在微信群或学习通上提出不理解或不清楚的地方，以便在课堂上就这些问题进行深入细化的讲解和讨论。在课堂中,通过回顾会计的"确认—计量—记录—报告"核算程序,引出财务报表的概念,然后讲解"四表一注"的概念、作用、结构以及填列方式等。在对基础内容和学生关注的重难点进行原理性讲解后,引入航天电子的案例,播放相关视频。鼓励学生以小组为单位,结合课程知识,对航天电子2023年财务报表进行介绍和解析,例如分析企业资产发展规模和趋势,所有者权益构成以及利润构成等。这一过程不仅可以帮助学生更好地掌握本章内容的重难点,而且可以引导他们增强民族自信,培养家国担当。在课堂后,将本章内容的思维导图发布在学习通等学习平台,让学生温故知新。同时,布置课后作业,要求学生以小组为单位选择另一家感兴趣的民族企业,对其财务报表进行分析,并完成分析报告。

(三) 以科研案例为依托

利用高校教师既注重教学又注重科研的特点,发挥其在思想政治教育与专业学科建设中的引导作用。通过将科研成果运用于教学实践,可以帮助学生更好地理解专业知识中的思政内涵。教师可以结合个人科研背景和经历,利用科研案例对专业知识进行讲解,为专业学习和思政教育提供理论支持。例如,在讲解会计信息质量时,可以利用相关数据库数据生动展示目前有多少上市公司因信息披露问题被监管部门处罚。并可以借助经典文献的结论进一步阐释会计信息质量对企业价值、投资者行为、风险水平等的影响。此外,选取獐子岛、瑞幸、康美药业等代表性的财务造假案例进行研究,并与学生讨论会计信息质量的重要性,以此启发学生培养诚信、操守为本的职业道德感,将诚信、敬业等社会主义核心价值观融入实践。同时,可以挖掘对科学研究感兴趣的同学,基于"会计学原理"课程知识展开相关案例研究,既可以培养学生求是创新的科研精神,也可以促进其多元化发展。

(四) 以产业实践为助力

"会计学原理"专业知识和思想政治学习都需要通过实践来落地。

第一,我们设置配套实验课程——"会计基础实验",通过手工做账和会计信息系统模拟电子做账让学生亲身体验从设置账户到审核、填制会计凭证再到登记账簿和编制财务报表的整个会计操作流程,使专业知识不再只被束缚于"空中楼阁"。这种方式不仅能帮助学生及时发现自己在学习中疏漏的知识点,而且能使其更直观地理解会计信息质量对业务的重要性,理解会计从业人员需要遵守认真负责、诚实守信的职业道德。

第二,鼓励学生参与代表性的学科竞赛,将所学知识运用于实践,增强专业应用能力、团队协作能力、攻坚克难能力等。上海立信会计金融学院每年组织或参与各类会计特色的学科竞赛,如"序伦杯"财务案例分析大赛、"潘序伦杯"大学生会计知识竞赛、金蝶云管理创新杯大赛、"互联网+"大学生创新创业大赛等,学生可以选择自己感兴趣的比赛参加,利用专业知识分析问题、解决问题,在这一过程中既能够提高自己的学习能力、分析能力和判断能力,也能够培养锲而不舍的团队合作精神。

第三,充分发挥学校产学研优势,构建实践育人平台,导入企业思政需求,通过融合补充产生一定的联动效益,达到互补互长的有效局面。作为一所高水平的地方应用型高校,上海立信会计金融学院与包括上海立信会计师事务所在内的多家企业建立了产学研基地。这不仅为学生提供了实践平台,而且为教师案例研究提供了更多的研究对象和研究资料。通过业财融合,将思政教育、会计专业教育与企业价值导向有机融合,共同促进新文科背景下专业化复合型财经类人才的培养,拓展课程思政范围,实现课堂教学与企业需求的有效对接。

四、结语

在面对世界百年未有之大变局和实现中华民族伟大复兴的战略全局面前,培养德才兼备的新文科财经人才成为高水平应用型财经大学的主要目标。本文以"会计学原理"课程为例,提出以思政要素为引领、课堂教学为基础、科研案例为依托、产业实践为助力的"思政—教学—科研—产业"四位一体的课程教学实践新模式,旨在进一步优化思想政治教育与会计专业教育的协同效应,实现高水平课程建设和人才培养的目标。

参考文献

[1] 陈晓梅.课程思政视域下高校《会计学原理》教学探索与实践[J].产业与科技论坛,2023,22(1):163-165.

[2] 董必荣,张兴亮."会计学"课程的课程思政设计研究[J].财会通讯,2022(24):26-29,42.

[3] 方芸,翟华云,袁蕴.课程思政融入会计学专业教学的探索——以"会计学原理"为例[J].湖北第二师范学院学报,2023,40(6):11-14.

[4] 韩岚岚,李楠,仲伟奇.会计学专业课程思政教学改革实施路径研究[J].对外经贸,2022(6):95-98.

[5] 张军,王美英.《政府及非营利组织会计》课程思政教学改革探索[J].财务与会计,2022(23):21-23.

[6] 张晓莉,渠帅,徐楠楠.思政元素融入会计学课程的"3+1"教学创新模式研究[J].对外经贸,2023(7):141-143,147.

如何构建"会计学原理"课程的思政教学体系

李江萍

一、课程思政教学体系构建的主要依据与基本要求

(一) 主要依据

党的十八大以来,教育系统积极推动学校思想政治工作改革创新,加快构建全员育人、全程育人、全方位育人的大格局。2020年5月,教育部印发了《高等学校课程思政建设指导纲要》,指出落实立德树人根本任务,必须将价值塑造、知识传授和能力培养三者融为一体、不可割裂。全面推进课程思政建设,就是要将价值观引导融入知识传授和能力培养之中,帮助学生塑造正确的世界观、人生观、价值观。这既是人才培养的应有之义,又是必备内容。这一表述进一步明确了高等教育的导向目标,即人才培养是实现价值塑造、知识传授、能力培养"三位一体"的创造活动。同时,也阐释了课程思政的本质内涵,为课程思政教学体系的构建提供了主要依据。

(二) 基本要求

在《高等学校课程思政建设指导纲要》中,明确要求科学设计课程思政教学体系,并提出了四个层面的具体内容,具体如下:

(1) 要根据不同学科专业的特色和优势,深入研究不同专业的育人目标,深度挖掘和提炼专业知识体系中所蕴含的思想价值和精神内涵。科学合理地拓展专业课程的广度、深度和温度,从课程所涉专业、行业、国家、国际、文化、历史等角度增加课程的知识性、人文性,提升其引领性、时代性和开放性。

(2) 专业课程是课程思政建设的基本载体。要深入梳理专业课教学内容,结合不同课程特点、思维方法和价值理念,深入挖掘课程思政元素,并有机融入课程教学,以达到潜移默化的育人效果。

(3) 对于经济学、管理学、法学类专业课程,要在课程教学中坚持以马克思主义为指导,加快构建中国特色哲学社会科学学科体系、学术体系、话语体系。要帮助学生了解相关专业和行业领域的国家战略、法律法规和相关政策,引导学生深入社会实践、关注现实问题,培养学生经世济民、诚信服务、德法兼修的职业素养。

(4) 课程思政建设要在课堂教学中真正落地落实,要把课程思政融入课堂教学建设的全过程。要在课程目标设计、教学大纲修订、教材编审选用、教案课件编写等各个方面下功夫,确保落实到位。深入开展多种形式的社会实践、志愿服务、实习实训活动,拓展课程思政建设的方法和途径。在教育教学方法上不断改革创新,以学生的学

习成效为目标,深入开展以学生为中心的教学方式和学业评价方式改革,激发学生学习兴趣,引导学生深入思考,实现思想启迪和价值引领。当代大学生是在互联网环境下成长起来的一代,课程思政教学要积极适应学生学习方式的转变,积极推进现代信息技术在课堂中的应用,创新课堂教学模式。

上述四方面的要求相互联系,层层递进,为课程思政教学内容的构建提供了明确的方向。

二、"会计学原理"课程思政教学体系构建的基本思路

课程思政教学体系的构建以我校创始人、会计学家、教育家潘序伦先生的爱国情怀为引领,厚植立信文化,突出职业道德和会计规范。该教学体系将会计基本概念、复式记账原理等会计基本理论、借贷记账法等核算方法,以及制造业企业一般业务会计信息生成系统等教学内容与现实经济现象相结合,深入系统挖掘凝练思政元素,构建了立信特色的"会计学原理"课程思政教学体系。课程思政教学体系构建的基本思路如图1所示。

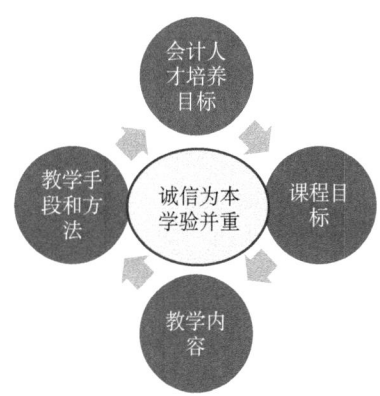

图1 课程思政教学体系构建的基本思路

(一) 根植"立信会计"文化的肥沃土壤,突显立信特色的会计人才培养目标

经过95年的传承与发展,立信特色的会计人才培养目标在于"诚信为本,学验并重"。其中,"诚信为本"意味着立信会计所秉持以"建立信用"为目标,在立志、守身、处事、待人等方面树立"信用",而立信校训则是对这一特色的最好诠释;而"学验并重"则强调重视实验实践环节在应用型人才培养过程中的重要作用,将之与理论教学放到同等重要的位置,强调的是对"能力"的培养。

所以,诚信品质是会计专业的首要培养目标。以此为基础,立信着重培养学生的综合素质、专业能力、表达与沟通能力,以及可持续的职业发展能力。

(二) 梳理"会计学原理"教学内容,挖掘课程思政元素

"会计学原理"是会计学专业的入门课程,其核心知识包括会计的基本概念、基本理论和基本方法。它涵盖了将某个特定主体纷繁复杂的经济业务转化为规范有序的会计信息的一套逻辑、程序和方法。

会计信息生成系统如图2所示。输入端的经济业务的载体是各种类型的发票、单据等原始凭证,输出端是财务报表,承载着会计信息。中间部分的加工处理过程包括确认、计量、记录、报告四个程序,采用七种会计核算方法,经过凭证、账簿、报表三个工作环节。这些程序、方法和环节需要遵循会计原则和规范。对相关概念、原则的理解和选择很大程度上依赖会计专业人员所具备的职业道德水平和专业判断能力。基于本课程的特点,凝炼出"诚信"这个思政核心元素,也是我校校训的核心意涵。

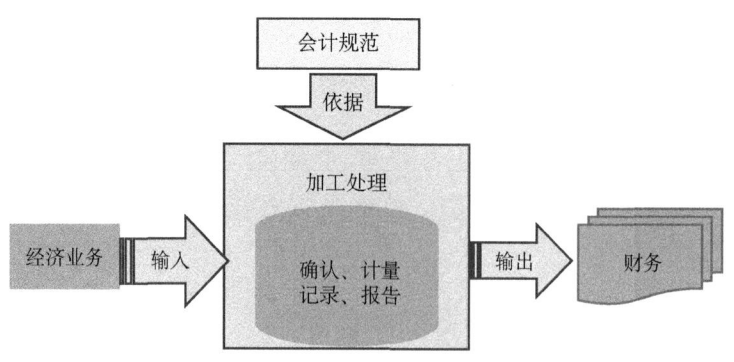

图2　会计信息生成系统

在我国的各种古籍文献中,对"诚"有以下几种解释:①《说文》:信也。②《广雅》:敬也。③《增韵》:纯也,无伪也,真实也。④《礼·乐记》:著诚去伪,礼之经也。⑤《中庸》:诚者,天之道也。诚之者,人之道也。综合而言,"诚"的含义包括信、敬、纯真无伪、真实。

对于"信"的解释有:①《说文解字》:人言为信。②程颐认为,以实之谓信。可见,"信"不仅要求人们说话诚实可靠,切忌大话、空话、假话,而且要求在行动中也要诚实可靠。而"信"的基本内涵包括信守承诺、言行一致、诚实不欺。"诚"主要是从天道而言,"信"主要是从人道而言。"诚"更多地指"内诚于心","信"则侧重于"外信于人"。

两者在哲学上虽有区别,但从道德角度看,"诚"与"信"则是同义等值的概念。因此,许慎在《说文解字》中云:"诚,信也。""信,诚也。"基本含义都是诚实无欺,信守诺言,讲求信用、言行相符,表里如一,真诚相待。

千百年来,诚信被中华民族视为自身的行为规范和道德修养,在基本字义的基础上形成了其独具特色并具有丰富内涵的诚信观,构成了社会主义核心价值观的重要部分。

(三)关注学生体验,丰富教学方法和手段,实现价值塑造的目标

课堂教学是课程思政的主要渠道,教师在课堂教学的内容和各个环节中应搭建多样化的平台,采用多种教学手段和方法,有机地融入价值塑造的要素。这样可以让价值引导的成分在课程设计和课堂教学中像盐在水中一样自然,达到春风化雨、润物无声的育人效果。特别需要防止"两张皮""贴标签"的情形,即生硬造作、简单地在专业知识内容之外另行添加一些思政元素。

三、"会计学原理"课程思政教学体系框架

(一)立足需求导向进行课程目标分解

我校的会计学专业面向国家及上海市经济建设目标和会计行业发展需求,旨在培养践行社会主义核心价值观,德智体美劳全面发展的,系统掌握现代会计理论、方法和技能的,具备人文素养、科学精神和诚信品质的,职业能力和实践能力突出的,高素质应用型、复合型和创新型专门人才。基于这一导向,会计专业课程教学体系应具有价值塑造、知识传授、能力培养三位一体融合的特征。因此,"会计学原理"课程的目标可以分解为价值目标、知识目标和能力目标。具体来说,知识目标为传授会计基本概念、

基本理论、会计核算方法；价值目标为培养学生的诚信品格，使其遵纪守法、恪守职业道德、爱岗敬业、服务社会，践行社会主义核心价值观；能力目标为培养学生的实际应用能力、沟通能力和学习发展能力。

"会计学原理"课程目标体系一览表如表1所示。

表1 "会计学原理"课程目标体系一览表

课程目标	具体内容
知识目标	传授会计基本概念、基本理论、会计核算方法
	培养学生的诚信品格，使其遵纪守法、恪守职业道德、爱岗敬业、服务社会，践行社会主义核心价值观
能力目标	培养学生的实际应用能力、沟通能力和学习发展能力。

（二）三维度呈现的课程思政教学体系内容

基于上述"会计学原理"课程目标、价值内涵和思政要素，从知识传授、能力培养和价值塑造三个维度展现课程思政的教学体系内容。

"会计学原理"各章课程思政主题如表2所示。

表2 "会计学原理"各章课程思政主题

章节名称	知识传授	能力培养	价值塑造（思政主题）
第一章 总论	会计的定义、特点、职能、目标 会计的产生与发展 会计学科与会计职业	主动思考能力、细心观察能力、团队合作能力、有效沟通能力、准确表达能力、逻辑思维能力	深刻理解诚信的含义，明确个人的责任与担当、会计职业道德与职业精神
第二章 经济业务与会计等式	会计对象 会计要素 会计等式 从经济业务到会计报表	辩证思维的能力、逻辑分析的能力、平衡各种关系的能力、准确表达与有效沟通的能力	欣赏平衡之美、操练平和之心、操练友善的品格、积累人生净资产
第三章 经济业务分析与复式记账	会计科目与账户 借贷记账原理 复式记账与财会监督之间的关系	双向思维能力、分类管理能力、专业表达能力、如实反映自律能力	制衡与监督、追根溯源、真实、无伪、正直
第四章 会计循环	会计循环的步骤 分录、过账与试算 期末账项调整	遵守秩序的能力、系统思维的能力、分期计算利润的能力	真实、客观、公正
第五章 会计凭证	盖章有效与会计凭证的证据作用	有凭有据的思维能力	印章、立信责任担当
第六章 制造企业一般业务的核算	记录企业价值创造与分配的方法 成本计算方法	系统思维的能力、理解承担社会责任与共同富裕的关系的能力、精打细算的能力、前瞻性思维的能力	合法经营、信守承诺、敬畏合同（平等）、服务社会（奉献）、节约意识

(续表)

章节名称	知识传授	能力培养	价值塑造(思政主题)
第七章 会计账簿	凭证与报表之间的桥梁作用	账账相符的细致耐心的能力	分类管理的思想总与分、统驭与补充的辩证思想、精益求精的精神(敬业)
第八章 财产清查	各类财产物资的盘存方法、利用账簿管理资产	发现问题的能力、分析问题的能力、解决问题的能力	账实相符是保障会计信息真实的基础,也是防止腐败的工具
第九章 财务报表	理解财务报表项目与账簿之间的关系、各个项目之间的逻辑关系、报表之间的勾稽关系	编制和分析财务报表的能力、管理和投融资决策能力	树立财务报表是公共产品的责任意识
第十章 会计规范	会计法规、会计准则、会计机构设置等是保证会计核算真实的基础	内化于心外化于行的合法合规的自觉能力	无规矩不成方圆,树立规范与法治的观念

四、"会计学原理"课程思政教学实施

在本部分,将结合"第一章总论"详细说明"会计学原理"课程思政教学实施。

(一)教学设计

1. 教学内容与重难点

"总论"是"会计学原理"的开篇,涵盖的专业知识点包括:会计的含义与特点、会计信息与会计信息的使用者、会计的职能与目标、会计的产生与发展、会计学科与会计职业。价值引领的教学内容包括:诚信的内涵、立信校训、职业道德、责任担当。教学重难点在于会计的定义、职能、目标、诚信的内涵、会计与诚信之间的关系。

2. 教学目标

通过"总论"的学习,要达成以下三个层面的教学目标,具体如表3所示。

表3 "总论"教学目标一览表

课程目标	具体内容
价值塑造层面	通过解释"会""计"两个字来理解"会""计""诚""信"四个字的关系,明确"校训"之意涵
	通过完成案例1,在体验"会计职业"的过程中领会会计职业道德的各项要求以及会计所承担的社会责任
知识传授层面	(1)通过解释"会""计"两个字来理解会计的含义
	(2)结合"案例1小明的披萨店"的资料以及编制表格的过程,能够举例说明"会计的特点""会计信息""会计信息使用者""会计信息系统""会计目标""会计职能""会计程序"和"会计核算方法",在编制表格的过程中初步体验"会计职业",初步认识财务报表

(续表)

课程目标	具体内容
知识传授层面	(3) 能够准确表述"会计的定义""会计的特点""会计目标"
	(4) 能够准确列示出会计的基本职能和其他职能
	(5) 能够画出"会计信息系统图"
	(6) 了解会计产生发展的历史、会计学科与会计职业
能力培养层面	(1) 通过小组案例分析讨论,培养同学的团队合作、沟通交流的能力
	(2) 在完成案例作业的过程中,通过开放性的问题引导,给予同学们充分的想象空间,激发他们主动思考、细心观察的能力
	(3) 通过编制简易财务报表,训练同学们的逻辑思维和准确表达的能力

3. 教学手段与方法

创新与课程思政理念相融合的教学方法,综合运用混合式、情景模拟教学和案例教学等多种教学方法,巧妙地将情感和价值引领融入多样化的课程教学之中。具体使用的教学方法和手段包括课堂讲解、案例分析、情景模拟等。

4. 教学准备

(1) 准备教学资料:老师应提前将相关课件、练习、教材、参考资料、案例资料、音频上传至学习通平台。

(2) 提前与辅导员和学生沟通。

(二) 教学实施

第一,上传教学资料。将准备好的课件、学习指导1和案例1"小明的披萨店"传到"学习通"平台。在"学习指导1"中,详细列示了课前任务、课堂提醒和课后任务。

在第一次上课之前,请完成以下任务:

(1) 请在"学习通"平台,进入"活动—分组任务",按设置的要求完成分组,并明确一位小组长。

(2) 每个小组在校园中找到立信校训,与"校训"拍一张合影,并提交到"作业-我与校训"。

(3) 请各位同学认真阅读案例1,并使用EXCEL按照案例1中的样式填写表格(注意不要遗漏表的编号)。

课堂学习提醒如下:

(1) 认真听课,做好笔记(可以使用电子笔记或纸质笔记,可以记在课件空白处,也可以单独一页上,方便复习)。

(2) 积极回答问题,有任何老师没有讲清楚的地方可以随时提问,举手示意即可。

学生课后需要完成的任务如下:

(1) 阅读教材(电子或纸质)第一章。

(2) 完成平台作业1,并按时提交(不支持延时提交)。

（3）下载并阅读《企业会计准则——基本准则》（学习通"资料"）。

（4）请在××月××日之前,完成如下任务:①继续完成案例1,小组成员每人完成案例1中的表格,并相互交流表格,找出异同之处,每个人提出问题并对该问题进行思考。②小组长汇总,形成本组的报告,小组讨论通过后提交。③小组成员的讨论过程需要以图片等形式作为报告的附录。④请采用 Word 文档提交,文件名可参考"第一组案例1讨论报告"。

上述文件请以附件形式发送至邮箱:lijiangping@lixin.edu.cn。

第二,课堂教学。结合案例1,在讲解会计的含义与特点时,融入"诚信"的含义;在讲解会计的职能与目标、会计信息与会计信息系统时,融入公共产品的概念与社会责任担当。案例1讨论与问题分析如图3所示。

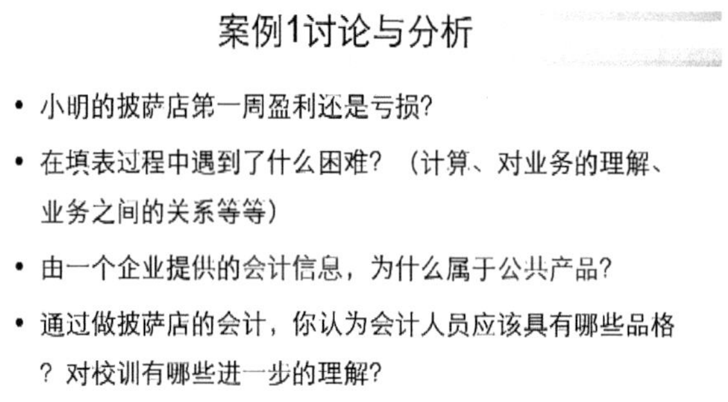

案例1讨论与分析

- 小明的披萨店第一周盈利还是亏损?
- 在填表过程中遇到了什么困难?（计算、对业务的理解、业务之间的关系等等）
- 由一个企业提供的会计信息,为什么属于公共产品?
- 通过做披萨店的会计,你认为会计人员应该具有哪些品格？对校训有哪些进一步的理解?

图3 案例1讨论与问题分析

同时结合案例,总结同学们在小组报告中关于职业责任和职业道德的相关内容。

关于会计的产生与发展,提前给出阅读材料和问题引导,以回答问题的方式,学生自主学习为主。

在课堂教学阶段,应尽量避免以教师为中心的满堂灌式教学方式。因为有提前预习和课前任务,同学们都是有备而来,听讲时有针对性。提问时可以得到及时反馈,有助于加深学生对关键概念的理解认识,进而促进自主学习和深度思考。

第三,课后作业与答疑。课堂教学结束后,同学们根据学习指导布置的任务完成课后作业。两次课之间,同学们如有问题,可以在固定的答疑时间到办公室或临时约定的地方(餐厅、教室、休息室、会议室等)答疑,有时也会约在腾讯会议。学习通的信息里一般只回答简单问题。

第四,考核。课程思政教学考核包括过程考核和结果考核,具体如表4所示。

表4 课程思政教学考核一览表

	考核项目	详细内容
过程考核	课前预习情况	线上学习、问题互动
	课堂互动情况	日常考勤、课堂发言、互动交流
	课后总结情况	作业完成情况、阅读报告、案例分析报告等
结果考核	期末综合情况	小组报告、案例展示、读书笔记、实践报告、专题小论文

五、特别需要说明的三点

第一,教师在案例选取时应与时俱进。结合当代学生的特点,贴近他们的生活,同时把握时代热点问题,将真实情境加以典型化处理,深入剖析课程各章节教学内容,融入改革创新、与时俱进、诚实守信、实事求是、追求真理等思政要素。设计蕴含思政教学目标的教学案例,将专业知识点与思政要素有机结合。

第二,教学手段与方法应灵活多样。教师需要综合运用多样的教学方法及新颖多变的教学手段,实现教学质量的最优化。充分利用现代教育技术,助力教学方法的提升,灵活采用线上线下混合教学。充分利用校园中无处不在的"立信文化"印迹,传递诚信精神,引领学生成长。

第三,需要充分的教学条件,例如小白板、网络等的支持。

参考文献

[1] 陈晓芳,陈昕,洪荭,李琴."会计学原理"课程思政建设:价值意蕴与教学实践[J].财会月刊,2022(3):79-85.

[2] 秦玉熙.将思政有机融入会计专业教材的探索——以《基础会计》为例[J].财务与会计,2022(6):28-32.

[3] 中华人民共和国教育部.教育部关于印发《高等学校课程思政建设指导纲要》的通知[EB/OL].(2020-05-28)[2023-01-15].http://www.moe.gov.cn/srcsite/A08/s7056/202006/t20200603_462437.html?eqid=a2f7c9f80002888f00000003642699082020-05-28.

高校财会类专业课程的思政元素融合路径探索

张 柯

一、引言

习近平总书记高度关心办好思政课这件事,并先后在全国高校思想政治工作会议、全国教育大会等多个重要场合提出思政课是落实立德树人根本任务的关键课程。2020年,《高等学校课程思政建设指导纲要》(以下简称《纲要》)提出要在所有高校和学科专业中全面开展课程思政建设。财会类专业课程作为管理学科的重要分支,同样是发挥思政教育的重要阵地。需要在教学中坚持以马克思主义为指导,帮助学生对社会现实问题进行科学的思考和理性的批判,培养爱国主义和社会主义核心价值观,使他们成长为爱国敬业的国家栋梁。

二、财会类专业课程思政的紧迫性与必要性

(一)财会类专业毕业生在市场经济中扮演关键角色

财会类专业的学生毕业后,大部分将进入经济与金融领域从事会计、审计、财务管理等方面的工作,其工作内容大都与社会经济发展紧密相关。唯有具备正确的思想,才能最大效率地创造社会价值。然而,近年来上市公司舞弊案层出不穷,严重损害了广大投资者及其他相关者的利益,更对社会经济体系的稳定造成了巨大影响。这其中的违法违规人员很大一部分都是财会类专业的毕业生,他们是从高校中走出来的"行业佼佼者"。财会工作者在思想政治工作上存在问题,缺乏政治理论修养会使社会上的不良风气更容易接近他们,直接影响个人的思想认知,进而导致违法乱纪行为的数量大大增加,触碰法律底线,破坏社会秩序。因此,在财会类专业课程中融入思想政治元素是十分必要的,不断加强学生的思想政治道德教育势在必行。

(二)专业课程在教育培养财会类学生中的意义重大

专业课程是高等院校为中高年级学生设置的学习必要专业知识和技能的课程。高校教师中80%是专业教师,开设课程的80%是专业课程,学生学习时间的80%用于专业课的学习。专业课程在整个大学阶段的课程设置中承前启后,一方面对基础通识课进行延伸和拓展,另一方面为实践课程奠定理论基础,因此其所占课时比重相当可观。财会类学生无论未来的规划方向如何,都需要从众多的专业课程中发现自己的兴趣点、找到自身的优势点、挖掘可能的潜力点。此外,专业课程的教学目标和内容相比其他课程而言优势明显,既保证了与职场实务的高度相关性,又具备了就业方向调

整转换的通用性。因此,教师和学生都对专业课程格外重视,因为它是未来就业的根本基础,专业课程的学习效果将直接成为学生成就事业的风向标。

(三)思政融合在财会类专业课程中的现状堪忧

如上文所述,思政元素融入专业课程的重要性不言而喻,各大高校均在积极尝试探索,然而实施效果却不尽如人意。

第一,认识不到位。思政元素融入专业课程应该是双向奔赴、互相接纳,做到"你中有我,我中有你"。在专业课程中有效整合思政元素需要进行严谨、科学的观察分析,而不是将专业课程内容人为切割,改为专业知识与思政元素的拼凑。各大院校在财会专业的培养计划中往往更加侧重专业技能,认为思政教育仅仅是辅助性教育,往往将其安排在低年级阶段作为通识类课程对学生进行思政教育培养,升入高年级后专业课程的思政成效有名无实。

第二,执行打折扣。在实际授课环节,教师与学生对于思政要素融合的期望值大相径庭。有些教师认为专业课程有效融合思政元素就达到了目的,学生是否理解和接受并不重要。然而,互联网时代的大学生们可以轻易地从各类渠道获取信息,他们的生活方式、价值观都变得多样化。思政元素融入专业课程的教学如果过于直白和生硬,很容易使大学生产生逆反心理,适得其反。更严重的是,因为抵触思政元素的融入产生了对授课老师、对这门课、对所学专业的反感和厌恶,这与教育发展的初衷岂不是南辕北辙?

三、财会类专业课程思政的理念和宗旨

《纲要》提出高校应有针对性地修订人才培养方案,构建科学合理的课程思政教学体系。特别是要区分公共基础课程、专业教育课程和实践类课程,有针对性地开展课程思政建设。具体而言,财会类专业课程的思政理念应结合本专业特色和优势,确立财会类专业的育人目标,深度挖掘并提炼专业知识体系中所蕴含的思想价值和精神内涵,科学合理地拓展专业课程的广度、深度和温度。其宗旨可以从以下三个层次阐释,彼此交融又逐层递进:以国家战略和行业法规为基石,以实践问题和社会矛盾为突破口,以提升学生素养为最终目标。

(一)扩广度,带领学生体会国家战略和行业规则

财会类专业课程思政的建设需要一个坚实的基础。这个基础为思政教育指明了方向,提供了丰富的素材,创造了无限的潜力。这个基础可能来自行业、国家、国际、文化、历史等各个角度,可能具有知识性、人文性、引领性、时代性和开放性等多重属性。归根结底,专业课程思政之花只能在国家战略的土壤上生长,只能开在行业规则的苗圃里。对中国特色社会主义市场经济改革的成效、人民生活水平不断提高、全面建成小康社会等现实成就的理解和剖析,足以提升学生的民族自信心和自豪感。中国特色社会主义的道路自信、理论自信、制度自信、文化自信也显得理所当然。

思政教育的范畴不仅限于一节课、一门课、一个专业,不能将即将投身国家经济建

设和社会发展的未来精英们束缚在一次作业、一门考试、一份工作中,而是要最大限度地拓展他们的全球视野,使其树立大局意识,牢记"构建人类命运共同体"理念、"一带一路"倡议等国家战略,熟悉《证券法》《企业会计准则》等行业规则,敞开胸怀去迎接挑战。

(二)挖深度,引导学生关注社会实践的现实问题

在解决了财会类专业课程思政教育的广度问题后,需要在深度上做文章,将教室里的小课堂与社会上的大课堂结合起来。不是编造一套仅存在于理论中的"假"数据说大道理,而是引入生活中真实存在的"真"数据,让学生读懂中国,读懂自己。

财会类专业课程往往具有成熟经典的理论、复杂精妙的运算和高深莫测的模型,但与现实社会中存在的各种矛盾、冲突相比,显得有心无力,力所不及。如果学生的思政教育止步于专业理论,不能最大限度地延展课堂,进入社会,反而会引发对自我的极度怀疑和对学校教育的不信任。因此,虽然专业课程不能像实践课程那样直接给学生模拟操作的机会,但并不排斥将校外发生的问题引入课堂,将其转化为理论知识,使理论有了实践的用武之地。案例教学、体验式教学、互动式教学等先进教学方法为深入挖掘专业知识,引导学生关注现实问题的思政教育提供了有效的实施途径。只有通过深入了解中国经济发展的现实,切实感受国情民情,客观分析行业面临的调整和问题,才能将所谓的专业做"专"做"精",做得有深度、有意义。

(三)升温度,促使学生形成经世济民的职业素养

立德树人是检验高校一切工作的根本标准,财会类专业课程思政的最终目标当然也归于学生。习近平总书记要求教育工作者时刻牢记"培养什么人"的问题,财会类专业培养出的合格学生应当是践行社会主义核心价值观,弘扬中华优秀传统文化,坚定共产主义理想信念,愿意为共产主义远大理想和中国特色社会主义共同理想而奋斗的青年人。

专业课教师对于知识传授和技能培养深谙其道,并且常常强调不断提升职业素养。然而,脱离了政治立场和思想觉悟的职业素养是冷冰冰的,没有信念和精神的知识和技能是没有温度的,甚至可能产生负面效果。因此,课程思政建设必须做到价值塑造先行,使知识传授与能力培养融会贯通。如果在知识传授和能力培养时忽视了价值观教育,就如同生命机体失去了活的灵魂。温暖的专业课程思政,可以激发学生的积极性,提升学生的行动力,塑造学生的健全人格。只有具备了健全的人格,经世济民、诚信服务、德法兼修等优良的职业素养才能找到真正大显身手的舞台。

四、财会类专业课程融合思政元素的路径

冰冻三尺,非一日之寒。专业课程与思政元素的融合也不可能一蹴而就,必须经过教学管理者缜密的全局设计、授课教师有力的贯彻执行,以及包括学生在内的所有人持续同向而行。融合路径可以从以下几方面展开。

(一)全过程实施

习近平总书记在2019年指出,思政工作要抓好教学目标设计、课程设置、教材编

写、教学改革、教师培养、考核评价等环节,既不能揠苗助长、操之过急,又不能刻舟求剑、故步自封。思政元素与财会类专业课程的融合同样需要系统地、协同地、分层次、分阶段、分角度地贯穿于教学的全过程。

以"财务管理"课程中的融资管理模块为例,教学大纲明确课程的教学目标包括:使学生树立对资本市场制度规则的敬畏心;建立以和为贵的价值观,形成尚和合、求和合、存和合的行为习惯;认同我国多层次资本市场建设取得的辉煌成就。由此进一步筛选教材和教学内容,可以通过展示改革开放四十年资本市场的发展史,通过一个又一个"第一次"的案例,既宣传伟大成就,又承认差距不足,提升思政元素的广度;在教学方法上,通过互动式教学、体验式教学、案例式教学提升思政元素的温度;在作业布置和考核环节中加入涉及世界观、价值观和人生观的题目,变老师讲思政为学生谈思政,提升思政元素的深度。整个教学过程都是在理论与实践结合的基础上进行思政元素的双重融入,不仅助其"入脑入心",更助其"知行合一"。

(二) 全方位渗透

很多人误认为思政就是高喊口号、空讲道理,因此与专业课程格格不入、水火不容。这种想法非常狭隘,其根源在于他们将思政元素和专业知识从实际生产和生活中脱离出来,破坏了本可以将两者有效衔接的桥梁。事实上,财会类专业课程的思政元素正如盐溶于水,与专业领域每天发生的每件事紧密相关。我们需要从整体上认识与把握,全方位提炼和总结,从而在情感的共鸣中讲透道理,达到润物无声、触动心灵的育人效果。

仍以"财务管理"课程的融资管理模块为例,上文提到的思政的三个层次(了解国家行业政策法规、关注社会实践问题、提升个人职业素养)可以在每个教学子模块和内容中交相呼应,相得益彰。

首先,在概述部分,通过了解我国企业常用的融资方式、渠道和规模,学生可以认识到国家改革开放取得的伟大成就,并树立个人远大理想。同时,市场经济不断发展中暴露出的典型案件可以引发学生对社会问题的关注,提高执业谨慎性和守法意识。

其次,在权益融资部分,由上市公司造假舞弊案切入,引发学生对危害市场经济秩序行为的关注。通过讨论和总结原因,展开对权益融资规则和政策的介绍,进而提升高度,培养学生对规则的敬畏以及持续进取的精神风貌。

再次,在负债融资部分,由发债主体违约案引发关注,通过对案件的剖析介绍不同的债券品种和发债市场,使学生了解我国债券发展的历史,理解改革可能付出的代价和诚信环境的重大意义。这样,学生更加迫切地去熟悉行业规则,使自己在职场中立于不败之地。

最后,在其他融资部分,随着小康社会的全面建成,党和国家迈入了新征程,与之相适应的新融资工具应运而生。通过了解国家战略,学生可以关注到新的融资问题。新事物带来了便利性和经济效益的同时,也产生了矛盾和问题,对学生的个人职业素养提出了更高的要求,从而驱使学生进一步提升和完善自己,培养创新创业精神,投身祖国建设大业。

(三) 全成员参与

要全面贯彻党的教育方针,解决好培养什么人、怎样培养人、为谁培养人这个根本问题,绝不是靠单个人或单个组织可以计划和完成的,而是需要全体成员的群策群力。这里的"全员"范围很广,包括高校中的每个党政干部、每名教师和每位学生。

首先,让全体干部成为思政氛围的营造者。很多学校的课程思政工作开展不到位,追根究底,是因为领导不重视,置之不理或者阳奉阴违,进而影响到二级学院和专任教师,使整体的思政氛围极度扭曲。正如习近平总书记所言,大学领导是教育者,但更应该是政治家,大学的政治属性决定了其必须在实施知识传授和技能指导的同时,承担起品德教育的重任。

其次,让各类教师成为思政工作的实施者。教师作为思政工作的主体和核心力量,需要广泛动员和全员参与。这里的教师不仅包括班级的辅导员和思政课的老师,而且包括专业课程的授课教师。财会类专业的教师由于其学科性质,普遍与企业、公司、资本市场有千丝万缕的联系,这对于科研成果的孵化和产学研结合有促进作用。然而,面对多重诱惑,教师难免被腐化。如果自身的觉悟水平上不去,又何谈为学生指引方向?

最后,让每位学生成为思政成果的受益者。思政工作不是挑尖子、选苗子,不能走"要一批扔一批"的路子,而是要让其成为普惠性质的,能够使广大高校学生都受益的伟大工程。我国社会主义市场经济建设取得的伟大成就依靠的是一大批有理想、有道德、有本领的青年学子,而层出不穷的失信案件恰恰是极少数思政工作的"漏网之鱼"导致的。这就要求全体同学接受专业课程的思政教育,一个都不能少。

参考文献

[1] 习近平.把思想政治工作贯穿教育教学全过程开创我国高等教育事业发展新局面[N].光明日报,2016-12-09(1).

[2] 邓晖.高校课程思政建设全面推进[N].光明日报,2020-06-06(1).

[3] 陈中,王蕊.专业课教师课程思政育人实效生成的四重维度[J].教育理论与实践,2022(12):28-31.

[4] 陈怡琴.加强财经类高校课程思政建设路径探析[J].国家教育行政学院学报,2021(11):89-95.

[5] 习近平主持召开学校思想政治理论课教师座谈会[N].人民日报,2019-03-18.

递进式问题链与自主价值发现
——基于三个典型课堂的课程思政案例

林振兴

一、引言

党的二十大报告指出,要全面贯彻党的教育方针,落实立德树人根本任务,培养德智体美劳全面发展的社会主义建设者和接班人。高校思政教育工作队伍应当自觉增强政治担当,始终心怀"国之大者",紧扣立德树人的根本任务,构建"三全育人"体系,全面引领服务学生成长成才,引导广大青年立大志、明大德、成大才、担大任,努力成为有理想、敢担当、能吃苦、肯奋斗的新时代好青年。

同时,习近平总书记多次强调思政课对学生成长和发展的重要性,并要求改进和创新思政课教学,提升思政课教育的目标性、感染力和实效性,满足学生自身发展及国家对人才的需求。思政课教学的成功与否关系学生能否形成正确的思想道德意识,影响着学生价值观的形成,也关系中华民族的未来发展。思政课的教学必须打破学生对思政课空洞说教的刻板印象,提高学生的学习兴趣和获得感。采用以学生为中心的教学理念,有效推进思政课改革,可促进思政课教学目标的实现。

此外,《高等学校课程思政建设指导纲要》明确指出,落实立德树人根本任务,必须将价值塑造、知识传授和能力培养三者融为一体、不可割裂。全面推进课程思政建设,就是要寓价值观引导于知识传授和能力培养之中,帮助学生塑造正确的世界观、人生观和价值观,这是人才培养的应有之义,更是必备内容。抓好课程思政建设,要解决好专业教育和思政教育"两张皮"问题。仅靠辅导员和思政课教师"单兵推进",无法充分发挥思政教育在高校人才培养体系中应该发挥的育人功能,也无法整合教育资源、实现思政课程与课程思政"一体化育人"。

二、自主价值发现是课程思政成效的实质

新时代加强课程思政学习,理应是我们树立正确的世界观、人生观、价值观及强化理想信念的主旨所在,也是愉悦心灵、丰润生命的精神之旅,而自主学习则是其中必不可少的过程。建构主义理论认为,有效的学习应该引导学生主动参与到对世界、社会与自身意义的理解中,教师只是一个情境设计者与材料提供者,学生需自主地进行价值发现。目前,新时代课堂思政教学愈发要求激发学生主观能动性,使其通过自主学习形成系统化的政治学习模式,更好地达到课程思政的目标。现今国家全面深化教育

改革促使教师在培养学生自主学习能力方面进行深入探索。但就教学实际而言,当前思政课教学大多采取传统的灌输式教育模式,难以满足学生的学习需求,教学质量不高。因此,培养学生自主学习能力迫在眉睫。同时,高校课程思政的自主学习顺应了新时代信息技术发展的需要,有助于提高思政教育的教学实效性,增强大学生的综合素质。新媒体环境下,面对思政教育自主学习的诸多挑战,高校教师应尽快转变教学观念,以学生为中心,加强学生自主学习能力的培养,营造自主学习环境,探索一条以新媒体为支撑、有助于提升学生自主价值发现能力与课程思政实效的实践路径。

思政课是涉及价值引领和精神提升的育人课程,属于价值教育范畴。在大思政观指引下,高校可以科学确定思政课实效性提升策略,采取着眼于学生思想品格养成的长效机制,将育人目标定位于指引学生在未来步入社会后的思想意识和行为规范上。此外,思政课教学面临的突出矛盾之一是教学主题的宏大性与学生关注点的微观化之间的矛盾。故"以学生为中心"的问题链教学法(问题驱动式教学)要在透彻讲解系列问题后,转识成智、化识为德,实现从观点走向方法、从知识走向信仰、从自为走向自在的升华,启发学生自主思考,帮助学生以价值教育的眼光正确定位思政课的作用。同时,应在课程思政中立足于阶梯式的问题链,重视知识逻辑形式的教学,梳理知识形成的过程,形成结构化的知识体系。在形成结构化知识体系的同时,挖掘知识对学生成长的价值和意义,有利于培养学科核心素养和学科关键能力。

总的来说,专业课课程思政实质是一种课程观,旨在将思想政治教育融入课程教学和改革的各环节、各方面,实现立德树人、润物无声的目标。要实现这样的目标,核心在于创新"以学生为中心"的教学模式,通过构建有效的教学机制,促使学生能够进行自主的价值发现和判断,从而避免使"课程思政"沦为"课程说教",以达到课程思政的应有效果。

三、问题驱动是"以学生为中心"课堂的核心

"以学生为中心"是美国人本主义心理学家卡尔·罗杰斯于20世纪50年代提出的一种教育理念,体现了人本主义心理学原理,反映了教育学的内在规律,对于当代教育,特别是高等教育的改革实践具有重要的指导意义。随着信息技术、心理和教育科学的发展以及高等教育大众化进程的推进,人们开始重新重视"以学生为中心"。这一理念的核心是以学生的学习和发展为中心,实现从以"教"为中心向以"学"为中心转变。其与"以教师为中心"的一个重大差别是课堂教学模式的不同。"以教师为中心"是以教师讲授为主,在课程教学设计上很少考虑学生的特点和学习需要,而"以学生为中心"要求教师根据科学原理、学生的学习特点和需要设计出能促进学生有效学习的课程教学方案。目前,"以教师为中心"仍是大学教学的主流模式,然而有研究发现该模式存在诸多问题。故我国大学教学改革需要确立"以学生为中心"的理念,逐步将本科课堂的中心从教师转移到学生,明确促进学生成长成才的教学目标,并对教学和评价进行精心、科学的战略设计。

有研究者认为,研究性教学是"以学生为中心"的教学,而作为研究性教学的核心方法,问题驱动式教学最早可追溯到古希腊苏格拉底的"问答法"。该方法以问题为基础,以问题的探究和解决为主要活动过程,以学生问题意识、解决问题的能力为目的。与传统教学模式相比,问题驱动式教学更强调开放性、综合性、多样性和生活化,其目标定位于培养学生的研究能力、科学精神、创新意识和能力等。同时,问题链教学法是以问题为起点,引导学生发现问题、分析问题和思考问题的教学方法。问题驱动式教学则是以培育学生高阶思维能力为施教策略,针对高校思政课中问学过程的浅层化弊端,提出以议题式设问为主导、以追问式驱动为纽带、以探究式体验为依托的新型教学模式,旨在构建问学课堂深度学习的新模式,让学生在深度思辨中真学善问,确保问题驱动式教学贯穿整个铸魂育人的教学过程。而教师在此过程中仅仅是问题驱动的提出者和指引者。

在思政课考评中,大学生被置于重要位置。探索"以学生为中心"的思政课考评体系不但可以丰富与发展高校思政教育评价有关理论,而且能为思政教育评价有序进行提供正向指导。同时,以问题为载体,通过问题驱动学习,可以在教学中培育学生的思想品德与核心素养:通过问题激辩培养学生的思辨力,通过问题激趣培育学生的调适力,通过问题激思培养学生的信念力,通过问题解惑培育学生的行动力。

最后需要特别强调的是,"以学生为中心"的教育并不意味着弱化教师的作用或否定他们在执行教育理念和教育活动中的主导地位。也就是说,"以学生为中心"的问题驱动式教育并非意味着以学生为主导。学生是主角,但鉴于其在知识储备和心理发展等方面的稚嫩,教师仍然必须扮演主导者的角色。这就意味着教师必须进行好的教学方法设计,"从教材体系向教学体系进行转化,把教材话语转化为教学话语,用大学生能理解的、喜欢的教学方式进行"。

四、典型案例课堂的思政教学

设置典型课堂——研究生"内部控制与风险管理案例分析"课堂,旨在通过课堂讲授、案例分析和课堂研讨等教学方式,使学生系统地掌握企业内部控制和风险管理的基本理论、知识结构、实践技能和分析能力。同时,本课堂将三个典型案例与学生所熟知的热点思政元素结合起来,以培养学生辩证的思维,提升学生的深度思考能力,提高学生思想道德素质和职业素养,促进学生全面发展。

(一) 华为:自主创新与艰苦奋斗

1. 教学目标与案例主题

习近平总书记指出,人类的美好理想,都不可能唾手可得,都离不开筚路蓝缕、手胼足胝的艰苦奋斗。艰苦奋斗集中表现为不畏艰难、奋发图强、艰苦创业、争取胜利的思想品格、斗争精神、工作作风和生活态度。这一精神贯穿于中华民族和我党我军的整个历史进程中,诠释着党和人民事业兴旺发达的真谛逻辑,是我们党不断走向胜利、不断取得辉煌业绩、不断创造人间奇迹的宝贵精神财富。在迈向"十四五"规划和

2035年远景目标的关键时刻,仍然需要继承和发扬艰苦奋斗精神。作为积极进取的当代大学生,若想为实现个人理想、民族复兴、国家富强贡献自己的力量,必须要树立艰苦奋斗精神,培育运用创新思维,自力更生,独立自主;也要脚踏实地、起而行之、勇挑重担,勤恳实干、埋头苦干、紧抓快干;更要依靠勤劳、智慧和汗水去创造幸福人生和锦绣前程,始终以奋斗的姿态在本职岗位上不断开创新局面、创造新业绩。

本课堂以"自力更生,艰苦奋斗"为主题,结合华为技术有限公司(以下简称华为)十几年来的挑战和成功,观照现实,进一步体悟艰苦奋斗在如今的时代价值。教学目标包括:①培养学生对企业内部控制与风险管理的认识。②透过财报看战略的思维。③践行社会主义核心价值观。④培养具有艰苦奋斗品质、脚踏实地、实干当先,具有高尚的职业操守和服务社会的奉献精神,以及具备人文精神、科学素养和国际视野的新时代审计人才。

2. 案例简介

华为自1987年成立以来,已经发展成为拥有19.4万名员工、业务遍及170多个国家和地区,服务全球运营商50强中的45家,以及全球1/3人口的世界500强公司。

1987年,华为创立,并开始在中国香港地区代理一家公司的PBX交换机。自1991年起,华为走上了自主研发的道路。1991年,在负责人郑宝用的带领下,华为研发第一款自主研发的通信产品——HJD48小型模拟空分式用户交换机。1992年,华为研发出第二款自主研发产品——JK1000空分式端局交换机。1993年,在负责人李一男的带领下,华为成功研发2 000门的大型数字程控交换机C&C08,这成为华为的"救命稻草"。1996年3月,华为发布了中国第一部"企业宪法"——《华为基本法》。1997年,华为正式推出了全球移动通信系统(GSM)的解决方案。

自1998年以来,华为走上了突破自我的新道路,全面启动了与IBM合作的"IT策略与规划"项目,逐渐建立起了现代化的公司治理模式。2001年,任正非在企业内刊上发表了著名的文章——《华为的冬天》,预示了即将到来的危机。2000年左右启动的内部创业计划导致了"港湾事件"发生。2003年,美国思科公司正式发起了针对华为的知识产权侵权诉讼。自2006年起,熬过了几次重大危机的华为,终于凭借国际3G市场的复苏,走出阴霾,回到正轨。华为重点投入的3G WCDMA和4G LTE,开始为华为带来巨额的利润回报。

自2011年起,华为开启了新的并跑大门。2011年,华为将过去的运营商业务组分为运营商业务组、企业业务组、消费者业务组三个部门,在经营结构上进行了公司创建以来最大规模的重组。2015年,华为手机出货量达到1.08亿台,华为消费者业务收入超过200亿美元,占全球智能手机市场份额的9.7%,稳居全球前三。

自2017年起,华为真正成为引领全球5G市场的风向标。2017年,华为在全球10余个城市与30多家领先运营商进行了5G商用测试,其性能全面超越国际电信联盟(ITU)的要求;2018年年初,中国品牌"华为"被推到了全球瞩目的位置。尽管美国等国家以安全为由抵制华为5G,但华为依然在全世界拿下了多个5G订单。在中美贸易关系角力的微妙时刻,华为这样的世界级品牌愈发显示出了举足轻重的影响力。

3. 课堂教学过程

本课堂教学的基本目标是使学生了解华为在国际跨国大企业和美国政府的压制下艰难创业和生存的历史,以及感受民族企业在压力和挑战下的战略和选择。学生将掌握财务报表的解读与分析,核心目标是使学生能理解和掌握通过财务报表透视企业经营行为的逻辑和方法,同时更重要的是体会华为十几年来的艰苦奋斗。案例通过新闻导入、激活思维、任务实践、学习拓展等教学环节,分阶段完成情感引领、情感体验、情感升华和价值认同,通过以下方面实现育人目标。

1) 压力下的选择

教师提出第一个问题"华为面临了哪些压力"。通过小组结对方式,学生展开头脑风暴"谈华为",激发爱国情怀。从华为出售荣耀入手,引导学生回顾国产手机发展史,讨论国产品牌华为在面对打压时的创新发展等成就,让学生体会永不言败的"make it possible"(以行践言)的华为精神。

2) 发展下的成就

第二个问题是"华为获得了哪些成就"。结合华为 2015—2019 年财务报表数据,教师引导学生通过梳理利润表数据来分析华为的成就,并讨论得出华为在压力下仍在盈利能力和市场份额上得到显著的提升。这使学生体验到企业管理者战略的成功,以及华为在重压之下依旧艰苦奋斗最终获得成功的拼搏精神。

3) 多元下文化

文化是企业发展的不竭动力,由此提出第三个问题是"华为的企业文化是什么"。对此,各小组纷纷发言,展开了热烈讨论。通过讨论,学生总结出华为的"狼性"文化、军事化管理、自我批评文化和奋斗文化等主要文化特点,从而进一步引入企业文化中最核心的价值观——艰苦奋斗、自我批判、开放进取、至诚守信、团队合作、成就客户。

4) 激励下的人才

有效的人才机制是企业成功的重要因素,由此提出第四个问题"华为的人才机制是什么"。部分小组认为高薪酬和高回报使华为对人才具有极大的吸引力,另有部分小组认为"35 岁退休"的潜规则存在争议,但也使企业更具灵活性和拼搏精神。结合企业披露的雇员薪酬和股权激励情况,各组的回答均肯定了华为对领域内高精尖知识分子的吸引力,将股权和个人发展结合,保持了组织的有效管控。同时,对年龄等方面的限制调动了每个人内在的潜力、创造力和活力,让每个人不能懈怠,必须持续奋斗。此外,华为通过庞大有效的组织管控体系,消除组织在成长过程中衍生的山头主义、官僚主义、腐败、怠惰等组织毒瘤。

通过学习有效的人才机制,学生能够体会企业战略在激活人才、勇于奋斗和有效管控等方面的作用。在激励员工艰苦奋斗、不断拼搏的同时,兼顾员工的个人发展,这也是最大的人性管理。

5）领跑下的研发

创新研发是企业发展的源泉，由此提出第五个问题"华为的研发态度是什么"。各组将华为与联想在 2015—2019 年的研发情况进行横向比较，认为华为的研发投入和专利持有量都走在世界前列，再结合《2020 中国 500 强企业发展报告》发现，华为的研发投入位居第一并遥遥领先。同时，有学生指出，华为的员工数量逐年增加，研发人员占比 45% 以上，年龄结构以中青年为主，其对高素质人才的就业吸引力也远高于其他企业。

展望未来，面对美国禁令和台积电断供后高级芯片断炊的局面，提出思考题"华为应该如何面对挑战"。各小组积极讨论并发言，许多同学认为，华为应在谈判的同时，自力更生，艰苦奋斗，走自主研发的中国芯道路，从根源上解决"卡脖子"问题。

4. 案例教学小结

学生根据"课前问题清单"阅读文献，收集资料并进行课堂分享。这样可使学生能够带着问题进行主动探索，对财务报表的解读有更好的掌握，对透视财报看经营的逻辑也有了深刻的理解。

学生通过"课堂辩论"对模棱两可的知识有了更深层次的理解和掌握，同时培养了学生辩证看待问题的能力和批判性思维。

学生通过"主题讨论"能够运用所学的专业知识对案例公司存在的问题和原因进行剖析。这不仅提升了学生学以致用的能力，而且通过小组同学间的沟通与协作，培养了学生团队精神和合作意识。

学生通过"案例分析"感受到艰苦奋斗精神的时代意义，对企业和人才拼搏进取、自主创新的外部动力和内在要求有了深刻的认识，最终达成通过专业课程进行思政教育的教学目标。

（二）海底捞：成果共享与共同富裕

1. 教学目标与案例主题

习近平总书记在党的二十大报告中指出，中国式现代化是中国共产党领导的社会主义现代化，是人口规模巨大的现代化，是全体人民共同富裕的现代化。同时还指出，高校需始终坚持社会主义办学方向，大力加强教师队伍建设，不断完善人才培养体系。这表明，共同富裕下的高校课程教育须助力中国式现代化建设，通过持续推进改革开放，不断丰富与完善现代化经济体系，以达成"立德树人"之目标。

近年来，"百年变局、世纪疫情"等形势交织叠加，作为管理类专业的基础课和部分专业的核心课程，"内部控制与风险管理案例分析"课程通用性强，受众广泛。在该课堂上坚持思政引领，持续深耕课程建设和课堂教学，是落实课程育人的关键所在。同时，中国企业一直在探索改革创新之路，借助国外学术研究前沿的理论，通过实践形成自身发展模式。从可持续发展的角度来看，许多公司通过内部控制与风险管理，走上改革和创新的高质量发展之路，四川海底捞餐饮股份有限公司（以下简称海底捞）正是其中一员。

本课程以"企业与员工共享成果,实现共同富裕"为主题,结合海底捞的发展历程和发展成果,展示其愿与员工共享发展成果,积极响应共同富裕的精神面貌。课堂教学的基本目标是使学生掌握分析上市公司各项制度体系,核心目标是通过案例分析引导学生将员工发展、公司发展与共同富裕结合起来,帮助学生丰富专业学识,形成深层次思维模式,努力培养学生成为德智体美劳全面发展的社会主义建设者和接班人。

2. 案例简介

1994年成立的海底捞,从四张桌子的小店起步,逐步发展成为全球中式餐饮市场份额第一的行业巨头,并被奉为火锅界的"神话"。其发展历程可以分为以下三个阶段:

第一阶段是1994年至2005年,为公司发展的进入期,在此期间,公司处于经营管理探索阶段,业务集中于北京、西安和郑州,其"火锅外卖"业务受到央视采访,起到了一定的宣传效果。

第二阶段是2006年至2011年,为公司发展的成长期。此时,公司开始在全国范围内大肆扩张,开启"阿米巴模式与产业链布局",使公司快速成长,初步形成管理框架。同时,品牌宣传和产品质量都有所提升。

第三阶段是2012年至今,为公司发展的成熟期。在此期间,公司成功上市,将业务拓展至海外,形成了独到的管理和激励机制及企业文化,走上了标准化发展的道路。目前,海底捞品牌在中式餐饮行业已经形成一种独特的文化现象,成为极致服务体验和就餐体验的代名词,致力于提供远超过顾客对餐厅预期的服务。

2018年,海底捞赴港上市,成为火锅行业第一股,一时风头无两。当时,海底捞的发行价为每股17.8港元,到2021年2月,股价飙升至历史顶峰的85.78港元,总市值近4 777亿港元。然而,这一商业神话没能延续下去。在上市的第四年,这个行业龙头迎来了亏损。2022年3月23日,海底捞发布了2021年全年业绩公告。根据这份年报,海底捞在2021年的营业收入为411.12亿元人民币,比2020年增收了43.7%。然而,增收不增利,继2020年利润断崖式下降后,公司在2021年最终亏损41.61亿元人民币,亏损额几乎相当于海底捞上市以来的盈利总额。

3. 课堂教学过程

本课程将分析学生们熟知的餐饮巨头"海底捞"。通过课前资料收集,学生已经对海底捞有了初步了解。接下来,教师将引导学生深入思考收集到的资料。

教师通过第一个提问"海底捞管理制度体系的秘诀是什么",引出海底捞"用双手改变命运"的企业价值观。接着,让学生思考"员工在此价值观中是否或如何受益"。通过小组发言、讨论,学生认识到在此价值观下,海底捞以员工的工作成绩为依据,提供职业保障,并不吝承认员工个人成就,使员工在完成工作后产生浓厚的满足感,有效调动员工的工作积极性,对员工的发展有诸多益处。

教师提出第二个问题"海底捞的企业文化是什么",并引导学生深入讨论该文化对员工的重要意义。在此期间,各组成员踊跃发言,通过分析,学生了解到海底捞将"与人为善"的企业文化融入人才管理当中:将"与人为善"作为提拔干部的重要原则,同时,公司不仅尊重员工的待遇,还尊重员工的衣食住行、所思所想。

教师提出第三个问题"海底捞员工如何参与公司发展",主要引导学生思考,在海底捞的"晋升体系、感恩体系、师徒制度"三大特色体系制度中,其员工如何促进公司发展。此时学生各抒己见、激烈讨论,均认识到海底捞在寻求发展过程中,将人力资源规划放在重要位置,制定相应的政策鼓励员工,培养他们的积极性,从而使他们能更好地融入企业、发展企业,同时实现自我发展。

教师提出第四个问题"海底捞如何让员工获得归属感",各组通过举例进行热烈讨论。之后,教师总结学生观点,并引导学生思考"员工归属感与公司发展的关系",让学生意识到共同的文化信念和共同的价值观会让员工有归属感。而提升员工的归属感,或多或少能带给员工更多安全感和安定感,增强员工对企业未来的信心,从而助力公司发展。

教师提出第五个问题"结合前述问题思考,海底捞员工是否实现了共同富裕"。此时,学生们通过回顾前述知识进行更加激烈的辩论。最终,大多数观点认为在企业制度、文化的助力下,海底捞员工通过参与公司发展,在一定程度上实现共同富裕。学生指出,海底捞"通过自我改变命运"的价值观、具有共富味的"和善"文化,以及有人情味的员工体系建设,提升了企业员工的归属感,帮助员工融入城市,使员工衣食住行得到基本保障的同时,还能通过深入参与公司建设实现更深层次的富裕。海底捞的制度、文化建设促使企业中所有员工都得到充分发展,使公司在与员工的共同成长中谋求基业长青,共享发展成果,走向共同富裕。然而,也有部分学生对疫情下海底捞实现员工富裕的持续性感到担忧,他们指出海底捞需在转型中谋求出路。

4. 案例教学小结

课前,学生通过资料搜集对案例公司有所了解,这有助于课堂中紧跟老师的思路,深入思考。课中,通过教师提问、学生讨论、小组发言、辩论等形式,学生们逐步了解到企业核心价值观、企业文化、员工参与公司发展、归属感与员工的关系,并将员工参与公司发展与共同富裕结合起来,形成深层次思考,最终得出独到的见解。

总的来说,此次教学案例公司海底捞为学生所熟知,极具话题性;选取的思政概念为"共同富裕",紧扣学生关注点,具备吸引力,且该话题能够明显体现思政元素;将学生常讨论的案例公司、思政元素纳入专业课堂,更能激发学生发言兴致,营造良好的课堂氛围,更有利于培养学生综合素质。

(三)福耀玻璃:中国企业与社会责任

1. 教学目标与案例主题

习近平总书记在党的二十大报告中指出,全党要把青年工作作为战略性工作来抓,用党的科学理论武装青年,用党的初心使命感召青年,做青年朋友的知心人、青年工作的热心人、青年群众的引路人。高校思政教育不应仅依赖思政课,在专业课程中开展思政教育,将专业知识与正确的价值观相结合,可以起到事半功倍的效果。

福耀玻璃工业集团股份有限公司（以下简称福耀玻璃）是我国汽车玻璃行业的龙头企业，也是我国企业走出去、成功在国外创办工厂的先进代表，同时也是积极履行企业社会责任的优秀企业。通过观看《美国工厂》，了解其记录的福耀玻璃创办代顿工厂的曲折过程，让学生在学习企业家社会责任相关知识的同时，潜移默化地受到优秀企业家精神的熏陶，促进学生良好价值观的形成，为学生在以后的工作、创业中承担社会责任奠定坚实的思想基础。

本课程以"企业大胆走向国际，积极承担社会责任"为主题，以福耀玻璃为实例，旨在培养学生对企业社会责任的认识，使他们能够掌握企业社会责任的金字塔模型；培养学生的社会责任意识和可持续发展意识，正确认识企业盈利与企业社会责任履行的关系；培养既具有专业素养，又具备正确价值观的现代审计人才。

2. 案例简介

福耀玻璃是专门生产汽车安全玻璃的大型跨国工业集团，1987年在福州注册成立。1993年，福耀玻璃在上海证券交易所上市，成为中国同行业首家上市公司。2015年，福耀玻璃在港股成功上市。福耀玻璃积极践行"走出去"战略，在全球11个国家建立了研发中心、制造工厂等。公司为宾利、奔驰、宝马、奥迪、通用、丰田、大众、福特、克莱斯勒、日产、本田、现代、菲亚特、沃尔沃、路虎等世界知名品牌，以及中国各汽车厂商提供全球OEM配套服务。目前，福耀玻璃的国内市场占有率超过68%，在国际市场的占有率超过30%，位居全球第一。

福耀玻璃的创始人曹德旺是一位极具企业家精神和社会责任感的人，他曾表示，做企业越难越要挺身而出。在他的带领下，福耀玻璃在工业4.0、低碳排放等方面始终敢为人先。此外，曹德旺还十分热心公益、回报社会。2011年，曹德旺捐出等值35.49亿元的股票，成立了河仁慈善基金会，致力于救灾、扶贫等工作，并创办了福耀科技大学，致力于解决我国的人才断档问题。从1983年至今，曹德旺个人捐款累计超过160亿元。

《美国工厂》记录了曹德旺在美国俄亥俄州创办工厂的曲折过程，该片在2020年获得第92届奥斯卡最佳原创纪录片奖。影片拍摄耗时4年，真实记录了福耀玻璃美国工厂创办及经营过程中遇到的文化冲突、工会冲突等矛盾。对于了解福耀玻璃及我国企业"走出去"过程中面临的困难和挑战，该影片具有积极意义。

3. 课堂教学过程

本课程的基本目标是使学生掌握企业社会责任的含义及层级，了解企业社会责任的模型，并引发学生对于企业应该如何履行社会责任的思考。本课程案例选择了汽车玻璃行业龙头企业——福耀玻璃。请同学们在课前观看福耀玻璃的纪录片《美国工厂》并查阅相关资料，了解福耀玻璃在美国开设第一家工厂过程中遇到的困难，并从中美工人的文化冲突中初步认识、评价福耀玻璃的企业社会责任。

上课开始时，教师提出第一个导入问题"为什么福耀玻璃要建美国工厂"，以引发课堂讨论。学生分析认为，主要有以下几点原因：一是美国综合税负较低；二是电费、天然气费等能源价格较低；三是直接为美国汽车制造企业供货，降低了运输成本，也避免了关税；四是俄亥俄州政府为企业提供了相对较多的补贴。因此，尽管美国的人工成本较高，在美国建厂仍然能够获得较高的利润。

随后，教师提出第二个问题"曹德旺是有功之人还是有罪之人"。学生们通过讨论，得出共识：曹德旺是有功之人。尽管工业化的扩张和工厂的扩建确实会影响生态环境，但这是一个大趋势，不是一个人或一家企业可以改变的。曹德旺扩建工厂，创造了很多就业岗位，改善了更多家庭的生活条件。同时，他热心于公益事业，勇于承担社会责任。因此，学生们认为他是一位有功之人。

第三个问题是"福耀玻璃的工厂模式是否可持续"。各小组激烈讨论，学生们认为尽管福耀玻璃的美国工厂面临中美文化冲突、美国员工效率低、工会运动等问题，但这些问题不是不可解决的。正如影片中所提到的，福耀玻璃采取了更换管理人员、与员工沟通及提高员工待遇等措施。最终，工人们投票否决了成立工会的动议，位于代顿的这家工厂也在2018年实现了盈利。因此，学生们认为福耀玻璃的工厂模式是可持续的。

第四个问题是"企业社会责任与企业盈利是否是一对矛盾"。学生们纷纷发表看法，认为两者不是矛盾关系。他们指出，企业盈利是企业履行社会责任的基础和前提，而企业履行好社会责任可以促进企业盈利。学生还以疫情期间的鸿星尔克作为一个例证，表明企业在履行社会责任的同时，也能够取得盈利。

第五个问题是"曹德旺是否应该拍《美国工厂》"。一些同学认为片中的一些内容，如工人加班、受伤、企业排污等情况可能不利于企业形象。然而，也有一些同学认为，这种真实的展现更有助于增进中美民众对彼此的了解，正如曹德旺说的那样，这部影片告诉全世界，中国今天的经济繁荣是靠努力干出来的。

本课程通过教师的逐步提问设计，引导学生思考福耀玻璃建造、运营美国工厂的过程，以及企业社会责任的履行情况，从而增强学生对于企业应当履行社会责任的意识。同时，福耀玻璃美国工厂的成功经验也为其他有意在国外投资建厂的中国企业提供了借鉴，响应了国家"走出去"的号召。

4. 案例教学小结

本次案例教学选择了"玻璃大王"曹德旺和他领导的福耀玻璃，作为我国企业大胆"走出去"并获得成功的典例。本课程学习内容为企业社会责任，这与思政元素非常契合。通过案例学习和小组讨论，学生在课前就对福耀玻璃有了一定的了解。福耀玻璃"敬天爱人，止于至善"的企业文化，以及曹德旺本人极具企业家精神的个人魅力也引发了学生的思考。总的来说，这是一次专业知识与思政教育深度融合的、较为成功的案例分析思政课。

五、总结

课堂思政本质上是价值观教育，需要教师"以学生为中心"，具备强烈的问题意识，并以问题为导向指导教学。"以学生为中心"的教育是培养学生创新精神、培养多样化人才的根本途径，能够启迪学生的心灵，开发学生的潜能，培养学生的自由独立之精神。只有这样，才能培养出多样化的人才，使更多的学生成才。问题链教学法则是一种启发式的教学方法，以问题为主线，以教师为主导，以学生为主体，将课程知识设计成问题链，构建成知识网。教师要善于用问题引导学生思考，通过"问题链"将问题引向深入，像剥洋葱一样，一层一层地剥开，最终找到问题的实质与核心。这样可以使理论易学，学生乐学，让学生发现自主学习的价值，进而实现思政课的育人目标。

参考文献

［1］习近平.思政课是落实立德树人根本任务的关键课程[J].求是,2020(17):4-16.
［2］杨帆,赵蔚.新媒体时代高校思政课自主学习的实施路径[J].人民论坛,2022(9):65-67.
［3］王静.高校思政课问题链教学法的运用与思考[J].思想理论教育导刊,2021(11):95-99.
［4］袁德娟.阶梯式问题链构建高效复习课堂——以"唯物辩证法的联系观"为例[J].思想政治课教学,2021(1):33-36.
［5］李嘉曾."以学生为中心"教育理念的理论意义与实践启示[J].中国大学教学,2008(4):54-56.
［6］刘献君.论"以学生为中心"[J].高等教育研究,2012,33(8):1-6.
［7］赵炬明.聚焦设计:实践与方法(上)——美国"以学生为中心"的本科教学改革研究之三[J].高等工程教育研究,2018(2):30-44.
［8］陈凡.以学生为中心的教学何以可能——基于51所大学本科课堂现状的实证研究[J].高等教育研究,2017,38(10):75-82.
［9］郑秋梅,王凤华."问题驱动"的研究性教学改革研究与实践[J].中国成人教育,2015(20):140-142.
［10］赵明月.问题链教学法在高校思政课教学中的应用[J].船舶职业教育,2020,8(2):53-56.
［11］张莉芳.问题驱动式学习的实施策略初探——以"制作密度秤"教学为例[J].物理教学,2022,44(10):32,37-40.
［12］李培根.以学生为中心的教育:一个重要的战略转变[J].中国高等教育,2011(14):8-9.
［13］孙尚诚,杨洁高.主角确定、符号辨识、自性化——高校思政课"以学生为中心"的三个向度[J].思想政治教育研究,2021,37(5):120-123.

高校课程思政元素的挖掘与设计
——以"中级财务会计"为例

赵钰 柳青

一、课程思政的实施背景

长期以来,学生的思想政治工作只是思想政治理论课的任务,专业课教学则将专业知识的传授和学生专业能力的提升放在首要位置。2016年12月,习近平总书记在全国高校思想政治工作会议上指出,要充分利用好课堂教学这一主渠道,思想政治理论课要坚持在改进中加强,其他各门课程也要肩负起责任,与思想政治理论课同向同行,形成协同效应。这一论断为新时代下高校思想政治教育工作指明了方向,专业课程也应承担起传达思政内容的责任。2019年3月,在学校思想政治理论课教师座谈会上,习近平总书记指出,要坚持显性教育和隐性教育相统一,挖掘其他课程中蕴含的思想政治教育资源,实现全员全程全方位的育人目标。专业课教师有责任在教育教学过程中发掘课程内容中潜在的思想政治教育资源,在传授知识的同时,积极弘扬主旋律,传递正能量。

在党的二十大上,习近平总书记再次提出了"建设人才强国,提升人才自主培养质量,加快建设高质量教育体系"的号召,并明确指出办好人民满意的教育的根本目标是落实立德树人。高校肩负着为党育人、为国育才的神圣使命,全面贯彻党的教育方针,是新时代下高等教育的首要任务。为了建设人才强国,提升人才自主培养质量,加快建设高质量教育体系,必须既抓专业教育又抓思政教育,形成专业教育和思政教育同向同行、相互配合的协同育人体系。高校教师不仅要传授知识,而且要注重价值观的传递,既要树人,更要立德。在专业课程的教学过程中,必须要将专业教育与思想政治教育进行充分融合,打破只在思政课程进行思政教育的局限,解决好专业教育和思政教育"两张皮"的问题,发挥课程育人的功能,实现从思政课程到课程思政的实质性转变。这样才能培养出德智体美劳全面发展的社会主义建设者和接班人,为实现第二个百年奋斗目标提供强有力的人才支撑。

二、"中级财务会计"课程思政的意义

"中级财务会计"是会计学专业的专业必修课,其课程内容是在"会计学原理"的基础上,深入探讨会计的基本理论、讲授会计要素的确认、计量、记录和报告的原则、程序和方法,以及财务报表的编制方法。该课程在会计学科的知识体系中居于核心位置,

具有连接"初级会计学"和"高级会计学"的关键作用。财经类本科院校以培养具有综合素质的财经人才为目标,因此大部分专业都会开设"中级财务会计"课程。以我校为例,包括会计学、财务管理、审计学、资产评估等四个本科专业每年约有1 000位同学学习该课程。

目前,在实际的教学和文献理论中已经有一些关于"中级财务会计"课程或相关课程推进课程思政建设的实践与探讨。李秀伟(2022)提出,在"中级财务会计"课程中可以融入社会主义核心价值观以及法律知识等思政元素。姚翠红等(2022)提出可以通过引入时事热点、融入中国传统文化,以及强调企业家精神等方式,实现思想政治元素与会计专业知识的融合。

现有文献中对"中级财务会计"等会计类专业课如何实施课程思政进行了探讨。通常,这些讨论都以课程中的具体知识点作为切入点,来挖掘思政元素,并寻找贴合的思政主题。然而,"中级财务会计"课程本身内容较多、难度较大,学生在学习这些内容时已经感到相当吃力。如果在学习每个知识点时单纯为了完成"思政"目标而刻意地进行内容的延伸和价值观的引导,可能会增加学生的学习负担,引起抵触情绪,反而不利于教学效果。因此,如何在保证课程内容学习不受影响的同时,又能够兼顾立德树人的目标,将专业知识传授与价值观塑造和能力培养融为一体,是"中级财务会计"课程思政需要解决的主要问题。

那么,究竟应该如何基于"中级财务会计"课程的特点,来挖掘课程中的思政元素并据以设计教学内容开展教学活动呢?

三、"中级财务会计"课程思政元素的挖掘

近年来,财务舞弊事件层出不穷,不仅危害了社会经济的健康发展,而且给相关机构和个人造成了严重的经济后果。作为会计数据的提供者,会计人员的职业道德问题成为社会广泛关注的热点。因此,每当提及会计相关课程的思想政治教育时,必然涉及会计职业道德和诚信这两个内容。

会计职业道德问题从本质上源自会计人员自身的思想道德建设不足。在学习阶段,培养学生"坚持准则、诚信为本、不做假账"固然重要,但如果从"基础会计"到"中级财务会计"再到"高级财务会计"或"成本管理会计"等所有会计类相关课程都只关注诚信理念和职业道德的灌输,则不仅会让学生在学习过程中产生疲劳感,形成定式思维,无法对思政内容产生切实的认同,甚至可能会影响其专业学习,使其陷入"言尋忘筌"的尴尬境地。因此,"中级财务会计"的课程思政应当以诚信为基础,但不能止步于此;强调职业道德,但不能只专注于此。根据教育部在2020年5月印发的《高等学校课程思政建设指导纲要》的要求,经济管理类的专业课程要以培育学生经世济民、诚信服务、德法兼修的职业素养为目标,这不仅包括帮助学生了解相关专业和行业领域的国家战略、法律法规和相关政策,还要引导学生深入社会实践、关注现实问题。因此,"中级财务会计"课程思政可以将社会主义核心价值观、爱国情怀、会计职业道德、会计文

化、人生哲学等多种元素融入专业课教学中,实现"传授知识"和"立德树人"的有机统一,推动明大德、守公德、严私德,提高学生的道德水准和文明素养。

(一)基于课程,挖掘有深度的思政元素

"中级财务会计"的学习者已经具备一定的会计专业知识,并在"基础会计"的学习中学到了许多关于会计诚信、法治意识和会计职业道德观念的相关内容。随着专业知识难度和深度的提升,"中级财务会计"的课程思政内容也应体现出与前期课程的区别,要比专业基础课的思政内容更有深度。为实现这一目标,需要打破仅从课程知识点出发挖掘思政元素的局限,注重启发性教育,引导学生发现问题、分析问题、思考问题,在不断启发中让学生水到渠成地得出结论。

案例教学法是一种通过对具体情境的描述,引导学生讨论这些特殊情境的方法。如果能够以实务案例为载体,借助案例中涉及的知识要点找到与思政元素的内在"契合点",再以发散性话题的形式引导学生思考和辩论,就能够实现更好的教学效果。这种方法不仅锻炼了学生运用理论知识分析实际问题的能力,而且能将专业知识与思政元素无缝对接和有机融合。通过这种方式,可以将包含人生哲理的思政元素润物细无声地融入专业知识的讲授中。在传授知识的同时,潜移默化地让学生感受到会计的学习不仅有诚信和职业道德,而且有诗意的生活和美好的向往。

以"中级财务会计"中的第一章"财务会计基本理论"为例,本章的案例名称是"泽宇智能:公司资金还是个人资金"。案例的主要内容是"江苏泽宇智能电力股份有限公司的实际控制人占用公司资金购买房产,资金流通过个人账户结算"。引用这个案例的目的是通过此案例,深化学生对于"会计主体假设"的理解,并认识到违反该假设可能带来的不良后果。结合这个案例及案例对应的专业内容,我们将案例中的"界限、边界"提炼为思政元素,引导学生探讨"做会计的边界在于严格遵守主体假设,做人做事亦要把握边界"的思政话题。以案例为基础,展开专业内容和思政内容的交融性开放性讨论,鼓励学生独立思考,从注重知识向注重能力转变。教师的作用由传统的讲解者转变为组织讨论、引导思考的角色,促进学生的独立思考和能力培养。

表1按照"中级财务会计"中的章节顺序对每一章所采用的案例和思政融入点及思政话题进行了梳理。

表1 "中级财务会计"课程思政元素与教学单元对照表

章节	案例名称	思政融入点	思政话题
第一章 财务会计 基本理论	泽宇智能:公司资金还是个人资金?	界限、边界	做会计的边界在于严格遵守主体假设,做人做事亦要把握边界
第二章 货币资金和 应收款项	"华润三九"的应收账款保理业务	防范风险	人生就像窗外的天气,充满了不可预测的雷雨、暴风。会计在处理企业的业务活动时要注意防范风险,我们在日常生活中也要注意居安思危,有备无患

(续表)

章节	案例名称	思政融入点	思政话题
第三章 存货	5.27亿存货"跑路"的广州浪奇	虚假	古语有云,弄假到头终是假,岂能欺得世间人。美国第十六任总统林肯也曾经说过,你能在所有的时候欺骗某些人,也能在某些时候欺骗所有的人,但你不能在所有的时候欺骗所有的人。诚实守信既是做人的基本准则,更是会计职业道德的精髓
第四章 固定资产	"辽港股份"固定资产折旧年限等变更	现象和本质	俗话说,莫看江面平如镜,要看水底万丈深。固定资产折旧年限的变更表面上是时间长短的更改,但这一微小的变化却会给净利润和所有者权益产生巨大的影响。人生在世,需要具备一双慧眼,看到现象之下的本质。譬如看一处水面,不能只看到水面平滑如镜,还要想到水面之下,深不可测,甚至有暗流在涌动
第五章 无形资产	资产减值	谨慎	曹植在《君子行》中写道,君子防未然,不处嫌疑间;瓜田不纳履,李下不正冠。这是在告诫人们要处事谨慎,要避开嫌疑。在会计中,同样也要遵循谨慎性的信息质量要求
第六章 金融资产	ST康得的金融资产分类与关联交易	明修栈道暗度陈仓、声东击西	明修栈道,暗度陈仓,是指将真实的意图隐藏在表面的行动背后,用明显的行动迷惑对方,使敌人产生错觉,并忽略自己的真实意图,从而出奇制胜。企业也常常会使用一些迷惑性的手段以达到操纵盈余的目的
第七章 长期股权投资	吉大正元变更参股公司会计核算方法	善变	等闲变却故人心,却道故人心易变。善变的不只有人心,还有上市公司的财务政策。一个人只有经历过时过境迁,岁月轮回才能成长,一个会计从业者只有能够处理复杂多变的业务活动才能成熟
第八章 应付和应交款项	被债务拖累的中国恒大	适度	竭泽而渔,后不得鱼。所以做事不能只顾眼前的利益,丝毫不为以后打算,过犹不及。做人做事要有度,举债更适度,量力而行
第九章 预计负债	未决诉讼中或有事项双方的表内确认与表外披露问题	不确定性	结果的不确定性是或有事项的主要特征,想来人生也是如此,不如意之事十有八九。李白也在千古名篇《将进酒》中说,人生得意须尽欢,莫使金樽空对月;天生我材必有用,千金散尽还复来。不要为未知的不确定性过分焦虑,活好当下,未来都不会太差
第十章 收入和费用	东方金钰收入造假	欺骗	你可以通过投机的手段赚取财富,但无法从财富中获得满足;你可以用欺骗的方式获得伴侣,但无法从伴侣心中获得真爱;你可以通过作弊获取高分,但无法通过高分提升自己的技能。每个人都不希望受到欺骗,每个企业也都不应该欺骗投资者

(续表)

章节	案例名称	思政融入点	思政话题
第十一章 利润	利润的数量重要还是质量重要	质量	正如美好的东西在质不在量一样,企业在运营过程中,不仅要关注利润的数额,更要注意利润的质量

注:各章案例由"中级财务会计"教学团队老师们共同开发。

(二) 立足学校,挖掘有立信特色的思政元素

上海立信会计金融学院不仅拥有首次提出诚信文化的"中国现代会计之父"潘序伦,而且设有传承古今中外会计文化的会计博物馆。这些都是学校独具优势的思政资源宝库。作为一名立信的教师,我们应充分利用这些资源,基于立信深厚的会计文化土壤深挖其中的思政元素,坚定传承立信的精神和会计文化。对学生来说,在专业课堂中运用具有学校特色的思政元素不仅能够加强他们对学校历史和文化的认同感,而且能让他们更多地产生归属感和荣誉感,从而激发学习的兴趣和动力。

潘序伦先生是我国现代会计学的大师,也是上海立信会计金融学院的创始人。他的会计思想涵盖了对国家、会计工作、社会等多个层面,是每位会计专业的学生和从业者都应该认真学习和努力践行的宝贵财富。潘序伦会计思想的核心是"立信",诚信是中国会计独特而丰富的精神内核和灵魂,诚实守信的品格是构成中国会计精神的四大要件之一。在"中级财务会计"的教学过程中,我们也应该将潘序伦先生的会计思想发扬光大。潘序伦曾在20世纪40年代提出了治理假账的思想,并对假账的危害、造假的目的、假账的原因和治理对策等进行了系统阐述。虽然时代不同,但在会计造假屡见不鲜的今天,这仍然具有一定的警示和教育意义。潘序伦治理假账的思想不仅可以作为财务报告章节的思政元素,而且可以贯穿在每一个经济业务的账务处理教学中。

在教学过程中,还要充分利用学校会计博物馆的馆藏资源,将专业知识和会计历史进行有机融合。比如,在会计博物馆中有关于"股票文化"的陈列,还展示了古代的"汇票""税票"及"财务报告"等内容。当学习到相关章节时,可以让学生在课下到博物馆的相关展区参观,以史为鉴,借古以开今,在自我探索的过程中激发学习的内在动力。

(三) 依托网络,开发有趣味性的思政元素

考虑到学生们的特点,他们是"00后",从小就接触互联网,网络视频是他们获取信息的重要途径。因此,课程思政内容需要更容易被学生接受和喜爱,可以采用学生们喜欢的方式,充分利用当下丰富的网络视频资源,从中挖掘更具趣味性而非说教式的思政元素。

可以采用的网络视频资源主要包括影视剧、纪录片和新闻报道三种类型,可以充分利用这些资源来传递思政教育内容。近年来,涉及直接会计及审计职业的影视剧层出不穷。例如,《审计陷阱》讲述了会计师、审计师和公司高管在面临困难决策时该如何行动的故事;《会计刺客》塑造了一个白天破解不法分子伪造的账目,晚上化身刺客行侠仗义的会计大英雄的形象。同时,在一些热播的影视剧中也经常出现与会计工作相关的情节。例如,在电视剧《天下无诈》中,描述了由于公司财务制度漏洞导致财务总监遭受电信诈骗,进而导致公司上亿私产流失的故事。观看这些影视剧可以让学生在轻松的氛围中感受到会计的力量,而只有扎实的专业技能才能使他们在未来成为真正具有会计能力的人。

除影视剧外,还有一些经济金融领域的纪录片,可以帮助具有一定会计基础知识的学生在学习"中级财务会计"内容的同时,对整个经济社会的运转和资本市场有更深入的认识。例如,纪录片《经济机器是如何运行的》介绍了生产效率、短期债务周期和长期债务周期的起源;而《大企业》这部纪录片则从现代企业的本质、演变和冲击等方面解释了现代企业内在的运作和发展历程。这些内容有助于学生更好地理解经济运作的原理,丰富知识,增长见识。

此外,还有一些经济犯罪的社会案件也能对会计学习有所启发。例如,有一则社会新闻报道某家公司的会计被骗了86万元的案例。如何在未来的职业道路中坚持职业道德、不忘初心,是每个会计学子需要思考的问题。

这些网络视频资源可以作为"中级财务会计"课堂之外的思政教育补充,通过让学生自主寻找并总结观后感,进而提炼对未来专业学习和会计工作的行动指引。

四、结语

本文基于"中级财务会计"的教学经验,结合教学实践,从深度、本土性和趣味性三个维度探讨了课程思政元素挖掘的一些具体方向。三管齐下,既可以充分利用好课堂教学时间,又可以在不增加学生额外课业负担的情况下达到育人的目的。

然而,立德树人并非朝夕之功,课程思政的建设任重道远。作为课程思政建设和实施的主力军,教师必须承担起教书育人的重担,不忘初心,牢记育人使命,真正将价值引导融入知识传授和能力培养之中,帮助学生践行社会主义核心价值观,培养能够担当民族复兴大任的学习型财经人才,为建设全民终身学习的学习型社会、学习型大国贡献一己之力。

参考文献

[1]李秀伟.课程思政视角下中级财务会计课程改革探讨[J].现代商贸工业,2022,43(4):110-112.

[2]姚翠红,刘根,张芹秀.会计学专业推进课程思政建设的路径与策略[J].教育教学论坛,2022(6):33-36.

[3]郑金洲.案例教学指南[M].上海:华东师范大学出版社,2006.

[4]朱灵通,张华勇.潘序伦治理假账思想及其启示[J].财会通讯,2021(5):164-167.

基于 ARCS 教学模型的课程思政教学设计研究
——以"会计学"为例

王孝钰

一、引言

习近平总书记指出,培养什么人、怎样培养人、为谁培养人是教育的根本问题,立德树人成效是检验学校一切工作的根本标准。2020 年 5 月,教育部发布《高等学校课程思政建设指导纲要》,提出要全面推进课程思政建设,落实立德树人根本任务,将价值塑造、知识传授和能力培养三者融为一体,寓价值观引导于知识传授和能力培养之中,帮助学生塑造正确的世界观、人生观、价值观。课程思政教育的本质是立德树人,是教育与人才培养的有机统一。在面临世界百年未有之大变局的背景下,必须加快推进课程思政建设,有效发挥专业课程的教育效能,突出思想政治教育与专业人才培养的合力。

二、会计学课程思政育人的目标定位

当代大学生群体具有以下特点:个性突出,但以自我为中心,抗挫折能力较弱;思维多元化,但目标模糊;信息接收渠道广,但知识分辨能力较弱;有理想信念,但思政教育热情较弱。

尤其是随着信息技术的不断发展,新媒体对人们生活工作的渗透越来越多,很容易导致人们的独立思考能力下降。尤其是那些自控能力相对较弱、价值体系还没有完全形成的大学生,很容易被一些消极的思想或文化通过新媒体渗透,产生一些消极的想法和行为。因此,通过思政教育引导大学生群体树立科学的世界观、人生观、价值观,培养他们的社会责任感、爱国热情等是十分必要的。只有当大学生群体将所学到的知识和理念内化为他们成长和成功的信念和意愿时,大学的教育目标才能有效实现。具体到会计学课程的思政育人目标,应注重培养学生的历史价值观、社会责任观、主体实践观的"三观"统一。会计学课程思政育人的目标定位如图 1 所示。

(一) 树立正确的历史价值观,思考新时期会计人才的使命和担当

历史价值观是对历史事实和价值判断的辩证统一,是从对历史人物或历史事件的感悟中提炼出的价值取向。习近平总书记在 2021 年中央民族工作会议上强调,必须坚持正确的中华民族历史观,增强对中华民族的认同感和自豪感。树立正确的历史价值观是增强中华民族认同感和自豪感的基础。同时,树立正确的历史价值观也有助于

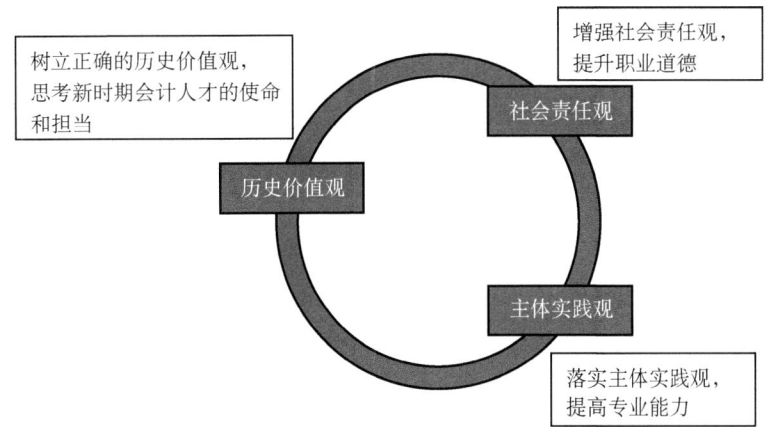

图1 会计学课程思政育人的目标定位

从历史中汲取经验,以古鉴今,也是应对世界百年未有之大变局的必然要求。会计工作从过去简单的计算和记账,逐渐发展为企业经营管理提供预测与决策数据的关键工具。在会计教学中,需要引导学生用正确的历史价值观认识我国古代的会计名人名事,特别是在抗日战争期间的一些会计名家,如潘序伦、顾准、余肇池等,学习他们如何投身革命事业,为民族的兴起作出贡献。通过回顾这些历史事件,可以引导学生思考新时期会计人才的使命与担当。

(二) 增强社会责任观,提升职业道德

社会责任感强调对社会、民族和国家的责任意识。大学生是国家的未来、民族的希望,建设祖国、实现中华民族伟大复兴的历史重任终将由他们承担。学生具备充分的社会责任感和家国情怀,是为实现伟大的中国梦而不断努力奋斗的基础和前提。近年来,碳会计、ESG(环境、社会和治理)、企业社会责任、绿色创新等概念在会计学科中得到了广泛关注,这些都是对社会责任的体现。教师应当将这些理念传递给学生。此外,要提高学生的思想道德品质,培养他们在工作中诚实守信,做到诚信立身、诚信做人,在生活和工作中坚守底线。这也是未来社会经济高速发展的基础和前提。教师还应强化学生对自身权利与义务的清醒认识,牢记会计准则,维护社会公众利益,增强责任意识和履职精神。

(三) 落实主体实践观,提高专业能力

实践观点是马克思主义哲学中一个非常重要的观点,是马克思主义新世界观的基石。实践是人能动地改造世界的物质性活动,是主体和客体之间的相互作用。高校教学的目标不仅是教授知识本身,更要教会学生学习的方法、获取知识以及输出知识的实践能力。老师要告诉学生,不能过于功利化,只追求眼前的"显性"成果,把通过考试、考取各种证书作为学习目标,还要注重科技人文底蕴的积累和综合素质的提升,注重学思结合,知行统一。会计作为一门社会科学,与企业的日常管理工作和经济发展密切相关。高校的会计教学必须立足于实践,才能提高学生发现问题、解决问题的能力,培养出符合企业需求的会计人才。

三、会计学课程思政要素

(一) 融入中国发展历史和中华传统文化

古代会计的发展历史可以追溯到旧石器时代。当时,人们已经开始使用"刻记记数"和"结绳记事"等方法来记录渔猎收获数量及其他收支,这是最原始的会计活动。到西周时期,正式出现了"会计"一词。随着社会经济的发展和国家的建立,为适应统治阶级管理经济的需要,西周设置了专门负责会计工作的"司会"官职,并制定了一些财务管理制度,如收支报告制度和交互考核制度等。在唐宋时期,出现了"四柱结算法"和"四柱清册",进一步推动了会计技术的进步。到清朝晚年,蔡锡勇于1905年(光绪三十一年)在《连环帐谱》中引进并传播了意大利复式簿记法。这些历史发展具有浓厚的中国特色。在讲述会计发展的历史时,还可以进一步融入中国的发展历史和中华传统文化,从而帮助学生更好地理解会计在中国历史进程中的重要作用和独特性。

(二) 融入社会主义核心价值观

党的十八大提出,倡导富强、民主、文明、和谐,倡导自由、平等、公正、法治,倡导爱国、敬业、诚信、友善,积极培育和践行社会主义核心价值观。2021年,财政部发布的《会计改革与发展"十四五"规划纲要》和《会计行业人才发展规划(2021—2025年)》均明确提出要持续推进会计诚信建设,弘扬社会主义核心价值观。当前,我国正处在大发展、大变革、大调整时期,各种价值观念和社会思潮纷繁复杂。在改革开放和发展社会主义市场经济条件下,思想意识多元且多变,迫切需要我们积极培育和践行社会主义核心价值观,扩大主流价值观念的影响力,提高国家文化软实力。在会计学课程思政教学中,需时刻以社会主义核心价值观为精神导向,在课堂讲解、案例研讨、实践教学等环节积极渗透对学生意识形态的教育。例如,在会计法规教学过程中倡导公正、法治;在会计职能的教学过程中倡导富强、爱国;在会计核算和财务报告编制的教学过程中倡导诚信、敬业;在职业发展规划教学过程中倡导民主、文明、和谐与友善。通过这些举措,能够更好地引导学生树立正确的价值观,为未来社会的发展培养德才兼备的会计人才。

(三) 融入马克思主义辩证思维

习近平总书记在纪念马克思诞辰200周年大会上的重要讲话中指出,实践性是马克思主义理论区别于其他理论的显著特征。辩证思维的特点是从对象的内在矛盾的运动变化中,从其各个方面的相互联系中进行考察,以便从整体上、本质上完整地认识对象。会计的许多方面都体现了马克思主义的辩证思维。例如,复式记账法从经济交易活动的多个方面来记录和核算,以便从整体上确认和记录交易事项。会计信息的质量特征之一是实质重于形式,这也是辩证思维的一种体现,要求会计人员从本质上理解交易事项。老师需要通过课堂教学和实践教学,帮助学生用辩证的思维方式理解会计问题。

(四) 融入国家发展战略和国际发展形势

企业要长远发展,必须融入国家发展战略。高校培养的会计人才最终是为国家经济社会发展做贡献,因此,有必要在学生期间就了解国家重要发展战略以及国际发展形势。在会计学思政教学过程中,可以通过融入国家发展战略激发学生的民族自豪感,也可以通过融入时代发展变化以及国家发展形势,让学生深入思考在新时期会计人才的使命和担当。例如,在讲解无形资产的会计核算时,可以融入创新驱动发展战略,让学生意识到我国在科技创新发明方面取得的重大成就,激发学生的民族自豪感。在讲解碳会计发展时,可以融入我国推进美丽中国建设战略方针,强调金山银山不如绿水青山,引发学生对环境保护的思考。在讲解成本核算的过程中,可以引入国际产业转移、中美贸易摩擦等国际形势,说明全球生产网络的局部断裂对企业生产和经营成本的影响,以及企业应对这些风险的财务战略和经营战略。在讲解会计信息系统时,可以引入当前信息技术发展的新趋势,引导学生思考,在人工智能时代,财务人员需要具备哪些能力。通过这些方式,不仅可以提升学生的专业水平,而且能够增强他们的社会责任感和使命感,培养他们适应时代发展需要的综合素质和创新能力。

(五) 融入职业道德教育

《新时代公民道德建设实施纲要》提出,推动践行以爱岗敬业、诚实守信、办事公道、热情服务、奉献社会为主要内容的职业道德;《会计基础工作规范》第17条至24条规定了会计人员职业道德的八个方面;《中国注册会计师职业道德守则第1号——职业道德基本原则》及《中国注册会计师协会非执业会员职业道德守则》也规定了注册会计师职业道德。职业道德不仅要求财务人员具有诚信精神,而且要求他们实事求是、客观公正;努力钻研业务,使自己的知识和技能适应所从事工作的要求。因此,在授课过程中,不仅要将诚信理念融入会计专业知识的教学,而且要向学生强调实事求是的精神,培养学生自主学习的能力,关注会计理论前沿和最新动态的能力。各章节思政融入点如表1所示。

表1　各章节思政融入点

章节	思政融入点
第一章 会计基本理论	在讲授会计定义和职能相关专业内容时,融入会计发展史、中国发展史、中华传统文化等相关思政内容 在讲授会计法律法规相关专业内容时,融入社会主义核心价值观以及职业道德教育等思政内容,强调诚信的重要性 在讲授会计信息质量特征、会计核算基础时,融入马克思主义辩证思维等思政内容,让学生通过辩证思维,从本质上理解交易事项
第二章 会计信息生成系统	在讲授复式记账时,融入马克思主义辩证思维等思政内容,让学生通过辩证思维,从本质上理解交易事项 在讲授会计凭证与账簿时,融入职业道德教育等思政内容,强调诚信的重要性,会计人员要根据原始凭证做账,不做假账

(续表)

章节	思政融入点
第三章 货币资金与应收项目	融入职业道德教育等思政内容,强调诚信的重要性,不做假账
第四章 存货	在讲解存货计价的时候,融入国家创新驱动发展战略,随着技术的更新换代,商品也在迭代更新,影响到存货计价。同时让学生意识到我国在科技创新发明的重大成果,激发学生的民族自豪感
第五章 固定资产	在讲解固定资产减值的时候,融入国家创新驱动发展战略,随着技术的更新换代,原有的固定资产可能发生较大减值。同时让学生意识到我国在科技的迅速发展,激发学生的民族自豪感
第六章 无形资产	融入国家创新驱动发展战略,让学生意识到我国在科技创新发明的重大成果,激发学生的民族自豪感
第七章 金融资产投资与长期股权投资	融入国家经济形势等思政内容。让学生了解当前国家经济形势,激发学生的民族自豪感
第八章 负债	融入中华传统文化、社会主义核心价值观以及职业道德教育等思政内容。例如,古代商人讲求诚信。江西石城商人吴大栋,父母死时,留有债务未偿还。十几年后,吴大栋从广东经商回来,稍有积余,就带着财物往寻债主。尽管债主早已去世,借资也无文字凭证,其家人甚至从未听说此事,吴大栋却坚持偿还
第九章 所有者权益	融入社会主义核心价值观,让学生意识到作为国家的主人,应当承担的责任和义务
第十章 收入与利润	融入国家发展战略和国际发展形势等思政内容。可以引入国际产业转移、中美贸易摩擦等国际形势,既往的国际经贸秩序遭受严重破坏。这些都会影响企业的收入和利润,企业也必须通过财务战略和经营战略来应对这些风险 融入社会主义核心价值观,和学生强调,赚取利润并不是企业经营的唯一目标,企业还需要承担社会责任。我们作为社会公民也是一样,需要承担社会责任
第十一章 成本费用	融入国家发展战略和国际发展形势等思政内容。可以引入国际产业转移、中美贸易摩擦等国际形势,既往的国际经贸秩序遭受严重破坏,全球生产网络出现局部断裂,既有的全球价值链重构趋势加速。这些都会影响企业的生产和经营成本,企业也必须通过财务战略和经营战略来应对这些风险
第十二章 财务报告	融入社会主义核心价值观以及职业道德教育等思政内容 引入当前信息技术发展新趋势,引导学生思考,在人工智能时代,财务工作流程会有哪些影响,财务人员需要具备哪些能力

四、会计学课程思政的教学方法——基于 ARCS 教学模型设计

ARCS 模型是由美国佛罗里达州立大学的约翰·M·凯勒(John M Keller)教授于 20 世纪 80 年代提出的一种教学模型。ARCS 模型中的四个字母分别代表注意

(attention)、相关(relevance)、自信(confidence)、满意(satisfaction),这四个要素相互影响,形成一个整体,缺一不可(图2)。该模型主要是通过教学设计来调动学生积极性,激发学习者的学习动机。在授课过程中,通过任务引导吸引专注,通过过程性评价引导学生进行多维度思考,通过小组全过程协作,增强学生的自信心,通过师生双向反馈,获得价值提升。

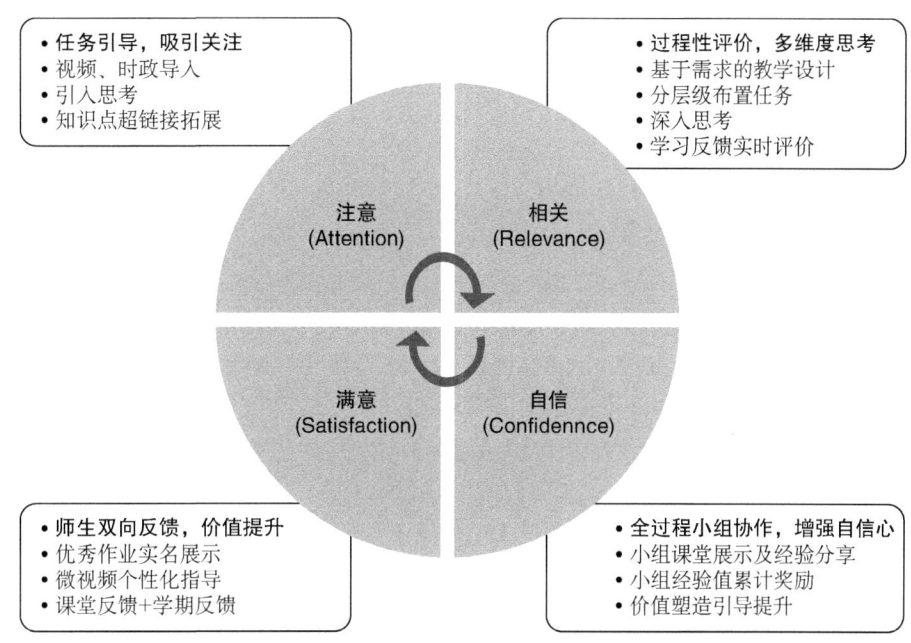

图2 基于ARCS模型设计混合式教学活动

例如,在讲授会计法律法规相关专业内容时,融入社会主义核心价值观以及职业道德教育等思政内容。在教学设计方面,先给学生播放与会计舞弊相关的电影片段,以及近几年被证监会等监管机构处罚的事务所或者上市公司的新闻。以此来激发学生学习兴趣。让学生思考这些案例或者是电影当中,违反了哪些法律法规,在执业过程中应当具备哪些职业道德。给学生强调诚信的重要性,并让学生朗读校训——信以立志、信以守身、信以处事、信以待人、毋忘立信、当必有成。并让学生小组讨论,如果遇到类似的情况应该如何应对,如何践行社会主义核心价值观,避免违反法律法规的情况发生。课程结束时再让学生对所学内容进行总结。

又如,讲授会计定义和职能相关专业内容时,融入会计发展史、中国发展史等相关思政内容。在教学设计方面,先给学生观看一些旧石器时代用于记录捕猎数量的狼胫骨的图片、唐宋时期会计记录的图片等,让学生了解最原始的会计记录,以及中国会计的发展历史。接着引导学生思考和讨论唐宋时期的经济发展是如何推动会计的发展的,以及中华民族优秀的传统文化是如何在古代会计中得以体现和传承的。课程结束时再让学生对所学内容进行总结。

参考文献

[1] 中国政府网.习近平出席中央民族工作会议并发表重要讲话[EB/OL].(2021-08-28)[2023-02-10].https://www.gov.cn/xinwen/2021/08/28/content_5633940.htm?eqid=e3fef273000128c20000000364633906.

[2] 中华人民共和国财政部.关于印发《会计改革与发展"十四五"规划纲要》的通知[EB/OL].(2021-11-24)[2023-02-10].https://www.gov.cn/zhengce/zhengceku/2021-11-30/content_5654912.htm.

[3] 中华人民共和国财政部.关于印发《会计行业人才发展规划(2021—2025年)》的通知[EB/OL].(2021-12-23)[2023-02-10].https://www.gov.cn/zhengce/zhengceku/2021-12/28/content_5664923.htm.

[4] 习近平.在纪念马克思诞辰200周年大会上的讲话[EB/OL].(2018-05-05)[2023-02-10].http://politics.people.com.cn/n1/2018/0505/c1001-29966346.html.

[5] 中国政府网.中共中央 国务院印发《新时代公民道德建设实施纲要》[EB/OL].(2019-10-27)[2023-02-10].https://www.gov.cn/zhengce/2019-10/27/content_5445556.htm.

[6] 中华人民共和国财政部.会计基础工作规范[EB/OL].(2022-04-19)[2023-02-10].http://jdjc.mof.gov.cn/fgzd/202204/t20220419_3803834.htm.

[7] 中国注册会计师协会.中国注册会计师职业道德守则第1号——职业道德基本原则[EB/OL].(2020-01-08)[2023-02-10].https://www.cicpa.org.cn/ztzl1/Professional_standards/Professional_ethics/202001/W020210421541748697398.pdf.

基于 OBE-CDIO 的无形资产评估课程教学改革探索

方 媛

一、引言

《高等学校课程思政建设指导纲要》指出,要将思想政治教育贯穿人才培养体系,全面推进高校课程思政建设,充分发挥每门课程的育人作用,提高高校人才培养质量。现代资产评估专业人才的培养,不仅需要资产评估理论知识、评估技能的培养,而且要注重人文素养与正确价值观的培养。新兴评估对象和不同评估需求的产生,迫使资产评估行业急需具备良好的职业道德和职业素养、认同资产评估行业和职业的应用型、复合型专门人才。本文基于无形资产评估课程实践,以改革传统教学模式为切入点,从无形资产评估课程思政建设的现实困境出发,以 OBE 教育理念和 CDIO 教学模式为理论依据,为资产评估专业课程改革提供可借鉴的实施路径,丰富相关领域的研究成果。

二、无形资产评估课程中存在的问题

(一)教学模式比较单一,学生主动性较为缺乏

常用的教学模式类似"教科书"式说教,注重教师讲解,重视专业理论的讲解和练习,但缺少对学生评估观念、实践能力、道德修养等方面的培养,学生课堂参与度不高,主动性较差,不利于实现教学目标。无形资产评估课程多涉及各种评估模型、评估参数获取流程等技术类知识,以会计学、财务管理学、资产评估学等先修基础课程为前提,是学生走向社会岗位前提高综合能力的专业必修课。如果单纯采用"以教师为中心"的填鸭式教学模式,无法有效培养学生的实践能力、自学能力、探索能力以及创新思维能力。

(二)学生综合运用多种知识和技能解决问题的能力不足

学生对单个知识点或者单项技能有较好的掌握,但缺乏对知识体系的构建能力,以及对综合多项技能和多种知识点的复杂性问题的解决能力。这主要是因为传统教学模式以基础学习为主,侧重单个知识点或单项技能的学习与训练,比如课后作业、课堂测试以及期中或者期末测验均以知识点的覆盖程度和掌握程度为检测标准。另外,在教学内容和教学模式方面,综合性、宏观性的体现较少,高年级学生缺少对前修知识的复习及应用,缺乏各衔接课程间的连贯学习,很少有学生能从宏观上把握各相关课

程知识点之间的逻辑关系。针对这一问题,有必要在高年级的专业课程中提倡使用"以综合能力培养为中心"的教学模式和方法,以前修课程的模块化教学为前提,采用项目化教学,帮助学生构建专业知识体系,提升综合能力和素养。针对以上教学现状,可以采用 OBE 与 CDIO 相结合的教学模式。

三、基于 OBE-CDIO 的无形资产评估课程教学模式的构建

成果导向教育又称逆向思维教育(outcomes-based education,简称 OBE),是指清晰地聚焦在组织教育系统,使之围绕确保学生获得在未来生活中取得实质性成功的经验。与以知识结构、教师传授为主导的传统教育相反,OBE 强调以学生为中心,注重学生的预期学习成果、达成过程及达成度的评价。成果导向教育理念改变了传统"以知识为主导"的教学理念,以学生预期能力获得为导向进行反向设计和正向实施教学,将教学的重点聚焦于"学生产出",注重学生未来所具有的素养、知识和技能的培养。基于 OBE 教育理念进行课程教学和改革,也是将课程思政融入人才培养的有效路径之一。

CDIO 是一种工程教育模式,包括构思(conceive)、设计(design)、实现(implement)和运行(operate)四个阶段。2005 年,汕头大学率先将 CDIO 引入国内,并创造性地设计了基于项目设计为导向的 EIP-CDIO 工程教育模式。在被引入的十余年里,CDIO 主要应用于机械、电气、化工、土木、农业类等专业,而在经济管理类专业中的运用较少。该教育模式提倡学生学习的主动性和实践性,注重课程之间有机联系式的系统学习,重点培养学生的应用和实践能力,包括个人的理论和技术知识、终身学习能力、交流沟通能力、团队合作能力,以及在社会及企业环境下建造产品和系统的能力。随着本土化研究的深入,陆续出现了 EIP-CDIO 理念、CDIO-CMM 能力成熟度模型、CDIO-CBE(能力本位 CDIO 模式)、SCCIM-CDIO、TOPCARES-CDIO、N+CDIO 等相关的新模式。这些均为提升大学生的创新精神和实践能力、潜移默化地融入课程思政提供了可借鉴路径。

可以看出,OBE 的教育理念和 CDIO 的教育模式本质上都是以学生为中心、以成果产出为导向。在无形资产评估课程中,以 OBE 的教育理念为培养目标,确定学生在本课程中应具备的知识目标、能力目标和价值目标。按照 CDIO 的教育模式予以实施,针对构思、设计、实施和运行四大阶段进行设计,形成 OBE 与 CDIO 相结合的教学模式。实施过程中可以经常运用 OBE 的教育理念回头看,在教学计划制定、教学内容安排、教学手段实施、考评体系设置等每个方面对标人才培养要求,有计划、有目标地以项目训练的方式综合提升和考核学生的实践能力,充分提高学生的学习主动性,实现高水平应用型人才的培养目标。

四、基于 OBE-CDIO 的无形资产评估课程教学模式的应用

(一)优化教学内容,整合教学资源

要先学会以 OBE 的教学理念进行思考。根据资产评估专业人才培养目标,融合

无形资产评估课程目标,高年级资产评估专业学生不但要掌握评估知识还应具备发现问题、分析问题和解决问题的能力,具备对新对象、新目的、新方法的研学能力。所以无形资产评估课程将相互关联和衔接的内容进行整合,设置四个项目教学内容,分别是"超额收益法项目教学""可比公司法项目教学""专利权价值评估项目教学""品牌价值评估项目教学"。然后基于CDIO的教育模式,针对每一个教学项目进行构思、设计、实施、运行四个阶段的课程规划。

(二)采用灵活多变的教学方法,提升学生的主动性

以线上线下混合式的教学方式,采用案例分析教学、项目教学、情景教学、研讨教学等多种教学方法,多维度地实现教学目标。以可比公司法讲授为例,学生在课前学习线上内容并完成课前测验,教师根据学情分析进行基础知识和技能讲授,学生课后完成作业巩固基础知识和技能,教师再次以情景教学和案例分析教学的形式整合各知识点进行简单应用,最后采用项目式教学发布项目引导学生完成。情景教学和案例分析教学是知识体系的初次构建,项目式教学完成知识体系的整体性构建。多种教学方法采用层级递进式,加深了学生对专业知识的掌握,提升了专业评估技能,贯穿了课程思政理念。

(三)构建多元化、综合性的评价体系

为实现高水平应用型人才培养的目标,结合OBE理念和CDIO工程教育模式,根据知识目标、能力目标和价值目标,对无形资产评估考评体系进行改进。

1. 删除期末测验,增加实践操作内容

教学改革前,考评体系包括考勤和互动、课后作业、课堂测试、案例分析和期末测验五个方面,其中平时成绩占50%,期末测验占50%,平时成绩构成如表1所示。考虑到学生自主完成项目要以知识体系的全面构建为基础,并且需在研讨总结阶段进行展示汇报,因而去掉了期末知识点的测验部分。同时,在平时成绩中增加了实践操作的评分构成,这是对学生系统性应用知识技能的评价,对标了人才培养目标和课程建设目标。

表1 教学改革前平时成绩构成表

考核项目	课堂考勤/课堂互动	课外作业	课程论文/案例分析	其他(课堂测试)
考核分值	20	20	30	30

2. 体现OBE-CDIO教育模式的评分构成

基于OBE-CDIO教学模式,单个项目教学的学生实践操作部分由教师评价、组间互评、组内互评构成。学生可以在与其他组的对比中看到差距,也可以通过组内互评减少搭便车行为。采用学生互评方式,发挥了学生的主观能动性,提升了学生的参与度,深化了以学生为中心的教学思想。多元化、综合性考评体系的建立,也能够更好地体现以学生为中心的理念,保障课程教学效果,完成应用型人才的培养目标。实践操作评分体系如表2所示。

表 2　实践操作评分体系

	教师评价	组内互评	组间互评	总计
案例分析评分比重(%)	60	10	30	100
其中：	步骤的详细程度	数据的可验证性	遇到的问题及解决	规范程度
教师评价比重(%)	30	30	20	20

(四) 以 CDIO 教育模式进行项目教学的课程规划

1. 构思阶段

项目构思是一种具有创造性的探索活动,能充分培养学生的创新能力、团队合作精神及组织协调能力。教师发布项目时,可以设定某些现实状态的项目场景,并根据学生前修课程的情况或者学情分析结果给定合适的开放性任务,给予学生更大的自主权,以体会更贴近实践的评估工作。例如,项目中的评估实施步骤、数据资料和评估参数完全由学生扮演评估师的角色来确定,学生需要在既定的项目要求下全权负责整个评估过程等。教师需要引导学生查阅文献资料,填补专业知识的不足,综合运用评估、财务等相关专业知识,对整个评估过程予以思考,对后续实施的实务操作予以构思。在此基础上,学生根据个人兴趣进行团队组合,并模拟评估项目经理下的负责制。

2. 设计阶段

根据每个项目的目的和要求,学生自行计划并分配评估过程中的具体工作,教师鼓励学生利用其掌握的无形资产评估理论知识,自行设计评估工作底稿。学生需要在既定的项目要求下,进行初步设计,比如设定具体的评估场景、确定评估对象和评估目的等。

3. 实施阶段

根据评估理论知识,学生采取正确的评估方法对被评估对象的价值进行系统性的分析和计算。为完成项目,学生需要解决多个评估工作任务点,按照评估准则的要求实施评估,如查找并确定对比公司、查找各类财务数据、在各信息渠道中筛查出需要的数据并确定参数、财务数据中出现异常情况的处理等。该项目中的实践操作属于评估理论和方法在实务中的模拟,是一种应用的提升,是场景开放式的应用,是原汁原味的、最接近评估实践的应用。评估场景开放,数据来源开放,学生需要解决更多的决策任务点,这同时要求学生具备相当丰富的知识储备,并潜移默化地培养了他们的职业道德。比如任务要求"单元格注意嵌套或者链接;数据注意标明来源",无形中要求学生执行资产评估业务时坚求真务实的态度,诚实正直,勤勉尽责,恪守独立、客观、公正的原则;要求学生执行资产评估业务时遵守相关法律、法规和资产评估准则;还要求学生独立进行分析、估算并形成专业意见。

4. 运行阶段

学生按照估算出的评估金额给出最终评估结果,并整理评估底稿等资料,撰写评估报告和项目总结,据此讨论、分析并思考评估过程与方法中存在的问题及解决方案。研讨总结是学生完成实践操作项目后的沟通和交流,它可以是在学生与学生之间进行的,也可以是在学生与教师之间进行的,其目的是对过程中产生的新问题和解决的新思路进行探讨。这是螺旋式上升后的升级讨论,兼具着理论学习的升华与操作技能的提高,融合了知识技能与价值塑造的升级。该阶段建议采用学生小组展示的方式,因为在实践操作的项目教学中,学生会发现诸多问题,有些已经解决,而有些尚未解决。无论是哪种情况,通过形成的文字性记录并向其他同学和教师进行展示,都有助于在脑海中再次加深印象。在展示过程中,已有问题的解决方案会给其他学生带来启示,而未解决问题的提出也会对其他学生产生抛砖引玉的作用,教师给出的导向性点评则有助于学生进一步的研究和拓展。这种头脑风暴式的讨论一定要在教师完成项目教学、学生完成实践操作任务后进行,有的放矢地讨论会产生事半功倍的效果。基于CDIO的项目教学设计如表3所示。

表3 基于CDIO的项目教学设计

CDIO	具体工作	能力提升	课程思政结合点
构思 conceive	知识储备 目标分析 方案构思	构建知识体系 组织协调 团队合作	责任意识 规范意识 创新意识 团队协作 追求卓越 用于探究 遵纪守法 职业胜任
设计 design	方案选择 底稿设计	资料查找 团队合作 计算机应用	
实施 implement	选择可比公司 数据搜寻及验证 参数确定 实施评估	数据收集 职业道德 方法应用 团队合作	
运行 operate	评定估算 报告撰写 讨论交流	创新实践 文字表达 团队合作	

以可比公司法项目教学为例,教学改革后,学生学习的主动性大大提升,基于CDIO的项目式教学改革前后对比如图1所示。改革前,学生的疑惑主要集中在公式为何这样推导、收益额如何计算、具体参数如何计算、如何选择合适的数据对指标进行量化等问题;而改革后,学生的疑惑主要体现为选择可比公司的具体标准是什么(如何能选择最为合适的可比公司)、每个可比公司的数据来源是什么(哪里能找到需要的数据)、整个方法中存在近似的处理能否找到更好的解决办法、能否找到更合适的量化指标、该方法是否在选择的被评估对象中适用、该方法是否有缺陷以及如何解决等。对比改革前后学生提出的疑惑,能感觉到学生是经历了思考后的提问,能感觉到学生自主学习动力的提升,这些变化也凸显了学生正在逐渐形成自己的职业道德素质。在整个实操演练中,学生不仅致力于做到诚实正直,勤勉尽责,独立客观公正,忠实于数据和凭证的目标,而且努力学习专业知识和锻炼专业技能,争取具有更强的专业胜任能力。

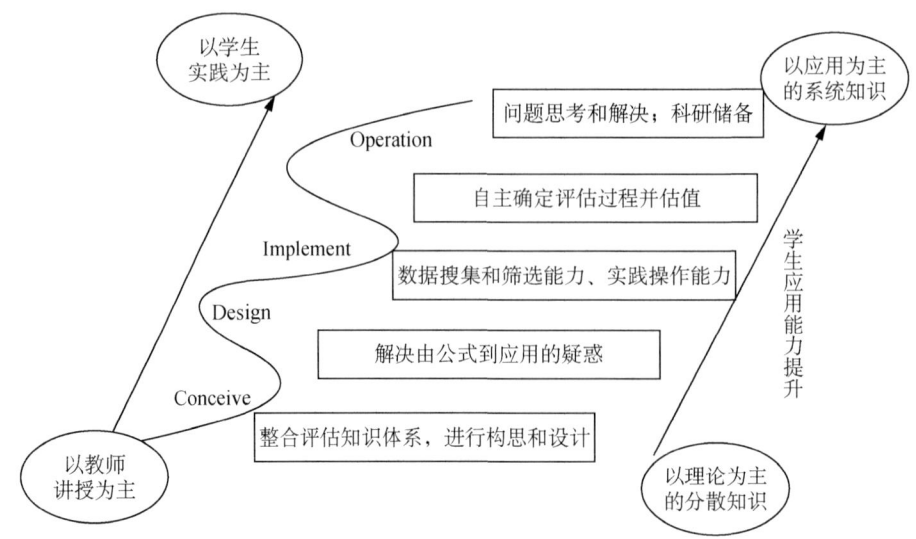

图 1 基于 CDIO 的项目式教学改革前后对比

五、基于 OBE-CDIO 的无形资产评估课程教学模式的效果

OBE-CDIO 教学模式的实施取得了良好的教学效果,主要体现在以下方面。

(一) 学生认可 OBE-CDIO 的教学模式

学生表现出非常高的认同度。40 份有效问卷平均得分为 4.45 分(满分 5 分),其中约 60%的同学给出了满分,约 90%的同学表示了高度认同。

(二) 该教学模式提升了学生的应用能力

资产评估作为一门应用型较强的学科,其重点是对学生应用能力的培养。问卷调查显示,采用该教学模式后,学生的应用能力得到了有效提升,有些学生完全可以采用可比公司法对一项真实的无形资产进行评估。该教学模式在学生各项应用能力提升方面效果较为显著,包括"资料及数据查找""团队合作""遵守执业规范与职业道德""自主学习"和"EXCEL、PPT 的使用"等方面。学生应用能力调查分析表如表 4 所示。

表 4 应用能力调查分析表

选项	教学效果调查	
	小计	比例
资料及数据查找	38	95%
团队合作	35	87.5%
遵守执业规范与职业道德	20	50%
自主学习	34	85%
EXCEL、PPT 等的使用	30	75%
对评估项目的整体把握	26	65%

(续表)

选项	教学效果调查	
	小计	比例
其他	0	0
本题有效填写人次	40	

调查结果也印证了该教学模式下学生自主性的"以应用型人才培养为目标"的知识点体系的构建以及查缺补漏。在"评估操作流程""方法的适用性""评估参数的量化""知识的优缺点掌握"和"对工作底稿的理解"等方面均有非常大程度的驱动效应，在"数据库的使用"等应用性知识方面，该教学模式的效果要明显优于传统教学模式。问卷调查—可比公司法项目教学中主要学会的内容如表5所示。

表5　问卷调查—可比公司法项目教学中主要学会了哪些内容？

选项	小计	比例
大概的操作流程	21	52.5%
详细的操作流程	28	70%
方法的适用性	23	57.5%
参数的量化	30	75%
该知识点的缺陷	21	52.5%
该知识点的优点	17	42.5%
对执业规范与职业道德的理解	12	30%
数据库的使用	26	65%
工作底稿的理解	31	77.5%
其他	0	0%
本题有效填写人次	40	

(三) 学生自主学习能动性大大提升

针对学生自主学习状况和效果的调查显示，在"自主确定评估对象"和"自主摸索评估步骤"这两个观测点中，学生反馈该评估方法使其学习效果显著提升，有80%以上的学生认为该教学模式对自主学习非常有帮助。学生对"自主确定评估对象"是否有助于对评估方法的理解打分为4.05分(满分5分)，"自主摸索评估步骤"是否有助于对该方法的理解打分为4.33分(满分5分)。

(四) 该教学模式帮助学生塑造了良好的价值基础

有88%的学生认为，学生需要独立完成一套完整的、真实的无形资产评估工作。基于CDIO的教学模式为学生提供了一个无限贴近现实的机会，使学生从感性上对评估工作有了深层次的认识,初步建立了自己的职业价值观。在即将面临的初次就业中,学生面对纷繁复杂的职业世界,缺乏工作经历,这种职业价值观的形成有利于其在就业决策中作出理性选择,实现个人价值和社会价值的统一。相比前几届资产评估专业学生,本项目实施后的该专业学生的创新能力及科研能力大幅提升,学生在后续的毕业论文工作中也更容易确定选题。

同时,该教学模式也帮助教师实现了在传授知识、塑造价值和培养能力等多方面的统一,甚至在同一个知识点教学中能将三者有机结合起来。以润物细无声的方式较为理想地实现了理论知识、职业道德、评估能力的融合和统一,取得了较好的教学效果,完成了培养应用型人才的教育目标。

参考文献

[1] 封海燕,闫虹霞,申少飞.思政教育融入资产评估学课程的探索与实践[J].对外经贸,2023(8):119-122.

[2] 庞留勇,胡淑珂,陈敏,等.基于OBE理念的课堂教学质量评估模式探究[J].高教学刊,2023(29):102-107.

[3] 唐茜,刘艳,任思曼,等.基于CBE与CDIO交互设计教学模式探索[J].实验室研究与探索,2022,41(2):228-232.

[4] 赵肖瑞.基于OBE-CDIO理念的税务会计课程教学改革探索与实践[J].科教导刊,2023(3):106-108.

[5] 赵兴莉,闫泰毓,宗楠,等.基于OBE教育理念的资产评估专业课程思政教学改革研究[J].中国资产评估,2023(6):68-75.

[6] 张可.课程思政理念下资产评估教学改革探索与实践[J].科教文汇,2023(14):57-60.

[7] 张敏.基于OBE理念CDIO工程教育模式的建筑CAD课程教学改革[J].科教导刊,2023(23):128-130.

"立信精神"和"诚信文化与审计职业道德"

李率锋　安　宁

一、引言

"诚信文化与审计职业道德"是上海立信会计金融学院审计专业硕士研究生的校本课程,是研究生的专业选修课(必选)。党的十八大报告提出要倡导二十四字社会主义核心价值观,其中诚信是公民个人层面的价值准则之一。2012年,习近平总书记作出关于审计行业发展的重要批示:"注册会计师行业要紧紧抓住服务国家建设这个主题和诚信建设这条主线。"即习近平总书记关于审计行业"主题主线"的批示。2017年10月18日,习近平总书记在党的十九大报告中指出,要不断培育和践行社会主义核心价值观。2023年5月,习近平总书记在二十届中央审计委员会第一次会议上强调,在强国建设、民族复兴新征程上,审计担负重要使命,要立足经济监督定位,聚焦主责主业,更好发挥审计在推进党的自我革命中的独特作用。要传承审计光荣传统和优良作风,塑造职业精神,提高专业能力。本课程将习近平总书记对审计行业"诚信"和"职业精神"的批示有机融入教学内容,通过理论讲授、文献阅读、案例研讨与作业展播等方式,使审计专业硕士研究生加强了对诚信与职业精神的认识。课程共设计了五个模块的教学内容,即中华优秀传统文化"诚信文化"与社会主义核心价值观、政府审计职业道德与服务国家建设、注册会计师职业道德与诚信建设、内部审计职业道德与组织治理、潘序伦"立信"精神的当代意义等。我们把习近平批示精神"进课程"作为课程设计核心目标,充分发挥我校"立信精神"创立者、倡导者这一独特优势和资源,使研究生能够深入理解诚信的本质,将审计职业道德要求真正内化于心、外化于行,准确把握有力有效的审计监督对于保障党和国家工作大局的重要意义,使习近平新时代中国特色社会主义思想进课堂、入头脑,为国家培养真正具备审计职业道德素养的高层次审计人才,并在今后工作岗位上承担起审计监督的重大使命。

二、课程思政设计与实施

(一) 设计思路与理念

1. 设计思路

作为研究生课程,需要充分发挥教师在内容设计上的自主性以及研究生在学习上的主动性和探究性,课程聚焦于习近平总书记对审计行业、审计职业精神相关的批示精神,并将这些批示、指示融入课程的教学体系,探索批示精神和职业道德在课程教学中"入脑入心"的新形式与载体。课程的主要设计思路如下：

（1）从中华优秀传统文化中汲取养分。"诚信"是中华优秀传统文化之一，也是审计职业道德的核心概念。2023年6月，习近平总书记在文化传承发展座谈会上指出："马克思主义和中华优秀传统文化来源不同，但彼此存在高度的契合性。让马克思主义成为中国的，中华优秀传统文化成为现代的，让经由'结合'而形成的新文化成为中国式现代化的文化形态。有效地推动中华优秀传统文化创造性转化、创新性发展。"本课程注重从中华优秀传统文化中汲取养分，深入挖掘"诚信文化"的内涵，从中国传统哲学关于"人性"本质（性善论和性恶论）的讨论出发，以历史上的"诚信"经典故事（如"徙木立信"与"烽火戏诸侯"）为载体，让学生真正从文化渊源上理解"诚信"对个人成长和职业发展的意义。"阳明心学"创立者王阳明曾说："至诚才能至善，诚身、诚心是成大事的根本。"中国传统哲学注重探讨人生的意义与人性的本质，其中"诚"是做人的根本。二十四字社会主义核心价值观的中的"诚信"与传统文化中的"诚"内涵相通、意义相近，并被赋予了时代新义。审计职业道德教育只有使学生从文化根源上理解了人性和诚信的本质，才能对审计职业道德有更深刻、更准确的认识。

（2）深刻理解政府审计在服务国家建设中的重要作用。党的十九大作出了关于审计管理体制改革的重大决定，2018年5月，中央审计委员会成立，习近平总书记亲自任主任，"党管审计"体制正式确立。本模块的教学内容旨在让学生深入了解政府审计体制改革的背景，理解审计监督在国家监督体系中的重要作用，了解政府审计在服务国家建设中的作用。党的十九大以来，在党中央集中统一领导下，中央审计委员会推动审计体制实现系统性、整体性重构，走出了一条契合中国国情的审计新路子，审计工作取得历史性成就、发生历史性变革。审计是党和国家监督体系的重要组成部分，是推动国家治理体系和治理能力现代化的重要力量。审计监督具有一定的政治属性，它在职能上为促进党中央令行禁止、维护国家经济安全、推动全面深化改革、促进依法治国、全面从严治党、规范权力运行等方面发挥着不可替代的作用。这些重要论述，有利于学生全面理解政府审计的职能与作用，理解政府审计是如何服务于国家建设的。

（3）理解注册会计师职业发展与诚信建设的关系。注册会计师行业是承担公共责任的职业，诚信是其精神内核和行业发展的基础。近年来，我国资本市场审计失败事件频发，背后有上市公司大肆财务造假的行为，但作为市场经济监督者角色的注册会计师并未守好自己的责任田，对财务造假行为的揭露不足，并发表了不恰当的审计意见。这里面有注册会计师专业胜任能力不足的问题，当然更重要的是注册会计师审计职业道德的失守，以及未能遵守"诚信"的基本原则。审计失败容易引发市场经济秩序的混乱，不利于经济的长远发展与高质量发展。习近平总书记对注册会计师行业提出的"服务于国家建设"这个主题和"抓住诚信建设"这条主线的重要批示，可以说是对审计行业发展的期许，更是对注册会计师及其职业的根本要求。高等院校审计专业硕士培养注册会计师审计人才，就是要紧紧围绕习近平总书记"主题主线"批示精神展开,在课程设计中将批示精神有机融入,从根源上解决"诚信"危机问题,为国家培养出真正具备诚信精神和职业精神的审计人才。

（4）理解内部审计与完善治理的关系。内部审计是与政府审计、注册会计师审计并列的三大审计领域之一,是组织内设的审计机构所开展的审计工作。我国大多数行政事业单位及规模以上的民营企业均设有内部审计机构或内部审计岗位。现代内部审计应用系统、规范的方法,对组织的内部控制、风险管理和治理情况进行评价,从而改善组织的运营,完善组织的治理,最终帮助组织实现其目标。党的十八届三中全会将实现"国家治理体系与治理能力的现代化"作为全面深化改革的总目标,并规定了路线图和时间要求。内部审计在完善组织治理上发挥着重要作用。国家治理体系与治理能力的现代化,首先应该体现在个体组织治理能力的现代化,而内部审计所发挥的"完善组织治理"的作用,为我国2035年基本实现、2049年完全实现国家治理体系与治理能力现代化的全面深化改革总目标奠定了组织层面的基础。

（5）深入挖掘潘序伦先生"立信精神"的内涵。1928年,潘序伦先生借用孔子的"民无信不立",将潘序伦会计师事务所改名为立信会计师事务所。2023年是潘序伦先生诞辰130周年暨立信办学95周年,潘序伦是"立信精神"的创立者、倡导者、践行者。他一手创办的立信会计学校、会计师事务所、立信会计用品图书出版"三位一体"立信事业能够延续至今,讲诚信是其精神内核,也是"立信"品牌的根基,更是立信事业延续95年传承不断的动力。通过课程学习来挖掘潘序伦"立信精神"的当代意义,对于发挥审计在服务于国家建设中的作用意义非凡。我们在课程中让学生将"立信精神"与诚信文化、职业精神相连接,让学生在立信求学期间体悟"立信精神"与诚信文化,让学生去实地访谈身边人,了解与"立信精神"有关的人与事,以取得更好的教学效果。这有助于学生对"诚信"形成一种文化自觉,并在今后的审计实务工作中切身践行"立信精神"。

课程在内容上具备了丰富性,在载体上实现了多样性。为鼓励学生的探究精神,并检验课堂学习效果,我们鼓励学生将习近平总书记关于诚信和职业精神批示的理解、对审计监督的定位、"立信精神"与诚信文化的关系等内容拍成"职业道德情景剧",并在课堂上展播,分组进行点评、互评,教师进行总评。课堂展播取得了出乎意料的教学效果,学生的参与度高、主动性强、作品效果好,学生对习近平批示精神、诚信文化和职业精神的理解真正实现了"入脑入心"。

2. 设计理念

审计职业道德课程的讲授,切忌照本宣科,也不能生搬硬套和主观"硬塞",如果学生未深刻理解习近平批示精神的内涵、诚信文化的渊源等,就无法真正入脑入心。因此,如何将诚信文化的本质讲透彻,就成了课程的核心任务。为此,在习近平总书记对审计行业批示精神进课程的基础上,课程从中华优秀传统文化中汲取养分,让学生真正认识到诚信是做人做事之根本,也是个人审计职业生涯的根基。基于这一理念,我们对课程开展了以下的设计与实施工作。

(二)教学设计与实施

表1为"诚信文化与审计职业道德"教学设计一览表,上述五个模块分别从教学单元、课前准备、掌握要点、思考问题和讲授方式进行了完善的内容设计。课堂教学按教学设计依次展开,并对实施过程中出现的问题与学生的课堂反应及时进行教学设计调整。经过两个学期的课堂教学实践,该教学设计已经较为完善。

表1 "诚信文化与审计职业道德"教学设计一览表

知识模块	教学单元	课前准备	掌握要点	思考问题	讲授方式
中国传统"诚信"文化与社会主义核心价值观	"性本善"VS."性本恶"	了解人性（阅读清单）	对人性本质的理解（两面性）	人性是恶的还是善的	讨论式
	"儒道释"对诚信的认知 社会主义核心价值观	新闻查阅 中国哲学（阅读清单）	中国传统哲学关于"人"的探讨	中国传统哲学为什么历来都探讨人性	探究式
政府审计职业道德与服务国家建设	政府审计体制改革与服务国家建设的重大使命	新闻查阅	对审计属性的认识	为什么审计的政治属性是审计职能转变的基础	探究式
	政府审计职业道德与审计纪律 "八不准" "四严禁"	审计署网站（信息查阅） 新闻查阅	政府审计职能 政府审计职业道德与审计纪律的作用	政府审计人员的付出奉献是什么 政府审计为服务建设国家作了什么	讨论式
注册会计师审计职业道德与诚信建设	习近平总书记对注册会计师行业"主题主线"批示	新闻查阅 习近平谈治国理政思想	习近平总书记批示对审计行业发展的意义	习近平总书记批示为行业发展带来机遇了吗	讨论式
	审计职业发展的诚信基础 职业道德的具体运用与案例分析	注册会计师审计失败案例阅读（案例清单）	审计失败与审计职业道德缺失的关系	注册会计师行业健康发展对于我国经济中心上海的发展意味着什么	探究式
内部审计职业道德与组织治理	内部审计与组织治理 内部审计职业道德	治理、内部审计（阅读清单）	内审对实现组织良好治理的意义 内审职业道德的职能	组织的良好治理是实现国家治理体系与治理能力现代化的基础	探讨式
	案例分析 情景判断	案例收集与分析	案例与情景的判断	通过情景判断,如何理解内审与组织治理的关系	讨论式

(续表)

知识模块	教学单元	课前准备	掌握要点	思考问题	讲授方式
潘序伦"立信精神"的当代意义	立信精神的具体内涵与当代意义	文献检索 人物访谈（阅读清单）	阅读文献、理解感悟立信精神的内核	立信精神的内涵与当代意义有哪些	讨论式
	立信精神的体现 视频展播、评论	实地考察、交流、访谈	你身边有哪些体现立信精神的人物与事件	学生在立信体悟"立信精神"与诚信，会有更好的效果吗	讨论式 视频展播 点评互评

（三）教学实效与经验

目前"诚信文化与审计职业道德"已经在上海立信会计金融学院审计专业硕士课堂上成功实施了两轮，课程就教学成效对学生进行了访谈与问卷调查，学生普遍反映教学内容完善、教学载体得当，融入习近平批示精神对于理解诚信与职业精神帮助很大，在立信学习期间探讨"立信精神"的当代意义让人印象深刻，老师布置的探究式作业提升了学生的课程参与感与主动性，课程学习体会更加深刻。教学督导也反馈了课堂听课的意见，认为授课形式新颖、课堂氛围活跃、师生互动性强。这些教学效果的取得，是课程设计内容完善的体现，是教学载体与教学内容匹配的体现，更是习近平总书记重要论述"进课程、入头脑"的成功试点。

（四）课程设计的典型特征

1. 内容的创新

课程涵盖了诚信文化与职业道德，在将习近平批示精神融入教学设计的同时，外延到中华优秀传统文化、社会主义核心价值观和潘序伦"立信精神"，理清了政府审计、注册会计师审计与内部审计各自的职能定位，实现了内容上的创新。

2. 载体的多样化

根据研究生教育的特点，"满堂灌"式的教学效果不佳，本案例教学载体多样化，包括理论讲解、新闻查阅、文献阅读、案例分析、个别访谈、实地调研和作业展播等，学生学习的主动性、参与度大大提高，提升了教学效果。

3. 习近平重要论述进课程"自然而然"

习近平重要论述进课程是实现专业课程价值引领的重要方式，本课程的特点与习近平总书记关于审计的重要批示精神实现了有机融合，重要论述进课程"自然而然"，学生的接受度高、教学效果好。

三、思考与建议

诚信与职业道德的重要性不仅体现在审计学与审计职业，对于会计学与会计职业同样重要。目前上海开设会计、审计学本科和研究生专业的院校众多，对于如何讲好诚信与职业道德，如何结合各校自身独特优势和资源将习近平重要论述进课程，本课程设计提供了一个较好的示范,其课程设计与实施方式均具有较强的推广价值。

本课程经过了两个学期的教学检验,取得了很好的教学成效。下一步拟以问卷、访谈等方式征求审计专家、教学督导和学生的意见,进一步完善课程的教学内容设计与教学呈现方式。同时课程要持续跟踪党和国家关于审计的最新政策及社会上的审计热点事件,开展与国内审计专硕培养单位同类课程任课教师的学习交流,带领学生到审计实务界进行访谈交流等,不断充实课程内容,更新载体形式,以共享开放的心态完善课程的体系建设。通过后续课程的课堂教学,实现课程教学效果的进一步提升,为形成更具内涵、更具推广价值的典型案例奠定课程基础。

参考文献

[1] 中共中央编写组.中国共产党第十八届中央委员会第三次全体会议 中共中央关于全面深化改革若干重大问题的决定[M].北京:人民出版社,2013.

[2] 习近平.决胜全面建成小康社会 夺取新时代中国特色社会主义伟大胜利——在中国共产党第十九次全国代表大会上的报告[M].北京:人民出版社,2017.

[3] 习近平.高举中国特色社会主义伟大旗帜 为全面建设社会主义现代化国家而团结奋斗——在中国共产党第二十次全国代表大会上的报告[M].北京:人民出版社,2022.

[4] 冯友兰.中国哲学史:上下册[M].北京:商务印书馆,2011.

[5] 鲜光政,杨昶.传统文化全书(典藏精品版)[M].哈尔滨:黑龙江科学技术出版社,2012.

[6] 徐光寿.论潘序伦诚信教育思想的特点[J].思想政治理论课研究,2015(6):10-14.

[7] 窦瀚修,孙勇.在继承与创新中开创未来——会计创新赋能经济高质量发展暨潘序伦会计思想研讨会综述[J].新会计,2019(11):25-32.

[8] 何芹.潘序伦先生的审计思想之回顾[J].中国注册会计师,2009(8):87-90.

"中级财务会计"课程思政教学改革探究与实践

于雪彦 任凌玉 柳 青

一、引言

"课程思政"是近年来高等教育改革的重要突破口,可有效破解思政理论课与专业课程之间的分裂现象。2019年3月27日,习近平总书记在学校思想政治理论课教师座谈会上再次强调,要坚持显性教育和隐性教育相统一,挖掘其他课程和教学方式中蕴含的思想政治资源,实现全员全方位育人。从现状来看,会计专业课的课程思政普遍存在的不足包括:课程思政的框架体系尚不成熟,教学大纲中相关内容建设不够完整、具体,未能充分发挥教学指导的作用(张焕敬,2021);教学方法流于说教、缺乏亲和力,教学方式单调、不够现代化导致吸引力不足(梁值,2022);关于课程思政的元素,在普遍认同以诚信作为会计职业核心价值观的基础上,其他思政元素的认同度较为分散,讨论也相对较少(杨世忠,2017;殷俊明和章雁,2020)。本课程立足于习近平总书记重要讲话宗旨,以上海立信会计金融学院的国家级一流专业——会计学的课程教学为抓手,探索课程思政改革大背景下"中级财务会计"课程的教学改革问题。下文将通过四部分内容,分别阐述"中级财务会计"课程思政教学改革路线:课程简介、各章节课程思政元素、课程思政实践过程和课程思政教学反思。

二、课程简介

"中级财务会计"是会计学专业的核心专业必修课程,在会计学教学体系中起着承上启下的作用。本课程共96学时,6学分,教学分为两部分,于两个学期内完成。本课程的主要任务是使学生熟知财务会计的基本概念和理论,熟知并应用企业各类主要资产(包括应收款项、存货、固定资产和投资性房地产、无形资产、金融资产和长期股权投资等)、负债(包括应付和应交款项、银行借款、应付债券和预计负债)、所有者权益、收入、费用和利润等相关事项和交易的确认、计量及报表列示的原则和方法,学会编制财务报表。在专业教学过程中,本课程本着"立德树人"的育人目标,将最新的准则应用实务案例和资本市场典型思政案例融入教学中,使学生深刻理解会计职业道德的重要性,树立诚实守信、坚持准则的道德观念,并生发践行社会主义核心价值观的自觉性和主动性。

本课程为上海市高校市级重点课程,经过近20年的课程建设,已经比较成熟,目前有任课教师16位,团队中老中青梯队合理,均具备丰富的教学经验和高涨的教学热情。

三、课程思政教学框架设计

本课程以"立德树人"为基本出发点,以"三全育人"为指导,在专业课程教学中深入挖掘课程思政点,通过传统知识讲授与启发式教学、案例分析和小组讨论等教学方法结合,真正发挥全员全程全方位的育人功效。

本课程思政设计主旨可以概括为"一大宗旨、两条主线、三大场景、四项举措、五育目标",如图1所示。

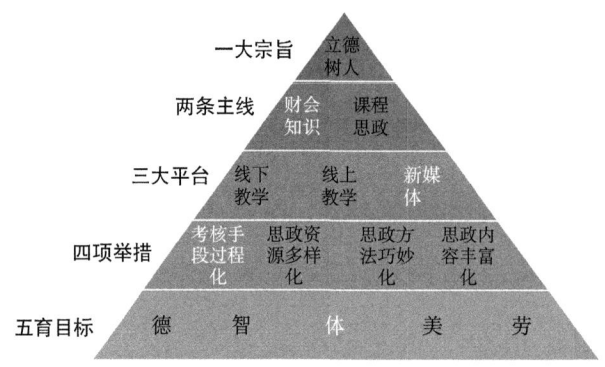

图1 课程思政设计主旨

其中,"一大宗旨"是指立德树人,坚持课程设计以学生为中心,注重学生思政教育,将职业素养与专业学习相结合,致力于培养具有较高政治觉悟的复合型、应用型财经人才。在"两条主线"中,财会专业知识学习为明线,按照专业模块组织实施教学,课程思政为隐线,在每一专业模块有机植入不同课程思政元素,如社会主义核心价值观、传统优秀文化、职业道德教育等,着力培养思想素质过关、专业能力过硬的新时代财经人才。"三大平台"为教学实施平台,传统线下教学仍是教学主阵地,"超星学习通"平台因为疫情冲击成为教学的另一重要平台,即线上教学平台,其功能越来越完善,成为线下教学的有益补充。此外,腾讯会议、微信学生群、微信公众号因其便利性和渗透性,以新媒体形式逐渐成为第三大平台。"三大平台"互为补充,充分发挥全员全程全方位育人的功效。"四大举措"分别指:考核手段过程化、思政资源多样化、思政方法巧妙化和思政内容丰富化。首先从考核手段改革开始,将单一的期末考核变为过程化考核,加入思政元素考核,引导学生重视过程化学习。思政资源多样化和内容丰富化,指加入的思政元素内容要与时俱进,最好是学生喜闻乐见的内容,补充影视作品和社会新闻中的思政素材,这样更容易启发学生。思政方法巧妙化是指融入思政元素的方式要贴近学生的兴趣,可适当借力,比如通过实地调研、专家讲座、编辑视频等形式,达到"润物细无声"的效果。"五育目标"是指以"德智体美劳"为培养目标,通过课程载体,使学生有担当、爱动脑、强体魄,并且懂审美、勤动手,在走上工作岗位后,能做到爱岗敬业、诚实守信、廉洁自律、客观公正、坚持准则,更好地顺应时代发展,并能践行社会主义核心价值观。

四、课程思政实施

1. 线上线下相结合的教学方式

首先,课程团队根据各单元的知识点,确定相应的课程思政主题,开发和编写对应的思政案例,收集和剪辑相关的思政视频。表1为各章课程思政主题。思政案例和思政视频上传"超星学习通"平台,供学生预习使用。其次,课前布置预习任务清单,预习内容包含章节知识点、课程思政案例以及课程思政视频,并在章节讨论中收集学生的疑难问题,教师根据这些问题调整教学内容及进度。最后,在线下课程教学中,组织学生分组讨论案例,并就案例形成案例报告进行展示。通过线上线下相结合的形式,可以强化知识学习与课程思政的渗透,增强学习效果。

表1 各章课程思政主题

章节	章标题	课程思政主题
第一章	财务会计基本理论	会计信息质量要求与会计职业道德的关系
第二章	财务会计规范体系	我国会计准则与国际准则的协同与中国特色
第三章	货币资金和应收款项	货币资金内部控制中的会计人员价值观问题
第四章	存货	存货发出计价方法选择与利润操纵
第五章	固定资产与投资性房地产	固定资产折旧会计估计变更与职业道德问题
第六章	无形资产	组织诚信与无形资产信息披露
第七章	金融资产	人为操控金融资产分类中的职业道德问题
第八章	长期股权投资	长期股权投资后续计量方法选择中的职业道德问题
第九章	资产减值	资产减值估计中的职业道德问题
第十章	应付和应交款项	应交税费会计核算对企业诚信依法纳税的重要性
第十一章	银行借款和应付债券	企业滥用借款费用资本化会计政策对财务报表的影响
第十二章	预计负债	或有事项充分披露对公司价值及相关利益者的影响
第十三章	所有者权益	企业虚假出资的危害及相关的会计责任
第十四章	收入和费用	收入确认与计量作为会计操纵的主要领域,对财务报表的影响和危害性
第十五章	利润	利润分配有关法律规定,利润分配依法合规的重要性
第十六章	财务报表列报	财务报表列报中的操纵和职业道德

2. 灵活多样的教学方法

课程思政教学中,说教灌输式教学无法产生好的教学效果,因此我们在实践中总结出灵活多样的教学方法,包括上市公司案例教学、结合校史文化、结合时事热点、结合实际生活等。下面仅以几个章节的课程思政实施为例说明"中级财务会计"课程的课程思政实施方法。

1）结合校史文化法

讲述"财务会计概述"小节时，介绍"中国会计之父"潘序伦先生。潘序伦先生创办的立信会计图书用品社（现"立信会计出版社"）、立信会计学校（"上海立信会计金融学院"的前身）和立信会计事务所，"三位一体"地推动了我国会计事业的蓬勃发展。教师通过组织参观校史馆、播放潘序伦先生生平事迹的影视资料、讲述潘序伦先生的"德智体美劳"五育目标等形式，唤起学生的家国情怀，增强其文化自信、国家自信和民族自信。

2）案例教学法

当讲述"会计信息质量"小节时，通过獐子岛和康得新财务造假行为及后果案例的讨论，使同学们认识到财务会计信息质量是资本市场健康发展的基石，在未来的财务工作中，一定要坚守诚实守信、客观公正、坚守准则的职业道德。

在"金融资产"章节，通过雅戈尔上市公司股票投资案例，反映金融资产分类中存在的主观操纵空间，引导学生思考会计主体可能存在的动机，增强其对职业判断重要性的认识，以及对会计职业道德的敏感性。

在"银行借款和应付债券"章节，通过渝太白公司案例中上市公司和会计师事务所关于借款费用费用化和资本化的争议，引导学生分析该会计政策应用对财务报表的影响，以及其进而导致的对利益相关者的影响，增强学生对客观公正等职业道德素质的认识。

3）实务专家引导法

当讲述"存货"章节时，除"超星"平台思政案例外，可以联系会计师事务所专家进课堂，讲述存货盘点要注意的事项，使学生意识到除了要有聪慧的大脑，还要有强健的体魄，才能更从容地应对财会工作，从而增强学生对体育的重视。通过"云参观"大飞机 C919 的制造车间，使学生"身处"存货制造的流程中，更敏锐地观察总结存货成本的构成、归集、结转等，设身处地感受成本计算和资产管理的重要性，深刻领悟会计职能之重要，以及尽心尽力、尽职尽责做好本职工作之意义。会计人对科技强国、创造中国的贡献，也激发了学生的民族自豪感，唤起了学生的学习热情，提升了师生积极参与实现"中国梦"的紧迫感。

4）结合日常生活法

当讲述"固定资产折旧"章节时，通过讨论固定资产的折旧影响因素，引导学生讨论如何延长个人固定资产（如手机、电脑等）的使用寿命，培养学生节用爱物的品德。

5）结合时事热点法

当讲述"无形资产"章节时，除"超星"平台案例外，可结合贸易战的大背景，讲述华为的研发投入，以及因其重视研发而渡过芯片制裁难关的案例，启发学生的创新思维，唤醒学生的民族自豪感，引导学生加强知识产权保护意识。疫情背景下，医药公司成为公众重点关注企业,通过讨论医药行业不同公司研发支出资本化会计政策差异所带来的经济后果,揭示背后存在的企业职业道德问题。

五、课程思政教学反思

"中级财务会计"课程思政基于"三全育人"的价值引领,提炼专业课程中蕴含的思政元素和价值范式,在不改变专业课程本来属性的基础上,将其转换为社会主义核心价值观具体化的教学载体,在专业学习的过程中融入核心价值层面的引领,引导学生"德智体美劳"全面发展。

本设计的创新点在于将"课程思政"作为一种教学思维,在教学过程中,"润物细无声"地对学生进行思想政治教育,将"立德树人"作为课程教学的首要目标,并与专业目标进行有机结合。

因课堂时间有限,学生课业任务重,一些可进行课程思政的知识点只是点到为止,难以进行充分的讨论。因此,可利用"超星学习通"平台,激发学生的学习兴趣,在线上平台进行更深入的探索,并将其纳入综合考评的组成部分。

参考文献

[1] 张笑.中级财务会计课程思政建设路径探究[J].对外经贸,2022(4):131-135.
[2] 关婧倩,陈英梅.中级财务会计课程思政教学实践探索[J].辽宁工业大学学报(社会科学版),2022,24(2):120-122.
[3] 张焕敬.基于VSBPC模型的中级财务会计课程思政建设[J].安阳师范学院学报,2021(6):153-156.
[4] 梁值."课程思政"视角下高校会计专业的职业道德培育探究[J].商业会计,2022(8):124-126.
[5] 杨世忠.诚信的价值——兼论会计职业群体的核心价值观[J].会计之友,2017(1):2-5.
[6] 殷俊明,张兴亮.会计学"专业思政"建设的思考与探索[J].财会通讯,2020(15):163-166,176.
[7] 章雁.关于本科"中级财务会计"实施课程思政教学的思考[J].商业会计,2020(7):103-105.

从预算收入看小康社会建设
——以大国工程建设投入为例

王冰洁

一、引言

近些年,全球首座十万吨级深水半潜式生产储油平台"深海一号"建造,首座深远海浮式风电平台"海油观澜号"投产,大藤峡水利枢纽主体工程提前完工,以及川藏铁路建设等大国工程设施陆续投入使用。这些大国工程项目建设力度强,覆盖面广,发挥了牵引示范作用,解决了重大民生问题。我国以大国工程夯实中国现代化强国基础,激发经济增长新动能。大国工程的背后是我国财政的大额投入,这些投入来自哪里,如何使用,如何在政府会计的财务报表和决算报表中体现,政府投入时如何进行会计处理是预算收入的学习重点。

政府会计作为会计学科体系的重要组成部分,记录着政府单位的经济活动,反映着政府履职行权行为、政府治理状况以及国家治理效率等信息。自2019年开始实施新的政府会计制度后,政府会计包括财务会计和预算会计。其中财务会计反映政府的财务状况、运行情况和现金流量等有关信息,反映政府会计主体公共受托责任的履行情况,有助于财务报告使用者作出决策或进行监督和管理。预算会计反映政府预算执行情况的相关信息,综合反映政府会计主体预算收支的年度执行结果,有助于决算报告使用者进行监督和管理,并为编制后续年度预算提供参考和依据。

另外,随着新的政府会计制度实施,培养政府会计人才的任务显得更为迫切。在人才培养方面,除了传授知识,还需要引领学习者树立正确的价值观。尤其是即将走上工作岗位的大学生,其思想意识还有待进一步成熟。党和国家将"立德树人"作为教育的根本,提出在传道授业解惑的同时,需要进行价值引领和文化育人。而课程思政为政府会计人才的培养提供了崭新的视角,讲好中国故事,将中国元素融入政府会计课堂。通过对价值观的塑造和启迪,赋予学生正确的人生观、价值观和世界观。

通过对政府会计的学习,学生能够了解政府单位的业务流程,以及财务、预算等相关状况。通过国家账本中反映的政府施政蓝图,培养学生的爱国主义情怀和社会主义核心价值观。通过观看视频、参与案例分析和话题讨论及阅读课外书籍,学生能够不断提高自身政治素养,明确学习目标,培养求真务实、积极向上向善的品德,为民族复兴和国家发展贡献自己的力量。将知识教育同价值观教育结合起来,使课程的专业元素与思政元素同向同行,形成协同效应。

二、思政教学设计

本文以预算收入为例,讲解预算会计的制度背景、预算收入的概况和预算收入的确认基础。其中重点讲解预算收入中的财政拨款预算收入和事业预算收入的核算。

本课程采用线上线下混合教学的形式,以 BOPPPS 为教学流程,ARCS 为教学模式。在课程讲解过程中,通过关注预算收入的来源,帮助学生深刻理解以人民为中心的小康社会建设的内涵,增强胸怀天下,爱国爱党爱人民的信念。

(一) 课前

课前,引导学生观看《辉煌中国》(圆梦工程),激发学生爱国热情和自豪感。视频中讲述了港珠澳大桥、天兴洲大桥、矮寨特大悬索桥等中国桥梁建设,南北水调、西气东输的国家资源运输网络建设,以及中国的高速铁路和高速公路建设,启迪学生对中国经济快速发展,正在实现现代化历史进程的认识。正是这一个个奇迹般的工程,托举起中华民族伟大复兴的中国梦。引导学生关注国家实施的伟大工程建设和国家战略,这些工程建设的背后是国家对人民美好生活的支持,是向中华民族伟大复兴目标的迈进。

请思考:观看影片后,对你影响最深的片段是什么?你所了解的近几年上海的基础建设都有哪些?影片中的中国桥梁和国家资源运输网络建设涉及哪些会计科目?

(二) 课中

课堂中,本次授课内容融入的思政知识点如下:

首先,了解《中华人民共和国预算法》(以下简称《预算法》)的改革背景和改革亮点。引导学生思考《预算法》的改革背后是党全心全意为人民服务的决心,启发学生思考国家的治理机制和国家政策的出台背景。

其次,在预算收入的概述中,教师除讲解内容外,引导学生探讨预算收入增加对政府单位的影响、政府预算收入的来源等问题,并请学生分享自身感受到的当前政府改善民生的举措或熟知的民生工程。

在讲解政府拨款预算收入时,播放《辉煌中国》(共享小康)节选视频《中国天网》。中国已建成世界上最大的视频监控网,视频镜头超过 2 000 万个。该系统成为守护老百姓的"眼睛",形成了立体化社会治安防控体系,为实现高水平"平安中国"建设目标迈出坚实一步。由此引导学生思考上述视频监控网主要服务于哪些部门,这些部门构建视频监控网时资金的来源,以及资金在拨付和支出时账务处理的流程等问题。

在讲解事业预算收入时,播放《辉煌中国》(共享小康)节选视频《中国教育》和《中国公立医院的改革》。其中,《中国教育》讲述了国家对贫困地区教育的助力,这些措施给予更多的贫困儿童接受教育的机会,并为在读学生提供免费午餐;《中国公立医院的改革》则讲述了取消所有公立医院药品加成的改革事例。这些视频可帮助学生了解国家在提高教育和改善医疗方面所采取的举措,增进学生对国家牢牢把握人民群众对美好生活的向往,让人民群众切实具有获得感、幸福感的理解。由此可请学生列举除教育和医疗外,亲身感受到的小康社会建设措施,并陈述实施前后的改变。

最后,引导学生思考在我国全面建设小康社会的过程中尚需完善的举措,如何通过预算收入反映这些措施的完善,以及预算收入如何在财务报表和决算报表中体现等问题。

(三) 课后

建议学生课后阅读《习近平谈治国理政》等书籍,观看纪录片《领航》,并鼓励有学习兴趣的学生收集相关有趣的短视频,选取其中的优质作品进行分享,引导学生关心时事政治,启发学生思考当前政府改善民生的举措,了解政府施政蓝图,培养学生的爱国主义情怀和社会主义核心价值观。此外,教师可引导学生阅读分析国家预算报告,了解我国政府施政惠民的举措,激发学生的家国情怀,使其自觉承担起"强国富民"的责任。最后,通过课后任务引导学生实践并设置小组展示环节,实现师生间的双向反馈。实践中的经验积累和价值塑造对学生提升自信心,吸收专业理论知识和培养思政素养均起到积极作用。

三、本次课程思政的特色及亮点

1. 课程思政融入多种教学模式,思政育人贯穿教学全过程

本课程采用BOPPPS教学流程和ARCS混合的教学模式,并将思政育人融入其中,彰显以学生为中心的理念。从课前学习收集资料,到课中发表感想,再到课下的阅读课外资料和进行生活实践,通过案例分析和启发式提问,将思政教育贯穿教学全过程,多方位多学科挖掘思政育人要素,实现全程育人、全方位育人。另外,在专业课程中加入思政元素,引导学生从国家视野思考问题,培养学生思辨精神,以及探索和"善治"思维。本课程将理论与实际结合,实现专业知识讲授、价值引领和能力培养"三位一体"的统一。

2. 充分利用线上教学平台,拓展思政育人空间

本课程建有丰富的思政资源库,库中含有纪录片、时政新闻等视频,以及课外阅读材料。教师根据授课知识点课前安排学生观看视频,课后组织学生成立兴趣拓展小组,进行课外阅读。将有限的线下教学拓展到线上,真正实现线上线下一体化混合教学。

3. 课程思政元素多元化

原有思政内容更多与诚信结合,政府会计核算对象是行政事业单位,因此课程更应该体现爱国、反腐、经世致用、国家现代化治理和社会主义核心价值观等思政要素。本课程对学生进行多方位教育,提升学生的思想高度、社会责任感,以及从国家角度思考问题的大局观。

4. 将课程思政纳入考核体系,凸显学生的综合素质

本课程将课前观看的思政视频,课中的思政研讨,以及课后的思政资料阅读均纳入平时成绩考核中,而且对于学生成绩的评定也更加注重其分析能力和综合素质。考核内容突破了传统的账务处理,更能体现学生的思辨能力,凸显学生综合素质。考核过程中还采用了生生互评的形式,对学生的组织协调能力提出了更高的要求。

四、需要继续完善的教学内容

(1)增加政府会计实务案例。此次课程的案例重点讨论了国家在基础设施建设和教育投入等方面财政拨款的情况,但是对事业预算收入讨论较少,案例库中关于债务预算收入和其他预算收入的相关内容也比较少。这可能与政府制度改革后实践时间短,案例较少有关,后期将增加这部分内容的案例和分析。

(2)充分挖掘各级政府报表信息。当前披露的政府报表更多是决算报表,属于汇总信息,而财务报表相对较少。这需要进一步完善报表信息披露,挖掘政府的决策能力和执政能力。学生在学习预算时,应突破理论知识,从全局视角分析预算的作用。

(3)丰富课程思政素材。在政府会计课程讲授中,需进一步从国家战略、国家政策、时政热点等方面挖掘思政元素,丰富思政素材,将专业知识与思政的时代性、开放性和引领性融合,实现政府会计课程的思政具体化和操作性,以形成该课程特有的思政体系。

参考文献

[1] 张军,王美英.《政府及非营利组织会计》课程思政教学改革探索[J].财务与会计,2022(23):21-23.

[2] 潘俊,崔珑,卞子咏.百年党史赋能政府会计国家治理功能发挥[J].审计与经济研究,2021(5):17-19.

[3] 郝秀琴.国家治理现代化视域下政府会计课程思政教学研究——以河南财经政法大学为例[J].河南财政税务高等专科学校学报,2023,37(1):70-73.

[4] 凌华,金玥,潘俊.思政教育与高校会计课程建设融合机理与路径[J].财务与会计,2022(12):31-35.

[5] 朱义令,史兹国."三位一体"教学目标下政府会计课程思政教学设计[J].商业会计,2023(7):122-124.

"财务管理案例"课程思政教学设计与实施

周 楠

一、引言

党的二十大报告指出,育人的根本在于立德。而全面推进课程思政建设是落实立德树人根本任务的战略举措和全面提高人才培养质量的重要任务。《高等学校课程思政建设指导纲要》指出,各类课程和教学方式中都蕴含着思想政治教育资源,经济学、管理学、法学类专业课程要帮助学生了解相关专业和行业领域的国家战略、法律法规和相关政策,引导学生深入社会实践、关注现实问题,培育学生经世济民、诚信服务、德法兼修的职业素养。如何将这些职业素养的精神元素融入课程建设,落实到课程目标、教学大纲、教材及课件、教学案例、作业训练等各教学环节,成为经济学、管理学、法学类专业教师需要持续研究并付诸实践的课题。

"财务管理案例"课程是经济管理类专业的一门实践平台必修课,课程内容聚焦于运用财务管理的基本原理、基本原则和决策方法,针对典型案例分析我国现阶段特有的资本市场现象,剖析各类财务活动背后各利益主体的价值取向。在财务活动中更能体现各主体的经济利益关系,各主体遵守财务伦理道德和法律程序及其对社会经济秩序的影响,因而在财务活动案例教学中采用学生乐见的教学形式实施思政教学,这更有利于在故事中融入思政元素,实现价值引导的教学目标。基于此,本文以"财务管理案例"课程思政建设为例,在理清"财务管理案例"课程有利于讲好课程思政的基础条件的前提下,凝练课程思政元素,研究课程思政的教学设计和实践路径。

二、讲好"财务管理案例"课程思政的基础条件

课程思政要好,课程首先要好。每门专业课都可以讲思政,但兼具知识传授与能力培养的、能推动学生自主学习和勤于思考的课程,更有利于让学生对课程中隐含的价值伦理产生认同,进而自觉形成责任感和使命感。"财务管理案例"课程具有讲好课程思政的基础条件。

(一) 全球资本市场为"财务管理案例"课程提供不竭的案例资源

"财务管理案例"是"财务管理"的后续课程,是在学生掌握财务管理基本原理、基本原则和决策方法后开设的实践必修课。它有别于"财务管理"课程大量的深奥理论、密集的公式计算,以及沉浸于理论和方法的满堂灌式课堂讲授,而是以具有时代性的实际案例讨论为主要授课形式。这种开放性、启发式、多元主体参与的讲课方式更容

易给学生自我思考、自我发掘、自我提升的空间和时间。特别是课程研究内容为财务投资、财务融资、资金运营、收益分配等各类财务活动的章节,以全球资本市场中财务活动运行成功或失败的真实案例作为研究对象,既有情景性,又有理论性,还有思想性。资本市场的财务活动层出不穷,随之出现的新知识、新挑战和新伦理困惑也是日新月异。源源不断的财务活动典型事件为"财务管理案例"课程提供了不竭的案例资源,也提供了新的理论视野和新的价值伦理话题。伦理问题不是只学习一些规则和知识就能够解决的,需要不断结合案例、启发思考、勤于判断。

(二) 企业财务活动决策过程贯穿决策者的价值取向

企业家的价值观念和偏好不仅影响企业的战略选择与调整行为,而且影响着企业价值观的形成。企业价值观是企业资源获取和利用的约束性因素,在快速变化的环境下,企业价值观在战略变革实施过程中的引领作用更加明显。学者们普遍认为,如重短期利益或重长期利益、好投机钻营或脚踏实地、迷恋权力或淡泊名利、喜好风险或厌恶风险、崇尚个人主义或集体主义、办事风格刚性或柔性、胆大妄为或谨小慎微、顾全大局或自私忘义等均属于价值观范畴。

财务投资、财务融资、资金运营、收益分配等财务活动都伴随着财务决策的过程,决策者的价值取向直接影响着财务战略实施的方向,进而最终影响财务战略实施的效果。例如,雅百特公司对外直接投资产生经营风险的案例,正是企业管理层在急功近利、不顾投资风险、罔顾法律等价值取向的引导下走向失败的典型案例。从事房屋美化维护工程的雅百特公司,在自身技术实力、资金实力有限的情况下,不顾海外市场地缘政治复杂、市场竞争激烈、材料和人工成本上升等诸多风险,加大在海外工程项目的投资力度。但终因自身实力无法抵御各种风险,而致使公司收益急剧下滑,出现现金流短缺的情况。在亏损导致可能被迫退市的压力下,公司管理层选择对外披露虚假盈利的财务信息,最终受到证监会处罚。对这一案例的剖析,一方面可以帮助学生拓展跨境投资政策的相关知识,另一方面可以引导学生思考雅百特公司管理层不当价值观对投资决策的影响,从而帮助学生塑造正确的价值观。

(三) 决策者的伦理自律和守法会促进社会经济秩序的稳定

为避免市场经济的无度与贪欲,需要良好的政治秩序架构和社会价值取向。如果会计信息严重虚假,社会经济结构的调整和经济利益主体关系的调整就会失去客观根据,实现社会经济的有序运行就难以得到保障。在没有制度约束的情况下,微观层面上的企业和个人无价值底线的财务活动行为,及其贪婪、无度、自私、违法等财务伦理观,就会汇聚成巨大的野蛮洪流,冲击社会经济秩序,造成社会的不稳定并直接动摇党的执政根基。例如,个人或企业非法逃避缴纳税款的行为会助长公民不讲诚信的社会风气,进而产生不公平竞争现象,破坏社会经济秩序,最终减少国家财政收入,损害国家利益。

因此,为维护社会经济秩序的良性运行,不仅要从国家层面健全法律制度并保障其有效实施,而且需让市场经济运行中的每个个体都能形成财务伦理和法律的自我约束意识。大学是培养未来人才的地方,在学生价值观养成上具有天然的责任。学生通过思政教育可明白一个浅显的道理:作为未来资本市场财务活动的参与者或主导者,只有具备正确的价值观、财务伦理和法律的自律意识,才能在资本市场长袖善舞,走得更远。

三、讲好"财务管理案例"课程思政的必要条件

(一)做好"财务管理案例"课程思政教学内容的设计

"财务管理案例"课程虽具有讲好课程思政的基础条件,但如果没有授课教师对教学案例中思政元素的挖掘,并在课堂中有目的性地引导学生思考,就无法达到促进学生形成正确价值观的目的。因此,课程思政教学内容的设计便是讲好课程思政的首要环节。"财务管理案例"课程是基于"财务管理"课程教学内容的主线,选取具有典型性、时代性、真实性、启发性特征的案例,再融入新的理论知识和法规制度政策,组合成其教学内容的一门课程。所以,"财务管理案例"课程思政主题一定不会脱离"财务管理"课程教学内容的思政主线。

1. 凝练出财务活动基础理论模块对应的思政主线

"财务管理"课程的主要教学内容由"一条主线""两大观念""四个模块"和"一份报告"构成。"一条主线"即财务活动主线,"两大观念"即货币时间价值和财务风险观念,"四个模块"即筹资活动、投资活动、营运活动和收益分配四大理论模块,"一份报告"即财务分析报告。其中筹资活动、投资活动、营运活动、收益分配四项财务活动既构成"财务管理"课程的最主要内容,也构成"财务管理案例"课程的内容模块。设计出四项财务活动的思政主线,可以应用于案例课程的思政教学。本文以"一心四观"为思政主线,将财务活动中蕴含的思政元素凝练成如图1所示的主题内容。"一心"即社会责任心,"四观"即投资活动的权衡和稳健观、筹资活动的诚信和适度观、营运活动的全局和节约观、收益分配活动的兼顾和公平观。

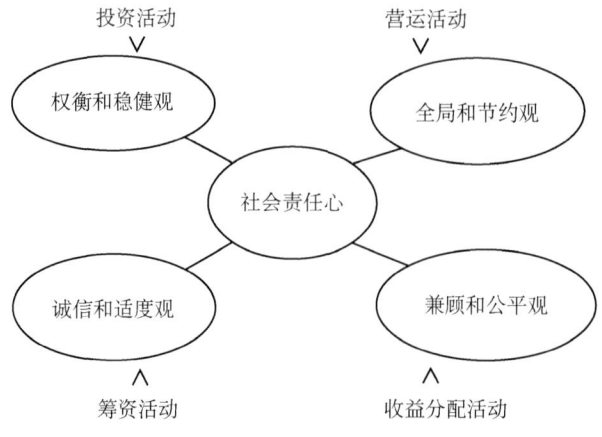

图1 "一心四观"思政主线

（1）财务活动——社会责任心。一切财务活动的出发点和归宿是实现财务管理目标。财务管理目标通常有四种观点：利润最大化、股东财富最大化、企业价值最大化和相关者利益最大化。这四种观点各有利弊，但如果财务管理目标过于关注企业或股东利益最大化，就可能忽略企业对社会应承担的责任。社会责任是一个组织对社会应负的责任，是道德层面的要求。企业在追求自身利益最大化的同时，还要为利益相关者履行社会义务，要关注消费者、雇员、政府等相关方的需求，也要关注环境保护、安全生产、社会道德以及公共利益等方面的需求。企业在履行社会责任时可能会在一定程度上降低自身的短期利益，但是，社会责任的履行会提高企业的社会美誉度，使企业获得更有利的经商环境和更长期的发展。所以，勇于承担社会责任的价值观应贯穿于任何财务活动的实施过程。

（2）投资活动——权衡和稳健观。投资是企业的战略决策，是企业为了获取未来收益而向特定对象投放资金的经济行为。它可以是对内投资，也可以是对外投资；可以是项目投资，也可以是证券投资等。无论哪种投资都不是企业程序化的管理，其涉及的资金较大，影响周期较长，投资价值波动较大，甚至会影响企业的规模和经营方向。因此，投资有风险，决策需谨慎。投资时切不可急功近利，只顾眼前利益，以投机的心理进行投资。在投资决策前应稳字当头，以审慎的态度对待一切可能的投资对象。对于不同的投资项目，应用科学的方法反复测算，权衡风险与收益，追求资产稳健增值。

（3）筹资活动——诚信和适度观。筹资是企业为了满足经营活动、投资活动、资本结构管理和其他需要，筹措和获取所需资金的一种财务行为。企业筹资有内源性筹资和外源性筹资两种类型。外源性筹资是从企业外部筹措资金，包括股权筹资和债务筹资。企业的对外筹资，不论采用何种筹资方式，最终都通过筹资行为向社会获取了资金，这会影响资金供给方的经济利益，进而影响着社会经济秩序。所以，企业依法履行法律法规和投资合同约定的责任，依法披露财务信息，诚实守信成为企业必须遵守的财务伦理。同时，任何从外部筹集的资金都有成本，都有因企业运营不当而产生无法归还的风险。所以筹措资金要适度，筹资规模应与资金需要量匹配。既要防止因筹资不足影响生产经营的正常进行，又要防止因筹资过多造成的资金闲置，成本增加。

（4）营运活动——全局和节约观。狭义的营运资金是指流动资产减去流动负债后的余额，因而营运资金管理策略就包括流动资产投资策略和流动负债的筹资策略。一方面要动态测算企业短期需要多少流动资产；另一方面需要考虑如何为需要的流动资产融资。流动资产余额通常随着销售额的变化而变化，销售额的稳定性和应收款的可及时收回性影响着流动资产的占用水平，包括货币资金、应收账款和存货等流动资产占用额。流动资产占用水平高低又直接影响流动负债的筹资额度，进而影响负债的成本。所以，实施营运资金管理活动需要有一个全局观，要通盘考虑企业销售的稳定性、产品的制造能力、供应链的应急能力，还需考虑应收账款的回收能力、短期负债的筹资能力。此外，财务决策者还需要有节约观，应处理好保证生产经营需要和节约资金使用成本之间的关系,在保证生产经营需要的前提下,尽力降低资金使用成本。

(5) 收益分配活动——兼顾和公平观。收益分配活动是企业通过经营活动取得收入并补偿经营成本后,缴纳所得税、提取盈余公积、向投资者分配利润的行为。这些收益分配行为是处理所有者、经营者、政府等各方面物质利益关系的基本手段。企业生产经营活动产生的总收益并不都归属于股东所有,所有为企业正常生产经营活动付出过的相关利益者都应该获得补偿,包括对企业员工劳动付出给予的薪酬补偿、对债权人提供债权资金提供利息补偿、对股东提供权益资金给予利润分配、对维护企业生产经营环境稳定的政府给予税收补偿。这是企业财务决策者应该拥有的要兼顾各方利益的价值观。同时,利益分配要体现"谁投资,谁受益"、平等一致的原则,收益的大小与投入的比例要相对等,体现收益分配的公开、公平、公正。这才能真正维护好投资者与利益相关者的关系,确保企业良性运行和发展。

2. 凝练出"财务管理案例"课程教学内容的思政主线

案例课程思政教学内容的设计逻辑如图2所示,以所选取的案例介绍为中心,一方面拓展理论知识,达到启大智的目的;另一方面引导学生思考案例中的思政元素,达到引大道的目的。具体分为三个步骤:第一,选择典型案例。以投资活动、筹资活动、营运活动、收益分配等财务活动为基础知识理论模块,选择具有典型性、时代性、真实性、启发性特征的案例;第二,确定需深度学习的理论拓展知识。根据案例涉及的理论知识,梳理出"财务管理"及其他前期课程未曾学过的知识点,进行重点介绍,以实现启大智的目的;第三,凝练案例涉及的思政元素。分析案例中涉及的利益主体在各类财务决策活动中支配其战略选择的价值观,凝练案例涉及的思政元素,引导学生树立正确的价值观,将学生引至大道。本文依据实际教学过程中选用的教学案例,设计出如表1所示的案例对应的拓展知识点及思政元素。

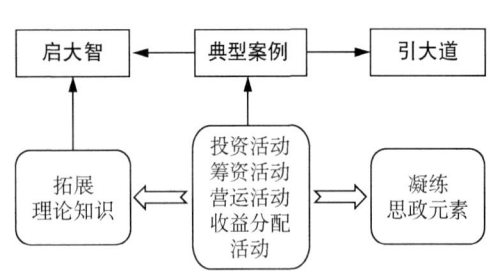

图2 案例课程教学内容的设计逻辑

表1 "财务管理案例"各模块案例对应的拓展知识点及课程思政元素

理论模块	案例	理论拓展——启大智	思政元素——引大道
投资决策项目投资	雅百特对外直接投资经营风险	对外投资政策	责任、权衡、稳健、诚信、风险、法治
投资决策并购与反并购	航天通信并购业绩承诺风险	并购业绩承诺、风险传导、业绩承诺监管政策、管理层舞弊	责任、权衡、稳健、法治、风险
投资决策并购与反并购	康达尔反并购	效率理论、市场势力理论、信息与信号理论、并购与反并购、前瞻性反并购策略、应激性反并购策略	责任、权衡、稳健、全局、协作、法治、风险

(续表)

理论模块	案例	理论拓展——启大智	思政元素——引大道
投资决策 并购与反并购	"万宝股权之争"	效率理论、市场势力理论、信息与信号理论、并购与反并购、前瞻性反并购策略、应激性反并购策略	责任、权衡、稳健、全局、协作、法治、风险、公平
筹资决策	优刻得科技科公司科创板IPO	科创板定位及IPO条件、定价机制、表决权差异	责任、诚信、权衡、法治、创新
	欢瑞世纪借壳上市	借壳上市、借壳上市制度	责任、诚信、适度、风险、法治
	微创医疗分拆上市	分拆上市、分拆上市制度	责任、诚信、适度、风险、权衡、法治、创新、务实
营运资金管理	美的集团营运资金策略	净现金需求、现金周转期、企业风险与企业收益权衡	责任、全局、节约、创新、风险、求真
股利政策	中国石油股利政策	股利不相关理论、信号传递理论、代理理论、税差理论、股利迎合理论、股利生命周期理论	责任、兼顾、公平、协作、共享
财务战略与公司治理	万科企业财务战略	财务战略、财务资源配置	责任、全局、发展、创新、协作
	中国联通的混合所有制改革	国有企业改革相关政策、国有企业公司治理问题、国有资本投资效率、协同效应理论	责任、公平、全局、发展、创新、协作

(二) 做好"财务管理案例"课程思政的课堂教学实施

推进课程思政需要进行教学方法的创新和丰富,案例教学法相对于平铺直叙地讲授书本知识更为新颖,能够拉近师生距离,便于教师对学生开展课程思政教育。但即便选择的案例具有典型性、故事性,如果没有教师精心的教学设计和课堂教学实施中的逐步引导,也无法达到让学生深度思考并获得提升的教学目的。表2展示了"航天通信并购业绩承诺风险"案例的教学过程设计内容。航天通信控股集团股份有限公司(以下简称航天通信)溢价并购了智慧海派科技有限公司(以下简称智慧海派)51%的股权,并获得了智慧海派管理层在未来3年的业绩承诺。依据此案例背景,采用启发式教学法实施课堂教学。在几个教学内容的关键节点,以启发式总结主要内容的基础上,引导学生思考更深层次的价值问题。

表2 教学实施过程设计

教学主题		并购与反并购——航天通信并购业绩承诺风险的案例分析
教学设计	教学目标	1. 拓展知识:业绩承诺及风险传导机制 2. 引导学生在学习案例企业并购过程的关键事件中识别出不当财务行为 3. 引导学生形成正确的价值观和法治观,提升识别风险的能力

(续表)

教学设计	教学重难点	1. 并购中的风险识别方法 2. 思政元素的凝练和引导
	教学过程	1. 课前线上平台提供案例阅读的基本资料,要求学生自主收集阅读案例中所涉及企业的基本情况 案例企业:并购方——航天通信、被并购方——智慧海派 2. 课堂理论教学——讲授 (1) 提问:什么是并购？什么是反并购？并购的类型有哪些？并购可能的目的是什么 (2) 讲解:什么是业绩承诺？并购业绩承诺下的风险传导机制是什么？我国针对业绩承诺的政策制度有哪些 3. 课堂案例教学——启发式教学 (1) 基本情况介绍——提问式总结 (2) 并购动因分析——启发式总结 　　——引导思考从并购动机看权衡和稳健 (3) 财务重述前后业绩完成比较——启发式总结 　　——引导思考从业绩的承诺看责任的担当 (4) 子公司财务造假的手段——启发式总结 　　——引导思考诚信和法治 (5) 如何通过财务指标识别财务舞弊——启发式总结 　　——引导思考理论必须联系实际,专业能力才能提升 4. 案例总结——引导思考,没有业务和企业文化的深度融合,企业并购能够走多远
	课后反思	"黄河旋风"公司并购失败的原因是否与本案例类似？你从两个案例中领悟了哪些道理？请形成报告
教学方法		案例教学法、启发式教学法、线上线下混合教学法
教学评价		课前:资料阅读——自主性学习评价 课中:引导提问和讨论——准确性评价 课后:分析报告——相关性和完整性评价
思政元素		责任、权衡、稳健、诚信、法治、全局、融合、学会理论联系实际

第一次价值观引导:以并购动因分析为切入点,引导学生思考如何从并购动机看投资策略的权衡和稳健。航天通信是在自身业绩严重亏损并存在退市风险的前提下开始并购智慧海派的,看重的是智慧海派短期的盈利能力及可能对并购方修饰利润的作用。投资的初始动机重视的是短期利益而不是长期利益,这样的投资缺少了对被并购方未来长期增长能力的考量和深度的跟踪研究。在追求短期利益和长期利益的权衡中选择了对短期利益的追求,这使投资缺失了稳健的基础。

第二次价值观引导:以财务重述前后业绩完成的比较分析为切入点,引导学生思考如何从业绩的承诺看责任担当。智慧海派的原管理层在获得高额股权转让收益时承诺了未来3年经营收益的目标。但结果是在承诺目标没有达成的情况下,以虚假财务信息修饰业绩,导致航天通信对外披露的财务报表出现重大差错,被证监会处罚并进行财务重述。有了利益就有责任,智慧海派在接受股权转让收益时就应该正确判断完成承诺的可能性,并以完成承诺为努力的方向,这是有责任担当的表现。当无法完成业绩承诺时则要将获得的收益如数返还,而不是采取造假的方式提供虚假业绩以骗取收益。如果因业绩未能完成而退还收益,则更能体现其责任担当的气度,更能获得投资者的尊重。

第三次价值观引导:以分析子公司财务造假的手段为切入点,引导学生思考诚信和法治的重要性。智慧海派在业绩未能如期完成的情况下,采用虚增代工业务、虚增研发收入、虚增出口以骗取国家出口退税收入等方式修饰财务业绩。这种不讲诚信、无视法律的行为,不仅损害了投资人的利益,而且损害了国家的利益,扰乱了社会经济秩序。智慧海派管理者最终被批捕是对其不法行为的惩罚,也体现了法治社会的公平和正义。

第四次价值观引导:以如何通过财务指标识别财务舞弊为切入点,引导学生认识到理论必须联系实际,专业能力才能提升。案例企业虽然有亮眼的虚假业绩,但也能通过发现经营现金流净额与营业收入趋势背离、存在巨额发出商品、应收款项占营业收入比重激增等异常数据,判断企业可能存在的问题。通过财务报表去了解一个企业的财务状况、盈利能力和未来的成长性,不能只看表象的数据。要深入分析企业所处的社会政治经济环境、行业产品生命周期和技术发展阶段、企业产品技术在行业中的地位等因素。引导学生从全局观的角度观察财务报表项目中存在勾稽关系的数据是否匹配。而不是仅利用理论上的指标公式进行对偿债能力、盈利能力、营运能力、发展能力的指标分析,这样的分析很难评估具有潜在成长性企业的真正价值,也不能发现一个良好指标背后的虚假现象。

第五次价值观引导:以对子公司控制失败原因的分析做最后的案例总结,引导学生思考没有业务和企业文化的深度融合,企业并购后能够走多远?航天通信并购后未能对智慧海派内部存在的问题进行梳理和整改,未能对子公司的业务模式和管理模式进行深入研究,未能将子公司业务的发展纳入母公司经营战略的大框架里,也未能逐步将母公司企业文化融入子公司的企业文化中。所以,没有业务和企业文化的深度融合,很难真正达到合作共赢的目的,企业并购后的携手之路难以走远。

四、讲好"财务管理案例"课程思政的支撑条件

(一)要充分发挥教师主体性作用

课程建设不是一个自然演进的过程,而是一个自觉的追求过程。该自觉性表现为以下三个方面:第一,教师要有正确价值观的自觉认知。教师不仅要对财务活动中应该拥有的财务伦理和法律约束有正确、清晰的认知,而且要有对思政教育形式的高度认同。第二,教师要有推动课程思政教学实施的责任担当。不仅要主动地在所教课程中实施思政教学,而且要对思政教学实施效果进行自觉反思和实时调整。第三,教师要有自主创新的意识。不仅要创新思政教学内容和教学方法,而且要有在课堂教学中观察教学效果并随机应变的教学智慧。

(二) 要充分发挥教学团队的协同作用

课程建设是一个长期的、需要多人协作完成的事业，是一个系统工程。思政教学设计和实施作为课程建设中的一项重要内容，要做好它就必须在课程建设的教学平台搭建、教学资源库建设、教学评价设计等方面融入思政教学的内容。作为课程建设任务主要组织者的基层教学组织，应具备统筹发展的眼光，有目的性地培育一个课程思政建设的教学共同体，有意识地孕育思政教学文化，建设思政教学所需要的教学资源平台和资源库。虚拟教研室是"智能+"时代的新型基层教学组织，它提供的跨校际间协同合作研究模式将会使课程思政教学获得更广泛领域的协同支持和合作，从而更好地促进课程思政建设效果和实施效果的提升。

(三) 要充分发挥育人环境的助力作用

课程思政教学改革的成效好坏除了受教师的主体性、教学团队的协同性影响，还会受到制度环境、文化生态环境和网络环境等外部环境的影响。例如，职称评审制度、绩效分配制度等是否向师德高尚、教学一线的教师倾斜，是否不唯论文论，这些都会影响教师自身价值观的形成，以及教师是否以教学为中心。文化环境受学校行政运行机制和学校领导者行为风格的影响，一位没有官本位思想，重视和尊重一线教师的领导，一股只崇尚教学和学术研究的校园风气，容易形成尊师重教的校园文化，进而容易将这种不讲名利的价值观传导进课堂，传导给学生。网络环境为搭建教育云平台提供了技术条件，学校加大教育云平台的建设，数字化的学习资源、翻转课堂的教学实现、师生间的实时互动交流、教师的跨校际交流便有了硬件环境的支持。总之，一个有利于尊师重教价值观形成的制度环境、文化生态环境和网络环境，会成为课程思政建设的助动力。

参考文献

[1] 习近平.高举中国特色社会主义伟大旗帜，为全面建设社会主义现代化国家而团结奋斗——在中国共产党第二十次全国代表大会上的报告[EB/OL].(2022-10-26)[2022-10-28].http://politics.people.com.cn/n1/2022/1026/c1024-32551597.html.

[2] 教育部.高等学校课程思政建设指导纲要[EB/OL].(2020-06-06)[2022-10-22].http://www.gov.cn/zhengce/zhengceku/2020-06/06/content_5517606.htm.

[3] 李蕉,方雯.课程思政中的"思政"：内核、路径与意蕴[J].思想教育研究,2021(11):108-113.

[4] 王孙禺,梁竞文.多学科视角下的工程伦理教育[J].清华大学教育研究,2017(4):9-12.

[5] 陈传明.企业战略调整的路径依赖特征及其超越[J].管理世界,2002(6):94-101.

[6] A. Huff, J. Huff, P. Barr. When Firms Change Direction[M]. Oxford: Oxford University Press, 2000.

[7] 王钦,赵建波.价值观引领与资源再组合：以海尔网络化战略变革为例[J].中国工业经济,2014(11):141-153.

[8] 经济参考报.市场经济不能缺失秩序架构与社会价值理念[EB/OL].(2017-10-17)[2022-10-22].http://www.jjckb.cn/2017-10/17/c_136685339.htm?from=groupmessage.

［9］王又民.论会计与社会经济秩序[J].会计研究,1993(5):33-36.
［10］胡琴.新时代思政教育融入财会专业的途径探索——以财务管理课程为例[J].长春师范大学学报,2022(9):162-192.
［11］许汉友,李媛媛,李莹.新时代会计学类课程的课程思政教学研究[J].财会通讯,2022(14):28-32.
［12］徐继存.学校课程建设的辩证逻辑[J].教育研究,2018(12):48-55.
［13］教育部.关于开展虚拟教研室试点建设工作的通知[EB/OL].(2021-07-20)[2022-10-22].http://www.moe.gov.cn/s78/A08/tongzhi/202107/t20210720_545684.html.

以学生为中心的财经核心课程思政建设
——以"财务管理"为例

巩 娜

一、引言

百年大计,教育为本。《国家中长期教育改革和发展规划纲要》是根据党的十七大关于"优先发展教育,建设人力资源强国"的战略部署制定的,旨在促进教育事业科学发展,全面提高国民素质,加快社会主义现代化进程。纲要中指出:把育人为本作为教育工作的根本要求。人力资源是我国经济社会发展的第一资源,教育是开发人力资源的主要途径。要以学生为主体,以教师为主导,充分发挥学生的主动性,把促进学生健康成长作为学校一切工作的出发点和落脚点。此外,2020年5月教育部印发了《高等学校课程思政建设指导纲要》。该指导纲要明确提出全面推进课程思政建设是落实立德树人根本任务的战略举措,同时课程思政建设是全面提高人才培养质量的重要任务。因此随着"00后"进入大学,如何在大学教育当中,梳理专业核心课程所蕴含的思想政治教育元素和所承载的思想政治教育功能,并将其融入课堂教学各环节,通过教学活动将以学生为中心和思政元素融入其中,在以学生为中心对学生进行专业教育的同时,加强对于学生的思想教育,提升学生的思想政治水平是非常值得注意和探索的问题。本文以"财务管理"为例,探索如何围绕以学生为中心,深度挖掘提炼专业知识体系中所蕴含的思想价值和精神内涵,将思政元素融入课程教学的过程,以期为学生思想道德素质、科学文化素质和健康素质的共同提高,以及增加课程的知识性、人文性,提升引领性、时代性和开放性提供一些思路与参考。

二、相关文献

(一) 以学生为中心的相关研究

有研究指出,以学生为中心的教学法在财经教学中取得了一定的成效,因此教师在财经教学中应该重视这种方法的应用,充分尊重学生的主体地位,使教师和学生在课堂中高效配合,提升课堂教学效率和质量(李娇娜,2023)。众多学者也以具体的课程为例,对以学生为中心的课程思政进行了实践与探索(刘婷,2023)。

有学者将以学生为中心与翻转课堂相结合,以翻转课堂为研究对象,结合其在高校"财务管理"课程教学中应用的可行性及关键点进行分析,就其具体的教学策略展开简要的探讨(刘娜,2022)。基于当前的课程教学困境,结合翻转课堂的特点,研究和分析了其应用于教学的必要性与可行性,并提出翻转课堂教学模式实施的注意事项。此外,学生的认可度与丰富的会计学相关线上资源为翻转课堂教学的实施提供了可能,而教师定位、教学内容分配、课程考核方式、培养目标及项目式教学引入则成为实施的关键点(余宇莹,2022)。

有学者将以学生为中心与反向设计相结合,以逆向教学设计理论为指导,从课程内容整体逆向设计和教学实施的局部逆向设计着手,尝试构建基于逆向教学设计的会计专业核心课程系统化设置流程(徐筱婷,2023)。另有研究提出基于反向设计的课程教学设计思路,教学分析时应围绕预期学习成果组织课堂教学,全方位构建立体化数字资源,支撑学生个性化学习,强调要根据预期成果做好教学评价(贺胜军,2023)。

还有学者将以学生为中心与混合式教学相结合,结合"财务管理"混合式教学改革实践过程,对该课程混合式教学模式的建构、实施过程、评价方式、教学效果及反思与展望进行深入探讨(袁艺,2022)。通过在教育教学活动中有效运用现代化网络信息技术,实现混合式教学模式的优化和改革,进一步提高教学效率和质量(洪杨等,2024)。

(二)课程思政相关研究

关于课程思政的相关研究较多,有的课程以"互联网+"背景下的课程思政教学改革为研究主题,以财经类具体的核心专业课程为例进行深入探讨(陈晨,2024)。另有学者基于人才培养的全局观,立足整个学校办学定位、专业特色、课程特点层面进行思考,充分挖掘课程思政元素,从教学方法、团队建设、教学内容设计和教学实践几个方面系统开展课程思政教学改革(张琴和王婷,2024)。

在"大思政"背景下,有学者研究了财务管理专业课程思政系统化建设的基本思路(刘芬和陈艳峰,2024)。针对财会类课程思政面临的现实问题,他们提出了专业思政的新解决方案,即"点—线—面"模型(PLS模型),创设描述了"课堂思政—课程思政—专业思政"由部分到整体的演进逻辑,建构展示了"专业思政—课程思政—课堂思政"由整体到部分的实践路径(鞠成晓和李红岩,2024)。

虽然研究以学生为中心的相关文献及课程思政的相关文献均比较丰富,但是结合以学生为中心,研究大学课程,特别是大学财经领域核心课程的思政建设却相对较少。

三、课程性质与特点的梳理

将思政元素融入课程教学过程的第一步是梳理相关课程的性质与特点。以"财务管理"为例,财务管理是经济管理类的一门专业必修课程,主要讲述对资本经营的管理,由"聚财、用财、生财"构成财务管理的全部内容。通过本课程教学使学生不断提高思想水平、政治觉悟、道德品质的同时,也能够掌握财务管理的基本原理、基本方法和基本环节,树立财务管理的基本观念。学生通过学习筹资管理、投资管理、运营资金管理、利润管理、财务分析等专业理论知识,了解企业财务管理制度及相关法规,初步具备从事企业财务管理工作的能力。这为学生未来进一步深入学习财务专业理论课奠定基础,并培养其成为德才兼备、全面发展的社会主义建设有用人才。

由于我国高等教育肩负着培养德智体美全面发展的社会主义事业建设者和接班人的重大任务,在本课程的教学过程中,应坚持正确政治方向,坚持不懈地培育和弘扬社会主义核心价值观,全面地、系统地阐述现代财务管理的基本理论、基本原则和决策方法。为了达到这样的目标,本课程不仅需要讲述公司财务领域中的重要理论概念,而且要在讲述基本原理的基础上,使学生能够在职业判断中践行社会主义核心价值观。在这样的价值观引领下,学生能够更加深入理解财务理论,并将理论运用到具体的实践中,掌握投资决策、融资决策和资产管理中的管理技巧。

为了使学生能够系统地掌握财务管理所必需的基础理论和基本知识,"财务管理"课程将正确的价值观贯穿于案例分析的各个方面。在讲授的过程中,需要从财务决策当中找到可能的道德困境,围绕这些道德困境展开对学生职业判断能力、投资融资能力、决策分析能力的培养,通过真实的案例使学生领悟未来财务决策所面临的问题,启发学生深入思考如何适应和胜任多变的职业领域。

四、思政元素资料的收集与整理

将思政元素融入课程教学过程的第二步是结合社会热点问题,进行思政元素相关原始材料的收集。以"财务管理"课程的讲授为例,为更好地了解企业的财务管理行为,教师通过各财政网站及上市公司网站,收集了各种情形下上市公司的典型案例。

这些资料既是合适的案例材料,又为思政元素教学提供了现实的材料支持。通过这些案例可以提炼出以下的思政元素:

一是政治认同与家国情怀。通过政府与企业面临困境时努力应对的案例,在讲解企业行为决策的同时,可以唤醒学生的家国情怀,切身体会到家国命运的密切联系。通过列举发生在大家身边的案例,使学生更容易产生情感的共鸣。

二是合作共赢的思想。在社会时代的约束下,没有任何一个人可以保证自身完全独立,绝对不与他人合作。社会主义经济市场健康长远发展的前提基础就是市场上各个角色的合作共赢。诸如社会捐赠等企业行为很好地体现了这种合作共赢的思想与行为。

三是公共精神与主体意识。针对具体的政策,如对企业为实现"碳达峰碳中和"的政府目标所采取的行为进行案例分析与讲解,可以帮助学生建立国家视角,树立主体意识,培养学生以国家利益、公众利益考虑问题的大格局观和社会责任感。

五、思政元素教学环节的融入

将思政元素融入课程教学过程的第三步是将思政元素融入教学环节。以"财务管理"为例,在讲授财务管理知识的同时,可以通过案例分析与主题讨论相结合的方式组织学生探讨我国企业具体的财务决策,探索将以学生为中心和思政元素融入专业教学活动中的路径。

例如,在"财务管理"第一章财务管理的总论中增加的"安然事件"等典型案例分析说明了企业存在的委托代理问题,另通过美国成功职业经理人的典型案例说明了诚信在现实工作与生活中的重要性。

在"财务管理"第二章财务管理基础知识中增加案例"拿破仑给法兰西的尴尬",通过历史事件的案例介绍,使学生深入了解货币时间价值,并树立正确的时间观念。

在"财务管理"第五章资本成本和资本结构中增加秦池集团的案例,通过介绍秦池集团的快速崛起及快速衰落,使学生深刻了解高风险及盲目决策所产生的经济后果,以加强学生作出重大决策的稳健性。

在"财务管理"第七章证券投资中增加证券投资领域四位违规交易的从业者的案例,包括法国兴业银行的科维尔、中国航油的陈久霖、住友银行的滨中泰男及大和银行的井口俊英,通过介绍这些从业者违规操作的行为及其对所在企业和个人的巨大影响,使学生了解违法违规的重大危害。

这些具体情境下公司案例的介绍与讨论,不仅使学生能够直观地了解企业的投资决策与财务管理行为,而且使其能更好地了解我国企业对社会责任的承担。学生通过分析讨论这些案例理解了企业家精神,树立起"人人为我、我为人人"的价值观,潜移默化地提升了民族自尊心、自豪感与社会责任感。

六、结论

在实际工作中,"课程教学"与"思想教育"常常被割裂,而且在课程教学中时有生搬硬套进行思政教育的情况出现,这就容易引起学生的反感。本文根据"财务管理"的课题特点,以学生为中心,以案例介绍与讨论的形式进行思政教育,以达到潜移默化的教育效果。此外,结合我国的社会现实,能够让学生实时了解我们国家及我国企业的经济行为,包括但不限于企业的节能减排,灾情当中的捐赠,企业家精神等。这种教育方式能够让学生在进行专业学习的同时,了解当企业与他人面对特定环境时的作为,以增强承担国家责任、社会责任和家庭责任的意识,培养自身的家国观念、公民意识以及青年责任。

本文以"财务管理"为例,构建了在突发公共事件背景下,以学生为中心的课程思政建设实践框架图,如图1所示。首先,梳理相关课程的性质与特点;其次,结合社会热点问题,进行思政元素相关原始材料的收集;最后,将思政元素融入教学环节,通过学生们的讨论与分析,以学生为中心,让学生从被动接受转为主动了解,将思政元素有机地融入财经核心课程教学环节当中。

综上,专业教育不能是单纯的理论教学,同时,思政教育也不能仅是思想政治教育。课程应当以专业知识作为载体,将精神文明建设融入其中,保证解惑和传道的同步进行,使学生精神与知识体系得以兼容。在当今全球政治经济格局日趋复杂的社会背景下,唯有把握好传统文化,树立中国特色社会主义的道路自信、理论自信、制度自信、文化自信才是正道。

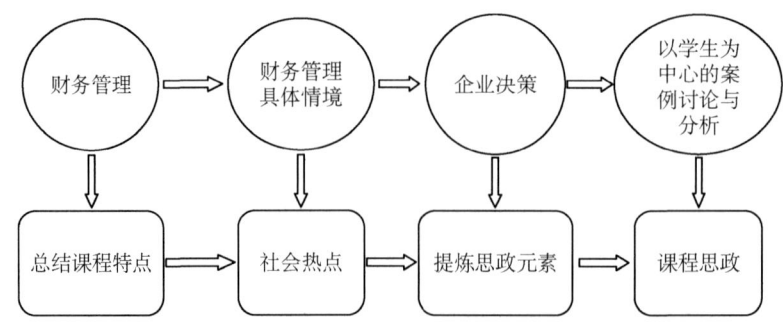

图1　突发公共事件背景下课程思政建设实践框架图

参考文献

[1] 李娇娜.以学生为中心教学法在财经教学中的运用研究[J].老字号品牌英雄,2023(1):175-177.

[2] 刘婷.以学生为中心的课程思政实践与探索——以"高级财务管理"为例[J].科学咨询(教育科研),2023(5):138-140.

[3] 刘娜."以学生为中心"理念下翻转课堂应用于高校财务管理课程教学刍议[J].才智,2022(19):92-95.

[4] 余宇莹."翻转课堂"在初级会计学教学中的运用研究[J].财会学习,2022(13):154-156.

[5] 徐筱婷.逆向教学设计在本科会计教学中的应用——以"中级财务会计"为例[J].科教导刊,2023(13):135-137.

[6] 贺胜军.基于反向设计的高职基础会计课程教学研究[J].广东交通职业技术学院学报,2023,22(4):89-93.

[7] 袁艺.以学生为中心的财务管理课程混合式教学设计与实践[J].会计师,2022(3):106-108.

[8] 洪杨,田丽开,吴丽娜,等."互联网+"背景下应用型本科院校基于学生为中心的混合式教学模式创新研究[J].创新创业理论研究与实践,2024(7):106-108.

[9] 陈晨."互联网+"背景下课程思政教学改革研究与实践——以成本会计为例[J].公关世界,2024(5):178-180.

[10] 张琴,王婷.应用型高校会计学课程思政建设探索与实践[J].山西大同大学学报(社会科学版),2024,38(2):125-129.

[11] 刘芬,陈艳峰."大思政"背景下财务管理专业课程思政系统化建设探索[J].西部素质教育,2024,10(7):77-80.

[12] 鞠成晓,李红岩.财会类课程思政到专业思政的演进逻辑与建构路径[J].会计之友,2024(7):156-161.

儒家经典在大学生心理健康教育中的实践路径探析

王 婧

中华优秀传统文化是中华文明的智慧结晶和精华所在,是中华民族的根和魂。由中共中央办公厅、国务院办公厅联合印发的《关于实施中华优秀传统文化传承发展工程的意见》中明确指出,围绕立德树人根本任务,遵循学生认知规律和教育教学规律,按照一体化、分学段、有序推进的原则,把中华优秀传统文化全方位融入思想道德教育、文化知识教育、艺术体育教育、社会实践教育各环节,贯穿于启蒙教育、基础教育、职业教育、高等教育、继续教育各领域。

传承和弘扬中华优秀传统文化,培育学生的社会主义核心价值观,培养堪当民族复兴重任的时代新人,是大学生思想政治教育的重要任务。大学阶段是青年学生心理发展的关键时期,也是心理问题的高发期。心理健康是身体健康、学习顺利、事业成功、人生幸福,乃至社会安定的基础。帮助大学生解决心理问题、提升心理健康水平是教育的重要任务之一。大学生心理健康教育作为思想政治教育的重要组成部分,是一个庞大的体系,包括教育教学、咨询服务、实践活动、预防干预、平台保障等各方面。将中华优秀传统文化融入大学生心理健康教育需要切实可行的实践路径和可落地的具体方法。在中华优秀传统文化中,儒家是主要代表,强调以人为本、经世致用,帮助人们解决学习、工作和生活中的实际问题。儒家所强调的孝悌忠信、推己及人、自强不息、修齐治平等思想道德理念是治疗当代大学生心理健康问题的一剂良药。

一、大学生心理健康方面存在的主要问题

(一)极端行为时有发生

在现实生活或新闻报道中,大学生极端行为时有发生,受到社会广泛关注。这其中既有个人在学习、情感方面的原因,也有家庭、学校、社会等其他方面的原因。青少年遇到上述问题,容易冲动,从而导致严重后果。正如《论语·颜渊篇》中所讲:"一朝之忿,忘其身,以及其亲,非惑与?"这句话的意思是耐不住一时的气忿,忘记了自己的生命安危,甚至牵连父母亲人,这难道不是迷惑吗?其最根本的原因是缺少对生命的敬畏之心。

(二)没有人生目标,随波逐流

目前,在大学生中还存在着没有人生志向、生活没有目标等问题,表现为对学习和

生活提不起兴趣,得过且过、随波逐流。在这样一种不良的生活状态下,学生更容易受到负面事件和负面情绪的影响,从而产生心理问题,如睡眠障碍、精神抑郁等。2017年中国青少年研究中心和共青团中央国际联络部发布的《中国青年发展报告》显示,我国17岁以下儿童和青少年中,约有3 000万人受到各种情绪障碍和行为问题的困扰。世界卫生组织预测,到2030年,全球儿童和青少年心理障碍还会增长50%,将成为致病、致残、致死的主要原因之一。

(三) 以自我为中心,人际关系差

现在的大学生多为"00后",多为家中的独生子女。他们从小在家庭的宠爱中成长,是家里的小王子、小公主,集体生活的经验少。这导致部分大学生存在以自我为中心,不顾及他人感受,缺乏集体观念,不擅于人际交往等问题。人是社会性动物,总是处于一定的社会关系之中,人际关系对于每个人来说都是非常重要的。不论是与父母家人、亲戚朋友、老师同学相处,还是与社会上形形色色的人打交道,都是对人际交往能力的考验和锻炼。当前人际交往障碍、人际关系差是大学生产生心理问题的主要原因之一。

二、儒家经典融入大学生心理健康教育的实践路径

如何才能解决上述大学生心理健康问题呢?《论语·学而篇》讲:"君子务本,本立而道生。"即解决问题时只要抓住事物的根本和关键,其他问题都能迎刃而解。心理健康的标准有很多,中外学者各有各的定义。本人认为心理健康主要是能够处理好两个方面的关系:一是能处理好和自己的关系,二是能处理好与他人的关系。首先是了解自己、接纳自己,做到情绪稳定、中正平和,即《中庸》所说:"喜怒哀乐之未发,谓之中;发而皆中节,谓之和。"在此基础上,能够推己及人,理解他人,擅于与人相处合作。下面主要从治学和修身两个方面来谈谈大学生心理健康问题的解决方案。

(一) 治学:学习儒家经典思想

1. 普及儒家孝道、生命教育等思想

对于大学生的心理健康教育,特别是应对一些突发事件,心理咨询和心理干预等手段都是必要的,但普及儒家孝道、生命教育等思想是治本的良方。百善孝为先,《孝经·开宗明义章》讲"夫孝,德之本也,教之所由生也",强调孝是一切道德的起始,所有的教化都是由孝推演出来的,所以孝道应该是我们德育的根本。"身体发肤,受之父母,不敢毁伤,孝之始也"。每个人的生命都源于父母,所以要特别珍惜爱护生命,不可轻率地使身体受到伤残,这是孝行最基本的要求。除了需要"杀身成仁""舍生取义"等大节外,每个人都应当爱惜自己的身体,珍爱自己的生命。

古时,《孝经》是家家户户幼童都要诵读的启蒙教材,珍爱生命的观念应当从小树立。对于大学生,我们要补上孝道这一课,树立基本的孝道观念。大学生的心理和生理都更为成熟,可以理解得更加深刻,意识到珍爱生命是任何时候都不能逾越的那道红线,必须要树立这种"底线思维"。

从伦理道德的角度来讲,孝道是子女基于父母对家庭的贡献,包括对子女的养育、

教育之恩,而对父母的尊重、敬爱、赡养等。除养亲、敬亲外,孝道的更高境界是"立身行道,扬名于后世,以显父母,孝之终也"(《孝经·开宗明义章》),也就是要努力奋斗,开创一番事业,来报答父母的养育之恩,为父母、家族、国家争光。在讲授孝道文化时,可以鼓励大学生积极践行,课后主动问候父母,关心父母身体健康,谈谈学习生活,唠唠家常等。在此过程中,学生不仅可以弥合代沟,而且能够体验到亲情的可贵,密切亲子关系。

2. 学习"修齐治平",明确人生规划

在经历了高中的紧张学习后,部分学生进入大学反而感觉"若有所失",压力释放了,又没有明确的目标和计划,因此会无所事事,浪费光阴,或沉迷于电子产品和网络。王阳明先生说:"志不立,天下无可成之事。"这方面我们可以从儒家经典中汲取能量。

《大学》的三纲是明明德、亲民、止于至善,八目是格物、致知、诚意、正心、修身、齐家、治国、平天下。八目是实现三纲的步骤,也是中国古人终生追求的人生成长路径。在现代社会,大学生即使还处于人生的思考摸索阶段,没有想好未来的职业规划和发展方向,但心中至少应该有"修齐治平"的人生规划。也就是说,首先是个人的治学和修身;未来要走向社会,建立家庭并管理好自己的家庭;要学会一技之长,做好自己的本职工作,在社会上立足;有能力的话,还要多做些对他人、对社会有利的事。有了"修齐治平"的人生规划,就不会感觉人生没有目标和方向,也会知道今后的人生之路应该怎么走,找到人生的"灯塔"。

3. 领悟"忠恕之道",处理好人际关系

人都是生活在社会中的,所以如何与人相处是一门非常重要的学问。良好的人际关系处理能力是立身处世最重要的技能之一。"仁"是儒家最高的道德标准,有着非常丰富的内涵。二人为"仁","仁"的主要含义之一就是人群相处之大道。"仁"是至高之德,但在生活中具体要怎么做呢?《论语·里仁篇》说:"夫子之道,忠恕而已矣。"也就是说,我们在生活中践行"忠恕",就是在行仁道了。正如《中庸》所述:"忠恕违道不远。"钱穆先生在《论语新解》中解释道:"尽己之心以待人谓之忠,推己之心以及人谓之恕。"由此可知,"忠"就是在生活、学习和工作中尽心尽力地对待他人。"恕"即"如心",如自己的心。人心相同,我们若能真诚地面对自己的心,就能将心比心,推己及人了。这就是《论语·卫灵公篇》所说的"己所不欲,勿施于人"。引导学生在处理问题时能够学会换位思考,设想自己遇到相同的情形时能否接受。如果自己都无法接受,也就不要以相同的方式对待别人。我们若能做到对别人的事尽心尽力,在与别人交往时,设身处地为别人着想,自然就会破除以自我为中心的毛病,那么人际关系怎么会处理不好呢?

关于治学的儒家经典主要是"四书"。朱熹针对阅读"四书"给出的指导意见是:"先读《大学》,以定其规模;次读《论语》,以定其根本;次读《孟子》,以观其发越;次读《中庸》,以求古人之微妙处。"所以大学生应学的儒家经典,首推《大学》和《论语》,如想

进一步深入,可以再学习《孟子》和《中庸》。

(二) 修身:积极践行修身为本

身处百年未有之大变局,面对纷乱交织的世界,应教导学生以内心的稳定,来回应和平衡外在的不确定,做到处变不惊,"每临大事有静气"。正如《大学》里强调的"自天子以至于庶人,壹是皆以修身为本",即上至天子、下到平民百姓,应一律以提高自身道德修养为根本。关于践行修身为本的方法,王阳明先生在《传习录》中讲到:一是静坐,息思虑;二是省察克治,去私欲。结合大学生的实际情况,建议可以采用以下较为可行的实践方法。

1. 诵读经典

现代人处于信息泛滥的时代,自媒体非常发达但良莠不齐,大学生由于处世不深,鉴别能力不强,容易被迷惑。我们应对信息进行过滤和选择,多接受正面、积极的信息,而儒家经典就是具有高能量的正面积极信息。

通过学习经典,不应仅满足于明白其中的道理,还要以文化人,把经典内化到自己的生命中,提升自己的身心状态。坚持每天诵读经典就是简单易行的好方法之一。诵读经典是与圣贤连接最直接有效的方式,也是一种修身养性的途径。《大学》《论语》《弟子规》等都是很好的诵读资料,大学生可以先从《大学》开始诵读,最好是在安静的环境中专心诵读,忙的时候也可以见缝插针,利用排队或乘地铁时等零碎时间默读。诵读时要保持精神专注、心无杂念。

2. 静坐修身

静坐是儒家十分重视的一项修身功夫。《大学》中的一段话精辟地总结了"静"对于人的作用:"知止而后有定,定而后能静,静而后能安,安而后能虑,虑而后能得。"静坐可以修身养性,有利于减轻压力和焦虑感,还能够增强记忆力和专注力等。静坐的功效已为国内外的多项科学研究所证实,更被一些心理学家发展为治疗抑郁症等心理疾病的重要方法。

提倡大学生每天静坐15~30分钟,早起静坐效果最佳,或选择在晚上睡前静坐。这对于平和情绪、缓解焦虑和压力等均具有积极作用。在平时忙碌、没有整段时间静坐的时候,可以见缝插针,坐在椅子上闭目养神2~3分钟,配合深呼吸,也会有一定效果。儒家的修身更多地体现在平时的行住坐卧中。我们在日常生活中要争取做到儒家的四大威仪:坐如钟,立如松,行从容,卧放松。读书时也是如此,朱子说:"学者读书,须要敛身正坐,缓视微吟,虚心涵泳,切己省察。"(《朱子语类·卷十一》)

3. 传统功法

静坐属于静功。大学生活泼好动,不一定能久坐,可以采用动静结合的方式进行锻炼。中国有很多传统功法,如太极、易筋经、八段锦等,这些功法通过缓慢的自主运动、全身伸展和放松、腹式呼吸练习、精神专注的练习等,可以全面地锻炼身心。太极拳等传统功法的练习有助于人们专注当下,缓解压力,减少负面情绪。大学生可以根据各自的兴趣爱好,选练其中一两种功法,增强锻炼的新鲜感和愉悦感。

4. 三省吾身

除了静坐等传统功夫,三省吾身是修身的关键。三省吾身出自《论语·学而篇》,曾子曰:"吾日三省吾身:为人谋而不忠乎?与朋友交而不信乎?传不习乎?"求诸己是儒家的处事原则。子曰:"君子求诸己,小人求诸人。"孟子也说:"行有不得者,皆反求诸己。"求诸人寸步难行,改变别人非常困难。人真正可以改变的只有自己,只有先实现自我改变,才有可能影响别人。所以三省吾身既是改变和提升自己的重要方法,又是一条修身的实践途径。

曾子反省自己的三件事是谋忠、交信和传习,王阳明先生的省察克治主要是去私欲。对于当代大学生来说,省察的内容可以根据个人的情况有所不同,可以是追求的品德和目标的践行情况,也可以是学习和生活中重要事情的完成进度等。最好能做到每天三省(早省、午省和晚省),不断地反省、总结、纠正、提升自己。儒家修身的目标是"止于至善",即要求我们努力的过程要一直处于追求"善"的状态中。一直保持良好的生命状态,这才是反省的目的。

大学生可以根据自身情况选择以上各种修身方法,建议坚持每天 30 分钟进行诵读和静坐。如果能够做到每天"静以修身",每天诵读《大学》中的"诚意正心""日新又新",那么身心状态将会受益良多。儒家经典及其修身的方法注重中正平和、标本兼治,效果不一定立竿见影,但久久为功,只要坚持不懈,必将受益终身。治学是基础,修身是核心与重点,大学生将儒家经典运用于日常学习和生活,不仅有助于解决心理健康问题,更可以培养自强不息、止于至善的人生态度。

三、重视加强国学经典教育和文化传播

大学应充分重视加强国学经典教育和中华优秀传统文化传播。将国学经典教育纳入通识教育课程,编制相应的教材、教辅材料,包括经典文献阅读、经典思想研究、传统文化解读等,让学生有更多机会了解、感受、体验中华优秀传统文化;将国学经典思想融入专业课程的教学中,使其作为课程思政的重要内容,与专业实践相结合,深化学生对国学经典思想的理解和应用,有助于培养学生的专业精神、职业道德和综合素养。举办国学经典讲座、学术研讨会、文化展览等活动,邀请专家学者进行专题讲授、座谈交流、沉浸式教学等,引导学生在深入理解国学经典的思想内涵和文化价值的基础上能够活学活用,解决现实生活中的实际问题。利用现代科技手段,采用大学生喜闻乐见的方式,通过互联网和新媒体平台,建立国学经典的在线教育资源和文化传播平台。平台提供丰富多样的学习内容,包括文字、图片、音频、视频等形式;提供互动学习环境,通过在线讨论、问答社区、学习社群等功能,提高学习的灵活性、趣味性和互动性。开展形式多样的文化活动和体验项目,如戏剧扮演、历史故事、诗词比赛、书法展示、服饰表演、古韵礼乐等,鼓励学生成立国学研究、经典诵读、民族器乐、传统书画等社团,亲身体验中华优秀传统文化的魅力。

曾子曰:"士不可以不弘毅,任重而道远。仁以为己任,不亦重乎?死而后已,不亦

远乎?"大学生思想政治教育是一项系统工程,中华优秀传统文化复兴也是任重而道远。在大学生心理健康教育中融入儒家治学和修身的内容,不仅可以提升大学生的身心健康水平和综合素养,增强大学生的社会责任感和民族自豪感,引导大学生树立正确的家国观、人生观、价值观,培养德智体美劳全面发展的社会主义建设者和接班人,而且对于中华优秀传统文化的传承和发扬光大也具有重要的战略意义。我们要坚定文化自信,用中华优秀传统文化培根铸魂,培养堪当民族复兴重任的时代新人。

参考文献

[1] 李文道.对症下药,提升儿童心理健康水平[N].光明日报,2020-12-01(13).
[2] 胡平生.孝经译注[M].北京:中华书局,1999:33.
[3] 钱穆.论语新解[M].北京:三联书店,2019:90.
[4] 王阳明.传习录[M].郑州:中州古籍出版社,2008:71.

红色会计文化融入财经类高校课程思政的思考

夏 昱

一、引言

习近平总书记在党的十九大报告中指出,文化是一个国家、一个民族的灵魂。文化兴国运兴,文化强民族强。高校课程思政要充分融入中国传统文化基因,发扬中华民族优秀文化传统中蕴含的教育思想,落实文化育人的内涵和功能,实现立德树人根本任务。红色会计文化是红色文化的重要组成部分。财经类高校在开展课程思政的过程中,充分运用红色会计文化资源开展育人工作,赋予了红色会计文化新的时代内涵,激活了红色会计文化的现代价值,使课程更加符合财经专业特点,创新了文化育人新模式。

二、财经类高校红色会计文化育人的理论基础

(一) 红色会计文化的内涵意蕴

红色会计文化是红色文化的组成部分,符合红色文化的基本特征。从形态上看,它以马克思主义为指导,以实现共产主义为目标,将马克思主义的先进理论与中国传统会计文化思想相结合,形成了一种独特的文化形态。从内容上看,红色会计文化遵循社会主义核心价值观的引领,包含各种不同形式的红色会计文化资源,包括红色会计人物、经典故事、英雄事迹、道德理念等内容,蕴含着红色会计精神。例如,作为中国现代会计学重要奠基人之一的"中国现代会计之父"潘序伦先生,不论是其本人的事迹,还是其倡导的会计文化精神,以及其创办的"三位一体"立信会计事业版图都是红色会计文化的典型代表。

(二) 红色会计文化的育人价值

红色会计文化是孕育当代财经专业大学生文化自信的重要依托,红色会计文化蕴含着丰富的文化价值和历史内涵,是广大财经专业大学生传承价值力量的精神基石,是落实立德树人根本任务的精神内核,是践行社会主义核心价值观的重要途径。红色会计文化包含了我党领导全国各族人民在长期经济建设领域的革命和改革实践中积累的丰富经验和典型故事,是财经专业大学生客观全面认识国家财会发展历史的重要途径,红色会计文化的继承和发扬是坚定财经专业大学生道路自信的必然选择。它不仅能激活财经专业大学生的红色文化基因,而且使其不断坚定理想信念,成为其文化自信的重要支撑。

(三) 红色会计文化中的课程思政元素

红色会计文化蕴含了丰富的精神道德内涵，为财经类高校课程思政提供了大量教学资源。财经类高校肩负着财经人才道德教育的使命和责任，这关系财经人才的价值观塑造和内在道德品质培养。红色会计文化以马克思主义为核心的先进文化作为引领，与社会主义核心价值观高度契合，对于培养财经专业大学生的高尚道德品质和财经职业道德修养具有重要的意义和价值。红色会计文化是财经专业文化传承的重要途径，有助于增强财经专业大学生对专业发展历史的情感认同和意识回归。尤其是在经济全球化的大背景下，它能够帮助财经专业大学生有效应对来自经济领域的复杂道德问题，更加坚定正确的政治价值方向，坚守财经职业道德原则，筑牢财经人才的道德底线。

三、红色会计文化融入财经类高校课程思政的现状

(一) 红色会计文化教学资源系统性不足

红色会计文化作为红色文化的重要组成部分，彰显了中华传统文化基因，是文化自信的重要体现，也是财经专业大学生职业价值观养成的重要参考，有助于财经类高校课程思政的有效推进。但是，当前关于红色会计文化教学资源的挖掘和凝练不足，财经类高校尚缺乏较为系统和完善的相关教材资源。现有的教学资源主要以红色会计人物、红色会计相关史料、红色会计历史故事为主要内容，大部分资料为相关学者的研究论文和研究收集的史料记载等，且以上资料主要用于学术研究、党建工作、校园文化活动等，尚未形成系统性的教学资源体系。

(二) 与财经类专业课堂结合不够紧密

红色会计文化在融入财经类高校课程思政的过程中，依然存在融合不够深入、不够紧密的问题。尤其是在专业课程的课堂教学中，基于专业课程的教学特点，任课教师将教学重点更侧重于专业理论实践方面，而对于红色会计文化中的育人资源使用和挖掘较少。同时，由于前文提到的红色会计文化相关教学资料不足，红色会计文化在课程思政融入环节中遇到了困难。

(三) 红色会计文化的育人圈覆盖范围不广

红色会计文化在融入课程思政的环节中，依然存在学生参与度不高、覆盖面不广的问题。红色会计文化中的教育资源不仅体现在与财经专业相关的领域，也应在高校德育的其他环节得到体现。红色会计文化在融入财经类高校课程思政的过程中，更多地聚焦于专业课程领域，对于课程思政的认知和思维依然存在一定的局限性，涉及财经人才培养的其他领域和环节覆盖面不广，导致学生获取红色会计文化资源的机会不够。

四、红色会计文化融入财经类高校课程思政的必要性

(一) 社会主义核心价值观教育的需要

社会主义核心价值观是高校思想政治教育的核心，坚定社会主义理想信念，是思

想建设的核心内容,是思想政治教育的根本任务。因此,社会主义核心价值观为红色会计文化融入财经类高校课程思政提供了基本的价值参考,尤其是其中的"爱国、敬业、诚信、友善"价值观,重点围绕公民个人层面提出了价值准则要求,红色会计文化中所蕴含的理论及实践元素能够充分契合以上价值导向,符合高校财经人才道德品质培养的基本要求,是开展课程思政的重要载体。

(二)当前财经专业大学生职业道德教育的需要

红色会计文化本身具有较强的专业性特点,与财经专业特征相一致。将与财经专业相关的红色会计文化融入课程思政,有助于培养和提升大学生的财经职业道德素养,促进财经专业大学生的个体德性养成。财经专业大学生是未来国家财经人才的重要蓄水池,运用红色会计文化资源开展教育引导,使其能够融入专业学习和实践的各个阶段,进一步提升课程思政的生动性、有效性,从而提高课程思政的育人成效。

(三)红色会计文化对高校文化育人发挥的促进作用

依托红色会计文化开展财经类高校课程思政,能够充分发挥红色会计文化教育中的实践性特征,在潜移默化中发挥高校文化育人的功效。红色会计文化既是中国会计历史文化传承的瑰宝,又是我党领导全国各族人民取得财经历史发展成就的经验总结,不论是对于人才教育培养还是财经行业的未来发展都具有重要参考价值。充分依托红色会计文化开展课程思政教育,有助于推动财经专业大学生正确价值观的树立和培养,使大学生在内心形成一种精神依托和目标,激发他们自我提升的动力,满足大学生精神层面的需要。

五、红色会计文化融入财经类高校课程思政的创新路径

(一)推进红色会计文化教学资源库及师资队伍建设

红色会计文化融入财经类高校课程思政,一是需要完善教学资源库建设,形成系统的教材内容和教学体系;二是要培养教师的红色会计文化素养,通过学习培训等方式,提升教师群体对于红色会计文化的认知和理解;三是要引导专业教师结合专业特点,系统梳理红色会计文化教学资源库中与所讲授课程相契合的课程思政元素,并通过一系列教学设计,将红色会计文化恰当地融入课堂教学中,促进课程思政教育更加规范和深入;四是要开发红色会计文化的线上课程,通过微课程、红色会计文化影视作品等形式进一步丰富红色会计文化教学资源库,使之成为课程思政教学的重要组成部分。

(二)创新教学方式,提升红色会计文化融入课程思政的教育效果

将红色会计文化融入高校课程思政需要不断创新课堂教育教学方法,进一步明确教育载体、教育途径和教育手段,有针对性地调整教学策略。通过采用案例教学、模拟教学、演讲讨论、角色扮演、影视分析、讲座分享等多种形式的教学手段,增强教学吸引力,帮助学生从对红色会计文化的理论入手逐步深化认知,最终实现财经专业大学生的知行合一、内化于行。此外,要不断增强红色会计文化在第一课堂、第二课堂的教育

联动作用,将红色会计文化与校园文化活动有机结合,在专业实践比赛和活动中充分利用红色会计文化资源,推动课程思政在不同育人课堂领域的全面覆盖。

(三) 开展专业实践活动,引导学生在实践中领悟红色会计文化

将红色会计文化融入课程思政实践环节,旨在实现财经专业大学生个体的德性养成,培养其高尚的财经职业道德品质。财经类高校在开展课程思政的过程中,应当结合财经专业应用型特点,充分运用专业实践平台,让学生在专业实践活动中领悟和思考红色会计文化的价值和意义。例如,上海立信会计金融学院会计学院一直致力于开展红色会计文化研究,在会计名人大师剧《潘序伦》中,有多场剧目都涉及会计人员恪守会计职业道德的内容。以上红色会计文化元素充分符合专业实践的特点,有助于引导学生在开展专业实践活动的过程中,潜移默化地受到红色会计文化中育人力量的感染,依托专业实践过程深化对红色会计文化的认知,促进个体财经职业道德品质的养成。

(四) 融入人工智能元素,增强红色会计文化教育吸引力

红色会计文化融入财经类高校课程思政需要不断创新,以符合新质生产力的发展要求。通过融入人工智能等信息化、数字化元素,有效丰富教育形式,增强教育生动性。例如,在红色会计文化观影活动中采用VR观影模式,可增强学生沉浸式体验,使红色会计文化教育活动更加鲜活。此外,财经类高校在对红色会计文化教育的研究和开展过程中,可以借助信息技术手段对红色会计文化中的史料资源进行数字化采集和修复,将一些已经消失的红色会计文化历史以数字化手段再次多维呈现,从而增强红色会计文化教育的吸引力。

习近平总书记强调,我们是中国共产党领导的社会主义国家,这就决定了我们的教育必须把培养社会主义建设者和接班人作为根本任务,培养一代又一代拥护中国共产党领导和我国社会主义制度、立志为中国特色社会主义奋斗终生的有用人才。财经类高校肩负着为国家培养未来财经人才的重任,"为党育人、为国育才"使命在肩,应当坚持立德树人的根本任务,结合专业特点,发挥红色会计文化育人优势,创新红色会计文化育人路径,切实将红色会计文化融入财经类高校课程思政建设,努力为国家培养具备坚定政治立场、扎实专业能力的财经专业人才。

参考文献

[1]《习近平总书记教育重要论述讲义》编写组.习近平总书记教育重要论述讲义[M].北京:高等教育出版社,2020:11.

[2] 张耀灿,郑永廷,吴潜涛,等.现代思想政治教育学[M].北京:人民出版社,2006:150.

[3] 中共中央党史和文献研究院.习近平新时代中国特色社会主义思想专题摘编[M].北京:中央文献出版社,党建读物出版社,2023:176.

关于高校教学质量评价

——学生评教现状分析

冯可欣

一、引言

随着教育的发展,人们对教学质量的关注度越来越高。学生作为教学的直接受益者,他们的反馈被认为是评价教学质量的重要依据。同时,教育民主化的理念推动了学生评教的产生。学生评教让学生有机会参与到教学管理中来,提高了教育的民主性。评教是加强师生沟通、促进教师改进教学、提高教学水平的重要手段,也是学校进行课程教学质量监控与评价的重要依据。

二、学生评教现状

学生评教在我国高校中的实施情况因地区和学校的不同而有所差异,但总体来说,学生评教已经成为高校教学质量管理的重要组成部分。大多数高校都有实施学生评教的制度,学生评教通常在每个学期结束时进行,评价的内容包括教师的教学方法、课程内容、教学态度等。学生评教的结果可以为教学改进提供指导。通过分析学生的反馈,可以发现教学中存在的问题,从而进行改进。随着科技的发展,许多高校已经采用在线评教系统,学生可以在网上匿名完成评教,这不仅方便了学生,而且方便了数据的收集和分析。一些学校还会公开评教结果,以增加评教的透明度。学生评教也是教师绩效评估的重要组成部分。通过学生的反馈,可以了解教师的教学水平和教学态度,为教师的绩效评估提供依据。

A学院是上海市某应用型本科高校中学生规模最大的学院,其评教数据有一定代表性,本文以其2022年评教数据为参考,具体分析目前我国高校学生评教现状。22-23-2[①]学院参评教师学生评教等级分布如表1所示,22-23-2、22-23-1学院任课教师学生评教情况如表2所示,22-23-2学院参评课程学生评教等级分布如表3所示。

表1 22-23-2学院参评教师学生评教等级分布(148人)

优($88 \leq \alpha \leq 100$)		良($78 \leq \alpha < 88$)		中($68 \leq \alpha < 78$)		合格($60 \leq \alpha < 68$)		差($\alpha < 60$)	
人数	百分比	人数	百分比	人数	百分比	人数	百分比	人数	百分比
98	66.22%	50	33.78%	0	0	0	0	0	0

---

① 注:22-23-2是指2022至2023学年第2学期;22-23-1是指2022至2023学年第1学期。

表 2 22-23-2、22-23-1 学院任课教师学生评教情况

学院任课教师学生评教	22-23-2	22-23-1	对比
参评教师学生评教平均分	89.78	87.47	↑2.31
参评教师学生评教优良率	100%	100%	0

表 3 22-23-2 学院参评课程学生评教等级分布(536 门次)

优($88 \leqslant \alpha \leqslant 100$)		良($78 \leqslant \alpha < 88$)		中($68 \leqslant \alpha < 78$)		合格($60 \leqslant \alpha < 68$)		差($\alpha < 60$)	
门次	百分比	门次	百分比	门次	百分比	门次	百分比	门次	百分比
322	60.07%	193	36.01%	19	3.54%	1	0.19%	1	0.19%

三、问题分析

根据 A 学院 2022 学年评教数据,A 学院分析得出结论:学生对学院教师整体评价良好。参评教师学生评教优良率为 100%,第二学期参评教师的学生评教平均分较第一学期有所上涨,这表明学院在教学质量上取得了一定的进步。然而,在认真分析学院评教数据,并与相关老师和学生进行充分沟通后,学院发现仍存在以下主要问题:

(1) 评分较低的部分课程为专业核心课程,例如,某课程总体评分较低,可能是由于该门课程难度偏大,部分同学在学习上遇到一定困难,从而影响了学生评分。

(2) 部分老师存在与学生沟通不及时的问题。有的教师在授课时没有关注学生的理解情况,且未能及时回答相关疑问,导致课堂反应不热烈,从而拉低了评教分数。

(3) 部分教师要求较为严格,对待学生作业较为认真,考核项目较多,这使某些学生感觉被教师故意针对,因此在评教打分时给出低分。

(4) 部分青年教师在授课方法上还缺乏经验,导致学生觉得教学质量不高,故而影响了评教分数。

在完成对相关原因的分析后,学院研究讨论,提出以下整改措施,并计划于 2023 年评教前完成整改:

(1) 对近年评分相对偏低的教师进行询问,关注教师反馈,帮助教师提高教学质量。

(2) 鼓励各教研室、课程组开展教学研讨,分析学生评价高的教学方法,然后进行推广。

(3) 提高课程建设质量,对部分重难点课程进行探讨,优化教学方式和内容设计。

在对 A 学院同学进行的学生评教调查中,我们发现了以下问题:学生评教标准的不明确,学生有时可能不清楚应该根据何种标准来评价教师,这可能导致评价的结果缺乏一致性和准确性。部分学生评价的主观性占据主导地位,其评价可能受到他们的个人喜好、情绪、偏见等因素的影响,这可能影响评价的公正性和有效性。部分评价可能存在学生认知的浅薄性,有些学生可能只关注教师的表面行为(如教学风格、外貌

等),而忽视了教师的教学能力和教学效果,这可能导致评价的结果缺乏深度和全面性,评价的利用率低。学生的评价结果可能未被有效地用于教学改进,这可能导致学生对评教的积极性降低。评价的反馈机制不完善。如果学生不能看到他们的评价对教师教学的改进产生了实际影响,可能会对评教产生怀疑和不满。评价的匿名性产生了负面问题。虽然匿名评价可以保护学生的隐私,但也可能导致一些学生滥用这一权利,进行恶意评价。很多学生对评教持消极态度,认为评教无法改变任何事情,或者只是敷衍了事。这种消极态度不仅无助于改进教学,而且剥夺了他们参与和影响教育过程的机会。

四、改进方向

根据以上现状分析,目前高等教育中的学生评价问题与矛盾主要集中在公正性和有效性上。公正性是学生评教的重要原则,这涉及评价的公平性,即所有学生在评价中应享有平等的待遇,不受任何无关因素(如性别、种族、社会经济地位等)的影响。此外,公正性还涉及评价的透明性,即评价标准和过程应公开透明,教师有权知道他们被如何评价。

针对上述问题,学院设想了以下改进措施。

首要任务是建立一个公正有效的学生评教模型,该评教模型需要兼顾公正性和有效性。评价过程应尽可能减少学生的主观偏见,确保评价的公正性。例如,可采用匿名评价,让学生在没有压力的情况下进行评价,保证学生在评教过程中的匿名性,避免因对教师的评价可能影响到自己的学业或关系而有所保留或偏向。参与评教的学生应该具有一定的代表性,例如,他们应该来自不同的年级、专业和班级,以确保评教结果的全面性。

学校应对评教工作进行严格监督和管理,确保每一份评教都是真实、公正的。规范制度后,学校应制定出公正、公平、全面的评价标准,避免因为标准的不公正导致评价的不公正。评价标准应该明确、具体,能够全面反映教师的教学能力和教学效果。学生也应该清楚他们需要评价哪些方面,以及如何进行评价。评价内容可包括教师的课程设计、教学方法、课堂管理、学生互动、作业反馈等。此外,多元化评价也是提升模型公正性的有效手段,不仅限于让学生对教师进行评价,也可以让教师、家长、校外专家等多方参与评价,以减少单一评价可能带来的偏见。教师可以从专业的角度对同事的教学进行评价,这种评价通常更加专业和深入。家长可以从孩子的学习进步、学习态度等方面对教师的教学进行评价。校外专家可以从教学理念、教学方法、课程设置等方面进行评价,这种评价通常更加全面和深入。教师也可以对自己的教学进行反思和评价,这是一条自我提升的路径。通过这种多元化的评价方式,可以更全面、更深入地了解教师的教学质量,从而更好地提升教学质量。同时,也可以避免单一评价可能带来的偏见,使评价结果更加公正和准确。最后,评教工作应建立申诉机制,如果教师对评教结果有异议,可以提出申诉,由专门的机构进行调查和处理,确保评教的公正性。

有效性是指评价能否准确反映学生的学习成果。有效的评价应能全面、准确地反映学生的知识、技能和态度,而不仅是记忆和重复。此外,有效的评价还应该能反映学生的进步和成长,而不仅是绝对的成绩。学生评教应建立有效的反馈机制,评价结果应该被有效地用于教学改进。例如,可以定期向教师反馈评价结果,让他们了解自己的优点和不足,以便进行改进。学生评教的结果应该能够真实反映出教师的教学水平和教学态度,而不是受到其他因素的影响。评教的结果应该能够为教师的教学改进提供具体的建议,而不仅是一个抽象的评分。评教的结果应该及时反馈给教师,让他们有足够的时间进行改进。此外,评教的结果应该为学校管理层和教师本人所重视和使用,用于改进教学和提高教学质量。评教应该定期进行,以便及时发现和解决问题。学生评教应该是一个持续的过程,而不是一次性的事件。例如,可以在每个学期的中期和末期进行评价,以便及时发现和解决问题。学校要落实建立反馈机制,对学生评教的结果进行反馈,让教师知道自己在哪些地方做得好,哪些方面需要改进,也让学生知道他们的评价被重视和采纳。在日常教学和教学管理中,学校应通过教育和引导,让学生理解评教的重要性,鼓励他们实事求是、公正客观地进行评价。学生应该接受评教的教育和培训,了解评教的目的和方法,以提高评教的质量。

在明确学生评教工作的公正性和有效性后,科学分析学生评教数据并合理使用评教结果成为改进的下一个主要目标。先对收集到的评教数据进行清洗,去除无效或错误的数据,确保数据的准确性。然后,使用统计学和数据分析的方法,如描述性统计、相关性分析、因子分析等,对数据进行深入分析。例如,分析教师的平均评分,查看评分的分布情况,分析不同评价指标之间的相关性等。基于数据分析的结果,对其进行合理的解读。例如,如果某个教师的评分在某个指标上特别低,可能说明他在这个方面存在问题,需要改进。将分析和解读的结果反馈给教师,让他们了解自己的优点和不足,以便进行改进。同时,可以将结果反馈给学校管理层,作为教学质量管理和教师绩效评估的依据。根据反馈的结果,教师和学校应该进行持续的改进。例如,如果发现某个评价指标的评分普遍较低,则可能说明学校在这个方面存在问题,需要进行改革。

在具体技术方面,在线评教系统需要收集大量的数据,包括学生的评价、教师的反馈等信息。如何有效地收集、存储和管理这些数据是一个挑战。评教数据通常是非结构化的,包括学生的文字评价、打分等。如何从这些数据中提取有用的信息,进行有效的分析,是另一个技术难题。评教系统需要保护学生的隐私,防止数据泄露。同时,系统也需要防止被恶意攻击,保证数据的完整性。评教系统的用户界面需要简洁易用,以便学生能快速填写评价。同时,系统也需要提供丰富的功能,如搜索、排序、筛选等,以便用户能方便地查看和分析数据。评教系统还应保证自身的稳定性和可用性,拥有处理大量并发请求的能力。如何将评教结果以直观、易理解的方式反馈给教师和学校,也是一个技术挑战。

因此，设计和实施一个有效的学生评教模型，需要综合考虑以上各个方面，可能需要多学科的知识和技术。目前为止，国内高校在开发学生评教模型方面已经做出了许多努力。许多大学已经建立了自己的在线评教系统，让学生可以方便地对教师进行评价。这些系统通常包括学生评价、教师反馈、数据分析等多个模块。例如，北京大学、清华大学、复旦大学等知名高校都有自己的学生评教系统。这些系统不仅可以收集学生的评价，而且可以对数据进行分析，帮助学校了解教师的教学质量。在人才方面，国内高校也有许多专业的教育技术团队，他们在数据分析、用户界面设计、系统开发等方面都有丰富的经验。例如，北京大学的教育技术研究中心、清华大学的教育技术研究所等，都有专门的团队负责开发和维护学生评教系统。此外，国内高校还与一些科技公司合作，利用人工智能、大数据等技术，进一步提升学生评教系统的效能。例如，阿里巴巴、腾讯等公司都有与高校合作的项目，共同研发更先进的评教系统。综合看来，国内高校在开发学生评教模型方面已经作出了许多努力，也培养了一批专业的人才。但是，由于技术和教育环境的不断变化，这仍然是一个需要持续努力和创新的领域。

五、总结

学生评价的结果对学生的学习和发展有重要影响。好的评价可以激励学生的学习兴趣和动力，帮助他们了解自己的优点和不足，指导他们进行有效的学习。反之，不良的评价可能打击学生的学习信心和兴趣，甚至导致他们对学习的厌恶和逃避。学生评教是教育过程中的一项重要工作。通过学生的评价，教师可以了解自己的教学方法和课程内容是否有效，哪些地方做得好，哪些地方需要改进。这对于教师的教学改革和提高教学质量具有重要意义。

学生评教可以促进教师的专业发展。通过学生的反馈，教师可以了解自己的教学优点和不足，从而进行自我反思和自我提升。这对于教师的职业成长和教育研究具有重要价值。学生评教可以增强学生的参与感。通过参与评教，学生可以对自己的学习过程有更多的参与和控制，这有助于提高他们的学习动机和学习效果。学生评教可以提升教育质量。通过学生的反馈，教育机构可以了解教师的教学质量，从而进行教育管理和教育改革。这对于提高教育质量和教育效益具有重要作用。学生作为教学的直接受益者，他们的评价可以从不同的角度和层面对教师的教学进行评价，这有助于建立一个更全面、更公正的教师评价体系。

从教师的角度来说，理解和接受学生评教可能对某些教师是一个挑战，特别是当他们觉得评价可能不够客观或者没有实际作用时。然而，我们可以通过以下几点来改变他们的这种消极认知：

第一，强调学生评教的反馈价值。这是一种直接了解学生对教学的感受和需求的方式。虽然部分反馈可能会受到个人情绪或者偏见的影响，但是在大多数情况下，它们可以提供宝贵的信息，帮助教师了解自己的教学方法是否有效，哪些地方做得好，哪些地方需要改进。

第二,学生评教可以被视为一种自我提升的机会。通过学生的评价,教师可以了解自己的强项和弱点,从而有针对性地进行自我提升。这不仅可以提高教学质量,而且可以增强教师的职业满足感。学生评教也可以增强教师和学生的互动。通过了解学生的需求和期望,教师可以调整教学方法和内容,从而更好地满足学生的学习需求。对于教师们的担忧,学校应该认真对待并寻求解决方案。例如,学校可以改进评教系统的设计,确保它能够更公正、更全面地收集和分析反馈。学校也可以提供更多的指导,帮助学生更客观、更有建设性地进行评价。最后,各方应鼓励教师以开放的心态接受学生评教。这不仅是对他们教学的反馈,而且是对他们专业发展的支持。只有接受反馈,才能不断进步。

学生评教是教育过程中的一项重要工作,它对于提供教学反馈、促进教师发展、增强学生参与、提升教育质量和建立公正评价体系都具有重要的作用。综上所述,学生评教是一个有用的工具,但需要得到正确使用。在评教过程中也应尊重教师的感受,同时努力提高评教系统的有效性,使它真正成为提高教学质量的工具。因此,高校应重视学生评教,充分利用学生评教,以实现教育的目标和使命。

参考文献

[1] 张瑞.学生评教的有效性研究[J].教育科学,2018,34(2):35-40.

[2] 李娟.高校学生评教工作的改革与创新[J].教育教学论坛,2019(52):147-148.

[3] 王晓晨.高校学生评教工作的问题与对策研究[J].教育教学论坛,2020(10):123-124.

论马克思早期关于人的全面发展思想
——基于《1844年经济学哲学手稿》文稿

梁 冬

一、劳动本质—异化劳动—人的全面发展的论证逻辑

马克思在《1844年经济学哲学手稿》(以下简称《手稿》)中对于人的全面发展进行了深入分析和严密的论证,主要通过对黑格尔唯心主义的"劳动观"进行批判,形成自己对劳动的理解与人的本质观点,接着从资本主义的现实出发,对于资本主义生产方式下人的劳动异化进行了揭示和批判,进而提出在共产主义社会中人将实现自身的全面发展的思想。马克思在《手稿》中将经济学与哲学相结合,运用理论关照现实、现实发展理论的方法,逻辑论证层层深入,是体现马克思早期对于人的全面发展理论和人学思想的经典范本。

(一)对黑格尔的唯心主义"劳动观"进行批判

"异化劳动"是《手稿》的中心概念,也是理解《手稿》中人的全面发展思想的基本概念。从逻辑上看,理解"异化劳动"应从理解劳动开始,即把马克思对黑格尔的"劳动本质"的批判,视为马克思在《手稿》中阐述人的全面发展思想的理论前提。

黑格尔把经济学问题和哲学问题联系起来思考,深入探讨了"劳动"问题,认为人和动物的区别在劳动。动物在活动中总是把对象吃掉、消灭掉,以满足自己直接的欲望;人与动物不同,通过劳动的方式,利用并改变自然界来满足自己的需要。因此,"劳动陶冶事物",人是在陶冶事物的劳动中意识到他本身是自在自为地存在着的。这就是说,人在劳动中不仅把劳动的对象转变为真正的人的对象,而且通过劳动,意识到自我、独立性和自为的存在,并表现为自己是一个真正的人。因此,人是他自己劳动的结果。对黑格尔的这一深刻思想,马克思在《手稿》中作了很高的评价。他指出:"黑格尔的《现象学》及其最后成果作为推动原则和创造原则的否定性的辩证法的伟大之处首先在于,黑格尔把人的自我产生看作一个过程,把对象化看作失去对象,看作外化和这种外化的扬弃;因而,他抓住了劳动的本质,把对象性的人、现实的因而是真正的人理解为他自己的劳动的结果。"同时马克思也指出了黑格尔这一思想的片面性和局限性,这就是"他只看到劳动的积极的方面,而没有看到它的消极的方面。……黑格尔唯一知道并承认的劳动是抽象的精神的劳动"。马克思的评价至少说明两点:第一,马克思肯定人的自我生成或全面发展是一个过程,即人在劳动中的外化和扬弃外化的过程,因而人的全面发展本质上是自身劳动的结果;第二,黑格尔讲的劳动是抽象的精神劳

动,劳动的主体、对象、产品和实际的劳动过程均被他精神化了,因而,要把黑格尔的"伟大之处"转变为富有实际意义的成果,就必须批判改造他的以精神劳动为基础的唯心辩证法,代之以物质生产劳动为基础的唯物辩证法。这就意味着,《手稿》阐述的人的全面发展的思想是以对物质生产劳动的理解为基础的,换句话说,马克思是在物质生产劳动中发现了人的全面发展的全部根由。

(二)"异化劳动"的基本规定对于劳动本质的否定

在经过对黑格尔的唯心主义劳动观进行批判的基础上,并完成自己对劳动本质理论的建构之后,马克思又从现实出发,对于资本主义生产条件下的"异化劳动"做了四个基本规定的分析,揭示出异化劳动是对人的劳动本质的一种抛弃,与人的全面发展是一种否定性关系。

劳动者同劳动产品相异化。劳动产品是劳动者本质力量的对象化,它本应属于劳动者所有,使劳动者在消费和享用劳动产品中得到全面发展。但在资本主义条件下却不是如此,反而是工人生产的财富越多,他就越贫穷,物的增值同人的贬值成正比。这一事实表明,劳动所生产的对象,即劳动的产品,作为一种异己的存在物,作为不依赖于生产者的力量,同劳动相对立。即劳动的产品反而成为统治劳动者的异己的力量。由此导致的结果是人的发展的扭曲和丧失。这是人与用以发展自身的生活资料或自然对象的分离和对立,人的全面发展从根本上缺乏了物质保障。

劳动活动本身的异化。马克思认为,产品不过是活动、生产的总结。因此,"异化劳动"不仅表现在工人同他的劳动产品的异化关系方面,而且进一步表现在生产活动本身的行为中,劳动对工人来说是被迫和强制的,只要这种强制一旦停止,人们就会像逃避灾难一样逃避劳动。"结果,人只有在运用自己的动物机能——吃、喝、性行为,至多还有居住、修饰等的时候,才觉得自己是自由活动,而在运用人的机能时,却觉得自己不过是动物。动物的东西成为人的东西,而人的东西成为动物的东西。"这就是人的自我异化,是人同他的智力和体力、生命及活动的异化,这些东西变成了不依赖他、不属于他却反过来反对他的东西。

人同人的本质相异化。马克思在《手稿》中认为人和动物的区别就在于:"动物的生产是片面的,而人的生产是全面的;动物只是在直接的肉体需要的支配下生产,而人甚至不受肉体需要的影响也进行生产,并且只有不受这种需要的影响才进行真正的生产;动物只生产自身,而人在生产整个自然界;动物的产品直接属于它的肉体,而人则自由地面对自己的产品;动物只是按照它所属的那个种的尺度和需要来构造,而人懂得按照任何一个种的尺度来进行生产,并且懂得处处都把内在的尺度运用于对象;因此,人也按照美的规律来构造。"而在资本主义社会制度下,由于劳动活动本身的异化把人的自由自觉的生命活动变成了仅仅是维持肉体生存的手段,劳动产品的异化使人不能确证其类本质,导致人与人的类本质相异化。

异化劳动使人和人相异化。马克思指出,通过异化的、外化的劳动,工人生产出一个跟劳动格格不入的、站在劳动之外的人同这个劳动的关系。工人同劳动的关系,生产出资本家(或者不管人们给雇主起个什么别的名字)同这个劳动的关系。马克思对"异化劳动"的分析,就从人与物的关系,深入到人与人的关系,进而深入到阶级对立的关系,并把这种关系归结为剥削者和被剥削者的经济关系,从而在哲学上揭示了阻碍人的全面发展的制度根源。

综上所述,马克思揭露了工人在"异化劳动"条件下的悲惨境地,也揭露了人的全面发展在"异化劳动"和私有制条件下的否定性。我们可以从《手稿》中清晰地发现马克思对于人文主义的关怀,他抨击了异化了的社会对个人的价值的蔑视和对人的个性的践踏,向世人描绘出在私有制社会中人的活动表现为苦难,人的创造物表现为异己的力量,人的本质的现实性表现为非现实性,人作为其创造物的主人表现为这个创造物的奴隶这样一幅真实的类生活的讽刺画。

(三) 共产主义中人的自由全面发展的初步设想

马克思在《手稿》中揭示异化劳动是分析研究人的全面发展问题中的一个环节,马克思在此基础上并没有停滞不前,他透视了整个异化的社会,从社会结构和社会分工中宣扬人需要而且必然要得到全面发展,作为人的全面发展的前提的共产主义社会也必然到来。马克思指出:"共产主义是私有财产即人的自我异化的积极的扬弃,因而是通过人并且为了人而对人的本质的真正占有;因此,它是人向自身、向社会的(即人的)人的复归,这种复归是完全的、自觉的而且是保存了以往发展的全部财富的。"这段论述可以理解为马克思关于共产主义的主体特征,或者说,共产主义与人的全面发展的本质联系。这句话体现了马克思对当时大行其道的"粗陋的共产主义"的回应和批评。私有财产的本质不在于其物的形式,而在于其主体本质,也就是异化劳动,私有财产只不过是异化劳动的感性表现。因而,其目的也不是单纯为了重新占有物,而是为了人自身的全面发展而对人的本质的真正占有。这样,私有制就使我们对人的本质的理解变得愚蠢而片面,并且达到这样的程度:对于一个对象,只有当它为我们所拥有的时候,也就是说,当它对我们来说作为资本而存在,或者被我们直接占有,被我们吃、喝、住的时候,总之在它被我们使用的时候,才是我们的对象。所以,私有制使我们对人的本质的占有变成了对物的占有;人的丰富多样的特性,他的一切肉体和精神的感觉都被异化为一种单纯的感觉,一种对物"拥有"的感觉。

在积极扬弃了自我异化的共产主义中,对人的本质的占有,不应当仅仅被理解为占有、拥有。人以一种全面的方式,也就是说,作为一个完整的人,占有自己的全面的本质。从主体上说,共产主义的人不再是一种异己的、不被当作人看的对象,而是一个完整的、全面占有自己丰富的本质规定的人,一个真正具有独立人格、尊严、自由的人,使自己的本质得以重建。他的一切个体的器官,如视觉、听觉、嗅觉、味觉、触觉、思维、直观、感觉、愿望、活动、爱等,不再受到私有财产或"异化劳动"的局限和束缚,而是通过自身同对象的真正人的关系而占有对象。他的规定性,他同对象的关系,不再使他失去现实性,不再使他的劳动及其成果变成反对他自己的异己的力量,而是人的现实性的实现。从客体上讲,自然界不再是单纯满足人的生产需要和生存需要的对象,也不再是"异化劳动"下与人分离的对象,而是人们借以发展自己的本质,供人们从事创造活动和享受的对象。人们在生产劳动中把自己全部的创造力、全部本质力量都加在自然对象上,将主体客体化,使自然界成为人的"作品"和"现实",这样自然界作为人的本质力量的对象化,也就具有了深刻的人的本质。人们在感受和享受这种自然界时,也就从中感受人的本质力量。因此,一切对象对他来说也就成为他自身的对象化,成为确证和实现他的个性的对象,成为他的对象,而这就是说,对象成了他自身。

这里需要指出的是,马克思在《手稿》中不仅认为工人承受着异化和自我异化的双重统治,而且提出在当时的资本主义社会里,工人和资本家是同一异化了的社会成员的两个方面,他们得到的都是片面的发展。马克思指出:"异化既表现为我的生活资料属于别人,我所希望的东西是我不能得到的、别人的占有物;又表现为每个事物本身都是不同于他本身的另一个东西,我的活动是另一个东西,而最后,——这也适用于资本家——则表现为一种非人的力量统治一切。"

由此可见,《手稿》中的共产主义一方面强调人的全面发展的主体——"人"的外延之广,另一方面强调对人的本质的占有是全面的、彻底的。它不是片面地从物的占有或拥有,即不是从物的纯粹的有用性上来理解人的本质或人的发展,因为这样实际上是一种利己主义,是人的本质的歪曲和丧失,是人的发展的缺陷和贫困。相反,它是把物的属性同人的需要和本性联系起来;然后通过实践,按人自己的需要,实际地掌握和占有物,使之符合人的需要,体现人的本质,促进人的全面发展。

二、《手稿》在马克思人的全面发展思想中的意义

人的全面发展是马克思一生始终关注的重要问题,是马克思主义理论的最终归宿,是贯穿整个马克思主义理论体系的灵魂。在《手稿》中,马克思已经超越了黑格尔的唯心主义劳动观和费尔巴哈的人本主义思想,开始实现思想的转变,他以确认人的类特性为前提,以复归人性、全面占有人的本质为尺度,对资本主义生产中人的劳动异化进行了系统的分析。《手稿》作为马克思早期作品,处于马克思人的自由全面发展思想的初步形成阶段,对于其整个思想具有重要意义。

首先,《手稿》奠定了生产劳动在人的全面发展中的基础性作用。马克思在《手稿》中把人的本质归结为自由自觉的活动,把人的发展过程归结为劳动异化和扬弃这种异化的过程,因而也就自然地把生产劳动看作人的全面发展的基础。他指出,整个所谓世界历史不外是人通过人的劳动而诞生的过程,是自然界对人来说的生成过程。这显然也包括人的全面发展的历史过程。《手稿》的这一基本思想,为马克思日后思考人的全面发展问题提供了线索,指明了从物质生产实践出发来说明社会历史和人的发展史的方向。他在后来的《德意志意识形态》《共产党宣言》和《资本论》等著作中沿袭了这一线索和方向。

其次,《手稿》提供了理解人的全面发展的一个重要视角——异化。《手稿》主要是通过对"异化劳动"的分析来阐述人的全面发展,在它们的否定性关系中也肯定了"异

化劳动"与人的全面发展的本质的、内在的关联。在《神圣家族》后,马克思逐渐意识到异化劳动理论和费尔巴哈人本主义的缺陷,开始从物质生产实践的方向,从生产力和生产关系、经济基础和上层建筑的矛盾运动来解释历史。但在创立唯物史观后,马克思并未放弃异化概念,而是将其置于唯物史观的基础上加以理解和说明,这意味着,《手稿》提出的异化概念这一视角对考察人的全面发展仍然具有相对独立的意义。

再次,《手稿》说明了人的全面发展具有长期性和过程性。马克思指出实现人的全面发展是一种否定之否定运动。共产主义是人的解放和复原的一个现实的、对下一段历史发展来说是必然的环节。共产主义是最近将来的必然的形式和有效的原则。但是,共产主义本身并不是人的发展目标,并不是人的社会的形式。所以,共产主义是扬弃私有财产的运动,是实现人的解放和人的本质的真正占有的必然环节。马克思没有把共产主义当成一个终极目标,也就是说,人的全面发展并非一个静止的描述性概念,而是一个动态的、永无止境的规范性概念,即共产主义是不断生成的社会,是人的全面发展不断实现的社会。

最后,《手稿》揭示了共产主义对人的全面发展的意义。马克思认为只有实现共产主义,消灭了私有制,才能使人的感觉和特性得到彻底解放,使人得到全面发展。作为彻底扬弃私有财产的必要环节,它使人类不再受异己力量的支配而实现对人的本质力量的占有。共产主义是伴随着资本主义现代性的终结而必将到来的人类历史新篇章,是人类由"必然王国"向"自由王国"的飞跃。只有这样,马克思所设想的真正的人的历史——自由而全面发展的人的历史才能最终实现。

三、从"异化劳动"出发探求人的全面发展的反思

自20世纪30年代开始,以1932年《手稿》的正式发表为契机,西方学术界展开了对于"青年马克思"与"老年马克思"(或"人本马克思主义"与"科学马克思主义")的争辩。《手稿》是唯物史观和剩余价值理论"两大发现"创立之前的早期重要文本。"异化劳动"是《手稿》的核心概念,深受西方"青年马克思"的推崇者青睐,所以《手稿》成为了其对"青年马克思"进行解读的核心文本。笔者认为,"青年马克思"与"老年马克思"的区别是客观存在的,但并未达到无法弥合以致二元对立的程度,纵然存在转变,也是在合理范围内的自我扬弃和发展,具有内在的统一性,是由不成熟到成熟的必然过程。人的全面发展问题作为马克思一生思考的问题,贯穿马克思思想发展的各个时期。在不同时期的著作中,马克思对于人的全面发展的依据、基础、途径的规律性认识存在一个由浅入深的过程,其思想的科学性和成熟性也各有高低。所以,《手稿》作为马克思早期的作品,不可避免地具有某种局限性。换言之,从"异化劳动"出发探求人的全面发展,仍存在相当程度上的不成熟性以及在解释、解决现实问题上的某种无力感与不彻底性。

(一)带有黑格尔与费尔巴哈的痕迹

马克思在《手稿》中以"异化劳动—人的本质复归(人的全面发展)"为主线,探讨了

人的本质未异化的社会、人的本质异化的社会、人的本质真正占有的社会依次演变的历史进程,体现了他对于能够实现人的全面发展的共产主义的憧憬和向往。但是《手稿》中无论是人的发展的三形态理论还是对于人的全面发展的展望,主要是建立在异化理论的基础之上,马克思在这一时期的逻辑思维方式仍受到黑格尔的较大影响。另外,马克思在《手稿》中充分肯定了劳动在人类生存发展历史上的作用,这使马克思找到了人的解放的真正力量。同时,马克思认为自由自觉的创造性劳动构成人的本质,即将劳动理解成对象化的物质实践活动,从而将物质生产内化于社会实践之中。然而,在《手稿》中,马克思还是用"类""自由自觉"等概念抽象地表述人的本质,即还未能完全彻底地从社会关系中把握人的本质。可见此时的思想还带有费尔巴哈的印记。

(二)未上升至科学的理论高度

马克思在《手稿》中对异化劳动理论的探索是从"人的本质"的逻辑起点出发的。但是,凡是不以客观历史规律为根据,而是以"人的本质"为根据的思想,必然会强调社会主义的伦理动机,向人的本性、理智、良心呼唤。如果一切求之于人的本质,一切为了实现人的本质,从人的本质异化和复归中引出历史的目的和革命的要求,就会陷入历史唯心主义的沼泽之中。因此,在这种思想基础上不可能建立科学社会主义,只能导致"真正社会主义"。例如,罗·塔克尔就认为,《手稿》表明马克思并不是一个他想成为的那种分析社会学家,而首先是一个道德学家或宗教思想家之类的人。这种说法显然是错误的,但也足以说明《手稿》时期的马克思关于人的全面发展思想的非科学性和不成熟性。如果将"异化劳动"作为理解马克思主义、理解共产主义的"钥匙",从异化中引出马克思主义经济学和社会主义革命的学说,那么马克思主义就不是一门科学学说,而是建立在黑格尔和费尔巴哈异化概念上的纯粹思辨结构。总之,从"异化劳动"出发讨论人的全面发展问题,批判性有余,而科学性不足。

(三)基于中国现实关照的理论困境

从实践角度来看,我国仍处于并将长期处于社会主义初级阶段,虽然社会主义社会消除了人发生全面异化的基础,但在世界资本逻辑占主导地位、国内市场在资源配置中起着"决定"作用的今天,我们很难完全摆脱人在发展过程中遇到的一些问题。例如,在市场经济条件下出现的"经济人"现象。"经济人"的活动以追求金钱为唯一目的,为了达到此目的可以不择手段。如果"经济人"的理念渗透到社会生活的各个方面,那么人的理想和精神家园将会丧失殆尽。当前,有相当多的人追求经济活动中的实利原则,并将其推广到社会生活的各领域。这些人只重视眼前的物质利益,而忽视了对人自身精神层面的追求,其结果便是对人生的价值产生迷惑,对人生意义的理解产生偏差,对人的全面发展的最终目标产生动摇。这种类型的人实质上就是西方马克思主义学者马尔库塞所说的"单向度的人"。那么处于社会主义初级阶段的中国究竟存不存在人的异化?如果存在,在何种程度、何种意义上存在?又如何以马克思的异化劳动理论为指导来消除异化?而马克思提出异化劳动理论的目的是批判使人的本质全面异化的资本主义制度(也包括人的本质未全面异化的封建社会),如果社会主义初级阶段依旧存在异化劳动,是否有必要对于异化劳动的存在性内涵和外延作出新的界定? 这就出现了理论与现实的碰撞,理论面临了与现实矛盾的尴尬。这向理论界提出了新的问题,需要新的解答。

参考文献

[1] 黑格尔.精神现象学:上卷[M].北京:商务印书馆,1979.
[2] 马克思,恩格斯.马克思恩格斯全集(第42卷)[M].北京:人民出版社,1979.
[3] 奥伊则尔曼.马克思的《经济学-哲学手稿》及其解释[M].北京:人民出版社,1981.
[4] 陈先达.走向历史的深处——马克思历史观研究[M].北京:北京师范大学出版社,2017.
[5] 杨文圣.马克思社会形态理论的历史生成与当代价值[M].北京:中国社会科学出版社,2013.
[6] 俞吾金.从"道德评价优先"到"历史评价优先"——马克思异化理论发展中的视角转换[J].中国社会科学,2003:95-105,206.
[7] 赵家祥.《1844年经济学哲学手稿》在马克思主义哲学史上的地位[J].学习与探索,2012(6):1-11.
[8] 赵兴良,郑百灵.1844年《手稿》与马克思人的全面发展思想[J].赣南师范学院学报,2005(1):1-5.
[9] 张凌云.以人的全面发展为目的的生产缘何必然——马克思思想的逻辑发展片论之四[J].探索与争鸣,2019(11):86-91,158.

认知行为疗法对抑郁症大学生的社会功能重塑

钱 澄

一、引言

在快节奏的现代社会中,大学生正经历着前所未有的心理挑战。作为社会未来的栋梁,他们不仅要应对学业的繁重压力,而且要面对错综复杂的人际关系以及日益严峻的就业竞争。这种多重压力常常使他们陷入抑郁的困境,使原本活跃、富有激情的年轻人变得情绪低落、消沉不振。

抑郁症是一种严重的心理疾病,它不仅会影响大学生的情绪状态和日常生活,更会对他们的社会功能造成严重的损害。这些受到抑郁症困扰的学生往往难以与他人正常交往,社交能力受限,甚至无法积极参与校园和社会活动。他们可能会错过许多重要的机会,如学术交流、社团活动等,这些都将对他们的未来发展产生深远的影响。

因此,针对抑郁症大学生进行社会功能重塑变得至关重要。社会功能重塑不仅能够帮助他们恢复正常的社交能力,提高生活质量,而且能够为他们未来的职业发展奠定坚实的基础。在这个过程中,认知行为疗法(CBT)发挥着至关重要的作用。认知行为疗法通过深入探索和分析抑郁症患者的心理过程,帮助他们克服负性思维模式,从而恢复健康的心理状态和社交能力。本文将通过对一个辅导员工作的典型案例进行详细分析,进一步探讨认知行为疗法在重塑抑郁症大学生社会功能方面的价值及影响。

二、案例深入解析

张明(化名),男,21岁,审计专业,本科三年级学生。在大学一年级入学时,他性格开朗、乐观向上,是同学们眼中的"阳光大男孩儿"。然而,随着学业压力的增加和人际关系的困扰,他逐渐陷入了抑郁症的泥潭。他开始害怕与同学交流,担心自己的表现会受到他人的嘲笑和排斥。他的情绪变得低落、消极,失去了对生活的热爱和信心。

为了帮助张明重塑社交能力并恢复正常的社会功能,辅导员陪同学生进行咨询。根据评估判断,认知行为疗法可能对他有所帮助。在学院的支持和心理专家的指导下,辅导员制定了个性化的工作计划,在张明接受相应的治疗和辅导的同时,采用认知行为疗法来对其进行社会功能重塑。

幸运的是,张明在辅导员的关心和帮助下,意识到了自己的问题,并在辅导员的陪同下前往学校心理咨询中心寻求帮助。经过校内心理中心的初步评估和校外专科医院的诊断,他被诊断为患有中度抑郁症。专家指出,认知行为疗法可能有益于他的社会功能重塑。学校高度重视张明的情况,在学院的支持和心理专家的指导下,辅导员配合咨询周期,同步制定了8周的个性化工作计划,在张明接受相应的治疗和辅导的同时,采用了认知行为疗法,重塑其社交能力并恢复正常的社会功能。

  在治疗初始阶段,辅导员引导张明认识到了自己负性思维模式的存在。他总是过分关注自己的缺点,忽视了自己的优点,从此,张明开始学会如何识别并挑战自己的负性思维模式。他意识到,许多消极的想法其实并非事实,而只是他内心的一种扭曲的解读。辅导员通过认知行为疗法引导他用更积极的方式去看待问题,用更客观的角度看待自己,将正向的思维方式运用到日常生活中,与他人建立良好的沟通和互动,学会宽容和接纳,努力用心理解并悦纳自我。张明的这种认知转变,使他逐渐摆脱了自我贬低和孤立的情绪,开始以更加积极乐观的态度面对生活。他不仅逐渐看到了生活的希望,而且他的社会功能也得到了显著的重塑。认知行为疗法帮助他重新建立了对生活的积极认知,增强了他的自尊和自信,使他能够更好地融入社会,与他人建立健康的社会关系。

  在治疗的中期,张明在认知行为疗法的基础上通过一系列的情绪调节技巧,如放松训练、正念冥想等,改善了自身的情绪调节能力,进一步学会了如何有效管理自己的情绪,避免了情绪的极端波动,能够更冷静地应对生活中的挫折和困难,不再轻易陷入消极情绪中。这种情绪管理能力的提升,使张明再次面对生活中的压力和挫折时,能够保持冷静和理智,不再轻易陷入抑郁的困境。在与他人沟通和解决问题时也更加得心应手,进一步促进了他的社会功能重塑。

  此外,张明的社交能力在治疗的过程中得到了显著提升。辅导员鼓励张明参加了一些社交技能培训课程,使他开始学会如何与他人进行有效的沟通,如何表达自己的情感和需求,如何建立和维护健康的人际关系,从而逐渐恢复了自信和乐观的态度。同时,辅导员通过行为技能训练帮助张明学习了一系列的社交技巧和应对策略,建立积极的行为模式。例如,通过角色扮演和模拟情境的方式,使他逐渐恢复了与他人的社交互动,包括与同学、老师和陌生人的交流。辅导员还组织了一些小组活动,让张明有机会与其他有类似问题的学生进行交流和互动,增强他的社会支持网络。并且辅导员与张明共同制定了小目标和行动计划,鼓励张明参与感兴趣的活动,与他人建立良好的人际关系。这些技能的习得和掌握,使张明重新找回了与人交往的自信,也使他能够更好地融入社会,享受与他人相处的乐趣。张明开始积极参与各种社交活动。他加入了学校的志愿者协会,通过参与志愿服务活动,不仅锻炼了自己的社交能力,而且体验到了帮助他人的快乐。这些活动让他重新感受到了生活的意义和价值,增强了他的社会责任感。

  认知行为疗法还帮助张明提高了应对压力和挫折的能力。他学会了如何以积极的心态面对生活中的挑战和困难,如何调整自己的情绪和心态,如何保持对生活的热爱和信心。这些能力的提升,使他在面对未来的职业竞争和生活压力时,能够更加从容和自信。学校的就业创业中心为张明提供了针对性的职业辅导。通过与职业咨询师的沟通,张明明确了自己的职业兴趣和目标,并制定了合理的职业规划。他逐渐摆脱了之前的消极情绪,对自己的未来充满了期待和信心。

三、工作成效

经过一段时间的认知行为治疗,在辅导员与专家的共同引导和支持下,张明的心理状况得到了显著改善。他不再害怕与人交往,重新找回了对生活的信心和热爱。随着时间的推移,他的社会功能得到了全面的提升,重新体验到生活的乐趣,与人交往也更加自然融洽。在学业方面,他学会了更好地管理学业压力和负面情绪,表现出更多自主学习和积极参与课堂讨论的意愿,提高了学习效率和成绩。在人际关系方面,他也掌握了建立真挚友谊的技巧,逐步搭建了自己的"朋友圈",他积极参与各种学生社团和志愿者活动,扩大了社交空间,并积极参与学生组织的会议和活动,竞选学生骨干,进一步提升了社交能力和自信心,为自己的职业生涯积累了丰富的经验。在学习成绩逐步回升的同时,他的人际关系也得到了极大改善,学业和职业发展均取得了显著进步,开始逐步实现自己的梦想和目标。

通过认知行为疗法,张明成功地摆脱了抑郁症的困扰,重塑了社会功能。根据张明的 Liebowitz 社交焦虑量表(LSAS)测试结果数据分析,张明在接受治疗之前,其社交焦虑指标评分为 87 分(高度焦虑)。而在 8 周治疗周期结束后,该评分下降至 42 分(轻度焦虑)。此外,他的学业成绩有了明显的进步,从低水平提高到中等水平。并且,张明在复诊时的贝克抑郁问卷(Beck Depression Inventory,BDI)评估结果显示,他的抑郁感正在逐渐减退,生活变得积极充实。

由此可见,通过认知行为疗法的综合干预,张明成功调整了自己的思维方式和行为模式。他基本恢复了正常社交状态,与他人交流变得更加自如自信,成功克服了社交焦虑障碍,逐渐恢复了社会功能,提高了生活质量。这个案例充分证明了,辅导员通过认知行为疗法帮助抑郁症大学生重塑社会功能,该疗法对于学生的治愈和成长有着重要的价值和意义。随着我国对心理健康问题的关注程度不断提高,相信会有更多的抑郁症大学生得到及时、有效的治疗和辅导,为自己的未来铺就一条光明的道路。

四、展望与总结

回顾张明的康复过程,认知行为疗法对张明的社会功能重塑起到了至关重要的作用。它不仅帮助张明摆脱了抑郁症的困扰,重塑了对生活的认知,恢复了健康的心理状态,而且提升了他的社会适应能力。这些改变不仅让张明重新找回了生活的乐趣和信心,而且为他未来的职业发展奠定了坚实的基础。这给我们带来了深刻的启示:学生出现心理问题时,应该引导学生勇敢地寻求帮助,积极配合治疗,相信自己有能力战胜困难,迎接更美好的生活。

这个工作案例进一步验证了,在专业心理治疗的领域外,辅导员辅以科学的引导方案,能够增强解决大学生心理问题的有效性和可行性。对于像张明这样经历学业压力和人际关系问题的学生来说,认知行为疗法为广大的辅导员工作者提供了一种适用度高且操作性强的方法,帮助大学生改善心理健康状况和社会功能。通过与学校心理中心咨询师的合作,大学生群体可以获得个性化的支持和指导,找到适合自己的解决方案,确保大学生心理问题干预的时效性和普及性。这种跨领域的合作模式为学生提供了更全面、更有效的支持,提升了他们的心理健康水平并助力学生学业有成。

认知行为疗法所具有的重塑社会功能不仅可以帮助有抑郁症状的群体重新评估和改变负性思维,而且能提升他们的社交能力和社会适应能力。这一研究结果为今后在学生心理健康领域进行更深入的研究和实践提供了有益参考。

最后,需要注意,认知行为疗法的效果并不是立竿见影的,人的社会功能重塑需要进行一系列的认知和行为改变,这需要付出更多的时间和精力进行持续跟进,对于病因复杂的抑郁症学生,所需的周期会更长。因此,在选择和应用治疗方法时,应综合考虑个体的特点和需求,并与学生保持密切的联系,在需要时结合其他治疗途径和药物治疗进行综合干预,随时调整治疗方案。在未来的研究和实践中,建议进一步探索和研究不同治疗方法的组合效应,提高治疗效果的全面性和综合性。

参考文献

[1] 王军华,刘纯姣.大学生心理健康教育[M].北京:新华出版社,2020.

[2] 苏晖,江开达,徐一峰,等.抑郁症首次发病患者认知功能的研究[J].中华精神科杂志,2005,38(3):146-149.

[3] 张明园.精神科评定量表手册[M].长沙:湖南科学技术出版社,1998.

[4] 徐丽红,戴涛.认知行为团体心理治疗对抑郁症患者抑郁症状以及应对方式社会支持影响的干预研究[J].中国药物与临床,2016,16(9):3.

[5] 徐晓坤,王玲玲,钱星,等.社会情绪的神经基础[J].心理科学进展,2005(4):517-524.

[6] 肖凌燕,丁建军.大学生特质焦虑与社会支持系统关系的研究[J].河北大学学报:哲学社会科学版,2000,25(1):3.

[7] 马雪红,杨宗儒,何艳琴.认知行为疗法联合药物治疗青少年抑郁症非自杀性自伤患者的效果[J].医学临床研究,2023,40(9):1324-1327.

[8] 王飞雪.认知行为疗法结合药物治疗对焦虑症患者社会功能、生活满意度及生活质量的影响[J].中国实用医药,2016,11(35):2.

[9] 褚薇.认知行为疗法(CBT)在抑郁症患者康复指导中的应用价值分析[J].中文科技期刊数据库(全文版)医药卫生,2021(9):235-236.

[10] 运小彬.认知行为团体心理治疗对抑郁症患者抑郁症状以及应对方式社会支持影响的干预研究[J].家庭保健,2020:70-71.

[11] 张博元,丁雪凡,卢卫红,等.团体认知行为治疗对轻度抑郁症患者生活质量及社会功能的作用[J].上海精神医学,2016,28(1):10.

[12] 姜蕾.认知行为治疗对首发抑郁症患者功能连接的影响[D].南京:南京师范大学,2019.

[13] 贾金鼎,杨建章,余学,等.认知行为治疗对抑郁症患者的疗效及生活质量的影响[J].中国健康

心理学杂志,2011,19(12):3.

[14] 李燕燕,曹树娟,张林翠.认知行为疗法对抑郁症患者的影响[J].心理月刊,2023,18(13):100-102.

[15] 肖垚南,陈丁玲.认知行为治疗伴自杀行为抑郁症的效果分析[J].中国当代医药,2014,21(7):3.

[16] 杨柳.首发抑郁症认知功能与神经系统软体征的特点及认知行为治疗的影响[D].苏州:苏州大学,2012.

[17] 朱益,方贻儒,苑成梅,等.结构式团体认知行为治疗对轻症抑郁患者社会功能及生活质量的影响[J].临床精神医学杂志,2019,29(2):4.

[18] 蒋菊芳,许玉芳,丁兰芬,等.认知行为干预对抑郁症病人应对方式和生存质量的影响[J].护理研究,2013:3608-3610.

[19] 王琪.抑郁症治疗中认知行为治疗的运用效果分析[J].心理月刊,2020,(19):130-131.

育人理念融入"剧本杀":情境塑造、群体认同与生态构建

张思琪 康邦丹

一、引言

本土文化在外来文化的浸润下不断演变,现实生活中的文化也在网络生活文化的熏陶下悄然改变,主流文化在与非主流文化的交流中不断受到挑战。这些文化的交织与碰撞,共同构建了一个现实世界,也为大学生的成长塑造了一个丰富多彩的外部环境。在这些文化的交融中,各种文化力量相互竞争,与主流文化共同争夺话语空间。其中,源自西方的"剧本杀"游戏自2016年传入中国后,凭借线下门店的迅速扩张、线上软件的持续更新以及电视节目的广泛宣传,迅速在国内蓬勃发展。它不仅是一种游戏,更是一种值得关注和研究的文化现象。因此,本文选择以"剧本杀"为研究对象,深入剖析其传播路径,从场景理论、情感逻辑与身份建构等角度展开研究。同时,我们也将致力于探讨如何避免剧本游戏中存在的暴力、恐怖等不利于学生身心发展的负面元素,并结合学生的思维特质、思想特点、情感需求和社交需要等群体特征,积极尝试将"剧本杀"这种大众文化的消费形式引入思政教育实践,以丰富和提升学生的成长体验。

二、"剧本杀"的发展历程

"剧本杀"游戏源自19世纪的英国,是一款以"谋杀之谜"为蓝本的桌面角色扮演游戏。当这一游戏形式传入中国后,鉴于其游戏流程与当时备受欢迎的"狼人杀"等游戏存在显著的相似性,国内玩家便将其命名为"剧本杀"。中国线下"剧本杀"游戏起步较晚,直至2013年,一款名为《死穿白》的英文剧本才被引入国内。由于该剧本与真人角色扮演游戏有着极高的契合度,业界普遍将其视为国内"剧本杀"游戏的启蒙之作。

2016年,芒果TV成功推出了国内首档以"剧本杀"游戏为基础的推理剧情真人秀节目——《明星大侦探》,率先开启了以"剧本杀"游戏模式为载体进行演绎推理的网络综艺节目的先河。同时,线下"剧本杀"游戏满足了推理爱好者对场景化、沉浸式体验的需求,"剧本杀"游戏自此开始进入主流大众的视野。国内线下"剧本杀"游戏市场也开始逐步拓展,剧本创作者、发行商、门店商家、垂直平台等主体的参与推动行业规模的持续扩张。"剧本杀"得益于互联网、多媒体、真人秀等多平台的交互发展,实现了线上与线下的共同繁荣。据艾媒咨询发布的《2022—2023中国剧本杀行业发展现状

及消费行为调研分析报告》,预计到2025年中国"剧本杀"行业市场规模将增至448.1亿元。基于这一现实,本文将以互动仪式链作为理论切入,探讨其在情境塑造中的价值实现,分析在此过程中如何构建了一个完整的交互情境,满足参与者对多元文化和情感表达的需求。

三、"剧本杀"的情感价值与社交需求

美国社会学家欧文·戈夫曼(Erving Goffman)将戏剧表演理论与社会生活场景中各种行为表现联系起来,提出了"后台"与"前台"的概念。他认为社会生活所呈现出的各种场景就相当于戏剧舞台,而人们在这之中所采取的各种社会行为就是表演,每个人按照自己的特定剧本在舞台上演绎出自己的各种角色。欧文·戈夫曼认为媒介的出现导致了以往存在的后台场景与前台场景的分界线在当下出现了模糊,进而使人所扮演的角色动态发生变化,因而原本应发生在个人私密空间的行为即"后台"的行为,也在一定程度上通过电子媒介传播到了公共空间,被展示于全世界观众面前的"前台"。"剧本杀"作为一种线上和线下兼具的休闲娱乐游戏,其独特的魅力不仅在于提供了丰富的娱乐体验,更在于其通过自身独特的场景设计,塑造了一种独特的文化氛围。参与者能够沉浸于各种精心设计的剧情中,体验不同的角色与人生,满足其对多元文化和情感表达的需求。从满足用户的基础娱乐需求出发,"剧本杀"进一步挖掘了用户的潜在需求,将游戏与用户的情感需求紧密结合,打造了一系列富有特色的场景文化。通过游戏中的角色扮演和剧情推进,参与者能够体验到不同的情感冲击和思维挑战,实现了理性与感性的完美结合。

(一)情境塑造:场景理论下的价值实现

"剧本杀"游戏作为一种交互性强的情境体验,在场景理论的框架下展现出了其独特的价值实现方式。从宏观角度来看,它构建了一个由人员构成、固定场景和一致目标组成的完整交互情境。在这个情境中,虽然参与者的参与带有主观选择性,但从微观层面来看,参与者之间的交流、组队和联系却是基于局部的际遇发展而来,充满了不确定性和随机性。

在正式的"剧本杀"游戏中,参与者的具身参与不仅是游戏进行的基础,更是群体间建立亲密关系的关键。参与者通过社交媒体推荐、线上平台搜索等途径,选择一个合适的门店或线上房间作为聚集地,这一过程本身就是对空间关系和时空关系的全新建构。随着"剧本杀"游戏的不断发展,它逐渐布局跨场景平台,实现了线上线下的场景融合。通过为参与者提供适配的信息,游戏不仅拓展了参与者的社交圈子,而且促进了消费关系的深化。这种跨场景的传播方式,使"剧本杀"在场景理论下实现了精准的价值实现,带来了更加丰富和深入的体验。

(二)情感消费:结合需求满足情感诉求

美国社会学家兰德尔·柯林斯(Randall Collins)认为,情感能量是互动仪式的核心组成要素和结果,它不是指某种特定意义上的具体情感,而是长期的、稳定的社会情

感。情感能量是一个时间维度的连续,是"剧本杀"游戏群体互动仪式过程中的重要的驱动力。它将参与者短期的情绪转化为长期稳定的情感,使散落的参与者拥有共同关注点,最终成为共享的情绪参与者。兰德尔·柯林斯提出的情感能量理论为我们理解"剧本杀"游戏中的互动仪式提供了独特的视角。情感能量不仅是互动仪式的核心要素,更是驱动参与者积极参与的重要力量。在游戏中,情感能量将参与者短暂的情绪体验转化为长期稳定的情感纽带,使得原本分散的参与者能够围绕共同的游戏目标形成共享的情感共同体。在当前的社会背景下,青年群体面临着诸多压力,他们渴望寻找一种能够释放情感、满足情感诉求的途径。"剧本杀"游戏以其独特的剧情设定和角色互动,为青年群体提供了一个理想的平台。在游戏中,参与者可以暂时抛却现实的束缚,通过扮演不同的角色,体验不同的情感,实现情感的释放和满足。

与此同时,"剧本杀"游戏也通过满足参与者的情感需求,实现了情感消费的价值。参与者在游戏中投入情感能量,不仅是为了享受游戏本身带来的乐趣,更是为了在游戏中获得情感上的认同和归属。这种情感上的满足,使参与者愿意为游戏付费,从而推动了"剧本杀"游戏商业价值的实现。对于"剧本杀"而言,深入理解并准确把握参与者的情感需求,是实现商业拓展的关键所在。特别是针对青年群体这一最具潜力的目标受众,通过深入洞察他们的情感需求和社会取向,"剧本杀"游戏能够不断创新和完善,为年轻人提供一个释放压力、追求认同的理想平台,最终赢得参与者的喜爱和忠诚,从而进一步拓展其商业版图,实现更广泛的市场覆盖和更高的商业价值。

(三)社交链接:围绕情感价值构建社交互动

在探讨线下"剧本杀"游戏如何围绕情感价值构建社交互动时,首先需要关注其作为新兴娱乐方式所具备的独特属性。"剧本杀"游戏为参与者提供了一个后台区域,这一空间相较于传统游戏具有更广阔的发挥空间,使参与者能够卸下日常的人格面具,在团队中演绎自由度极高的话剧。在这一过程中,参与者通过角色扮演摆脱了现实社会理性原则的束缚,以最真实的状态融入角色,从而释放了现实压力。这种压力的释放不仅源于角色扮演本身,更在于"剧本杀"游戏所构建的"异托邦"空间,这也是对现实生活的一种反叛,为参与者提供了一个与现实世界相独立的社交场所。其中,社交互动并非完全建立在现实世界的基础上,而是在这一特殊的"异托邦"空间中进行。这种空间兼具虚拟对话的匿名性和面对面沟通的真实感,使虚拟与现实的社会交往模式得以完美结合。游戏的氛围环境和剧本文本共同为参与者搭建了一个沉浸式的"异托邦"世界,为社交互动提供了背景基础。参与者在独立的空间内共同演绎角色,高度专注于角色互动与剧情推进。这种专注不仅满足了推理快感或情感沉浸的需求,更在无形中促进了参与者之间的情感交流和社交链接。游戏要求参与者们积极互动,建立新的社交关系,并在互动中演绎人物,这种互动过程本身就是一个情感价值的传递和构建过程。此外,"剧本杀"游戏的剧本设计也为社交互动提供了便利。剧本主要为故事背景服务,而非严格塑造人物模板,这使参与者可以根据自己的理解和感受来诠释角色,传递思想。这种灵活性不仅增强了游戏的趣味性,而且促进了参与者之间的深入交流和情感共鸣。

四、"剧本杀"游戏社群中的群体认同

在"剧本杀"游戏中，参与者互动的特点与兰德尔·柯林斯提出的仪式要素不谋而合——两人以上的身份在场，对局外人的自然排斥，共同的焦点以及情感共鸣。这种共鸣和认同的形成，不仅是一个简单的互动过程，更是情感价值与社交链接的深度融合。

（一）身份与情感：在互动中铸就深层链接

在现实生活中，个体因共同的兴趣或目标汇聚于某一特定场景时，他们不仅作为参与者存在，而且会在互动中逐渐建立起深厚的情感纽带。这种纽带既体现了他们对群体的归属感，也强化了个体在群体中的身份认同。尤其在"剧本杀"游戏这类社群活动中，这种身份与情感的交织表现得尤为突出。参与者通过扮演不同的角色，共同探索案件真相，这一过程本身就是一种身份的重构与体验。在游戏中，参与者需要根据角色的设定和剧情的发展来作出相应的决策和行动，这种角色代入的过程使他们不仅在玩游戏，更在体验另一种生活。在长期的游戏过程中，参与者通过共同参与活动、分享游戏经验，逐渐形成了对游戏社群的认同感和归属感。他们开始使用特定的符号、术语，这些符号不仅是他们身份的证明，更是情感联系的纽带。例如，在社群中，参与者会创造出独特的角色昵称、口号或特定的交流方式，这些都是他们在社群中身份认同的体现。

随着社群内部的团结和认同感的增强，成员们开始更加积极地参与到社群活动中来。他们不仅会按时参加游戏，而且会在游戏之外进行深入的交流和讨论，分享自己的生活经历和感受。这种互动不仅强化了成员之间的情感联系，而且使社群变得更加稳定和有凝聚力。最终，这种基于身份与情感的互动会形成一个良性的循环。成员们会因为对社群的认同和喜爱而更加积极地参与游戏，而游戏的成功和有趣也会吸引更多的人加入社群中来。这一现象不仅有助于理解身份与情感在社群互动中的作用，而且为如何将育人理论融入实践提供了有益的启示。通过深入分析"剧本杀"游戏中的身份与情感交织现象，可以更好地理解社群互动的本质，进而探索如何更有效地促进个体的成长与发展。

（二）媒介矩阵：构建虚拟在场的新形态

兰德尔·柯林斯认为，参与者的物理在场是互动仪式的基础。然而，随着互联网技术的快速发展，这种传统的"在场"发生了重大变化，逐渐演变为一种新型的"虚拟在场"。麦克卢汉提出的"媒介即延伸"概念如今在游戏社群中得到充分验证。在虚拟世界中，尽管参与者身处不同的物理空间，但技术的即时性与持续性为他们架起了沟通的桥梁，使跨时空的互动成为可能。他们通过游戏平台、社交媒体等多种媒介进行实时的交流、互动与围观，以更加多样、丰富的形式参与仪式，完成情感能量的聚集与传递。游戏运营方也敏锐地捕捉到了这一趋势，积极利用各种媒介平台来构建自己的媒

介矩阵。微信、知乎、微博、小红书、抖音等社交媒体平台成为他们发布内容、与大众互动的重要渠道。通过这些平台，运营方不仅能够实时传递游戏信息、更新内容，而且能够与玩家进行深入的互动，了解他们的需求和反馈，进而调整策略，优化游戏体验。这种媒介矩阵的构建，不仅增强了游戏社群的凝聚力和活跃度，而且进一步巩固了社群资源，使参与者能够在虚拟世界中感受到真实的互动与联系，从而更加深入地投入到游戏中去。

（三）现实与虚拟：共同关注点下的社群动态

在游戏社群构建中，成员间共享相似或相同的价值观和兴趣点被视为社群形成的基石。对于"剧本杀"游戏社群而言，这种共同关注点尤为突出，参与者因对游戏剧情的热爱和对角色扮演的爱好而汇聚一处。在这一虚拟社群中，现实生活的因素同样发挥着不可或缺的作用。

第一，现实生活中的关系网络在"剧本杀"游戏社群中得到了延伸和拓展。参与者可能基于现实中的友谊、亲属关系或工作关系，共同相约参与游戏，并在其中延续其原有的交往模式，如伴侣、同事关系。这种现实与虚拟的交融不仅丰富了游戏体验，而且为参与者提供了更为真实和深入的社交体验。

第二，"剧本杀"游戏社群内部通过组织固定频率的"打本"活动，维持着社群仪式的稳定性，并在此过程中不断积累情感能量。这些活动不仅加深了成员之间的了解和友谊，而且催生了一系列独特的社群符号和资本。这些符号和资本象征着社群的独特性，成为成员们身份认同和归属感的重要来源。它们不仅在游戏内部发挥着作用，而且可能延伸到现实生活中，成为成员们之间交流的重要话题和纽带。

第三，随着社群内部成员互动的不断深入，原本基于游戏的兴趣联系逐渐发展为现实生活中的社交关系。成员们从最初的游戏好友逐渐发展为现实中的朋友，甚至亲密的伙伴。这种从"弱联系"到"强联系"的跨越不仅增强了社群的凝聚力，而且为成员们带来了更为丰富和真实的社交体验。现实与虚拟在"剧本杀"游戏社群中相互交融、相互影响，共同塑造了社群的动态发展。

五、"剧本杀"与育人理念的深度融合

"剧本杀"游戏以其独特的情感投入和行动化特征，有效地将参与者从日常生活的琐碎中抽离出来，引导他们进入一个充满戏剧张力的虚拟时空。在这一游戏中，沉浸机制发挥了至关重要的作用，它构建了一个类似天然表演舞台的区隔空间，使每一个参与者都能深入其中，不再只是故事的旁观者，而是成为推动剧情发展、决定故事结局的关键角色。这种独特机制不仅为参与者提供了沉浸式的娱乐体验，更为社会议题、文化传播等提供了全新的表达和传播途径，从而在更广泛的社会文化层面上产生了深远影响。

然而，在当前的实践中，"剧本杀"游戏更多的是以扮演式的姿态和戏剧化的形式，展现出一场场由剧作者精心设计的"谋杀"故事。虽然这些故事引人入胜，但它们在深

入探讨严肃的社会议题方面还有所不足。不过,随着"剧本杀"游戏的日益普及及其与主流文化的交融,其文化圈层内所展现的人性特点与精神需求逐渐凸显出来。这为我们提供了一个独特的视角,如何巧妙利用"剧本杀"这一流行文化的传播优势,将其与育人理论相结合,探索出一条有效的文化治理路径,成为一个值得深入探究的课题。

(一)文化资源的承载与教育功能的实现

"剧本杀"引入育人理论的立足点在于其可以承载文化资源,发挥教育功能。在建党百年这一具有深远历史意义的节点上,全国各地掀起了党史学习的热潮。这一现象在传播学视角下,体现了信息在特定社会背景下的高效扩散与接收。家国红色文化与沉浸式剧本体验的结合,催生了"沉浸式红色剧本"这一新兴文化产业,引领了传承红色文化的新潮流。运用沉浸式体验这一新型传播方式,将红色文化以更加生动、直观的形式呈现给参与者,增强了文化的感染力和影响力。

沉浸式"剧本杀"体验作为一种新型学习方式,在实践中助力中华优秀传统文化的创新性发展。这一结合不仅赋予了中华优秀传统文化新的时代意义和历史价值,更在传播过程中为其注入了鲜活的生命力。通过这种方式,历史人物与当代人之间的距离感被淡化,使体验者能够深刻感知革命烈士的爱国情怀与家国使命感,进而在情感层面产生共鸣。剧本创作以第一视角叙述故事情节,丰富了故事的发展线索,设计的互动关卡使体验者沉浸其中,这种互动式的传播方式有效地提升了受众的参与度和认同感。在这一过程中,红色文化的核心价值观得以有效传递,进一步强化了青年大学生对于红色文化的理解和认同。

(二)现实因素在增强育人效果中的运用

在"剧本杀"游戏中,现实生活中的关系和利益联系对游戏体验和群体认同产生了重要影响。创作者根据时事热点和现实题材改编剧本,参与者可以在故事情节发展过程中寻找人物关联,在沉浸式互动体验中感知家国情怀。"剧本杀"的目的是让参与者在游戏过程中增强对家国精神的理解和认同感,角色扮演、叙事引导和沉浸互动,更容易让参与者有代入感和现场感。百闻不如一见,"剧本杀"通过搭设现实、历史场景等方式,在沉浸式体验过程中,潜移默化地影响着参与者的认知和理解,在"红色剧本杀"中,我们也应该注重情感因素的运用,通过讲述感人故事、展现生动案例等方式,激发受众的情感共鸣。

一方面,"沉浸式红色剧本"具有强社交属性和教育意义。高参与感、强沉浸度的红色剧本体验往往拥有精致的游戏场景、引人入胜的故事情节和活跃的互动形式。其不仅富有趣味性,而且能让体验者之间进行深度交流、增进情谊,并且以爱党爱国为核心,通过情节设计凸显家国情怀,弘扬社会主旋律,让体验者在"玩剧本"的过程中将红色精神内化于心、外化于行。

另一方面,"沉浸式红色剧本"可以使游戏体验者从"历史旁观者"转变为"亲身参与者",引导他们更深入地了解党史,并获得独特的心得和收获。不同于观看红色电影、参观纪念馆等活动,"沉浸式红色剧本"让党史学习者从"局外人"变为了"局内人",

他们可以亲自演绎角色,以第一视角见证那段峥嵘岁月,深刻体会革命英雄的所思所想。这种方式契合年轻人的学习需求和学习习惯,寓教于乐,寓学于趣,促使党史学习教育焕发新活力。

(三) 版权保护与内容审核的双重防线

随着"剧本杀"行业的蓬勃发展,市场中的乱象也逐渐显现,其中最为突出的两大问题便是版权界定和内容审核。在版权界定方面,由于缺乏明确的行业规范与监管制度,抄袭现象频发。一些不法分子将他人的原创剧本稍加修改便对外发售,而一些门店为了降低成本,也倾向于采购这些盗版剧本。这不仅严重侵犯了原作者的知识产权,打击他们的创作积极性,而且导致了参与者在游戏过程中的体验大打折扣。因此,我们迫切需要建立完善的版权保护机制,通过加强监管部门的执法力度,明确版权归属,打击侵权行为。同时,建立便捷的盗版举报渠道,鼓励参与者积极维护自身权益,共同营造尊重原创、打击抄袭的良好氛围。

在内容审核方面,问题同样不容忽视。随着"剧本杀"市场的不断扩大,大量剧本涌入市场。然而,在这股热潮中,也掺杂着一些质量低劣甚至含有迷信、邪教等内容的剧本。这些剧本的存在不仅扰乱了市场的正常秩序,损害了行业的健康发展,而且可能对青年大学生等参与者的身心健康造成严重的危害。青年大学生正处于价值观形成和世界观建构的关键时期,他们好奇心强、接受新鲜事物快,但也缺乏足够的辨别能力和社会经验。这些不良剧本中的迷信、邪教等内容,可能会对他们的思想产生误导,导致他们形成错误的价值观和信仰。长期接触这些内容,可能会使他们陷入迷茫、焦虑甚至抑郁等负面情绪中,对他们的学习和生活造成极大的困扰。因此,我们必须建立严格的内容审核机制,对所有进入市场的剧本进行严格把关。通过设立专门的审核机构,制定明确的审核标准,确保所有剧本都符合社会主义核心价值观,传播正能量。同时,对于含有不良内容的剧本,应坚决予以剔除,并追究相关责任人的法律责任。

"剧本杀"游戏作为一种新型的文化传播和育人方式,在承载文化资源和发挥教育功能方面具有巨大潜力。通过巧妙结合现实因素和情感因素,我们可以进一步探索其在育人理论中的应用路径,为文化传承和思政教育提供新的思路和方法。

参考文献

[1] 汪小岚."剧本杀"叙事研究[D].上海:上海师范大学,2023.
[2] Erving G. The Presentation of Self in Everyday Life[M]. Garden City, N. Y: Doubleday, 1990.
[3] Randall C. Interaction Ritual Chains[M]. Princeton: Princeton University Press, 2014.
[4] 冯莉.个体化时代城市青年的社会压力及其应对[J].中国青年研究,2014(2):87-91.
[5] 晏捷.社交游戏理论视野下的桌面游戏[D].杭州:浙江大学,2010.
[6] 冯梦瑶."传播"与"仪式"如何相遇:詹姆斯·凯瑞传播思想的宗教视角解读[J].新闻与传播研究,2022,29(3):19-37,126.
[7] 张文艺,张增一.科学家精神融入剧本杀:面向Z世代的科学游戏与思想教育融合路径[J].科学传播与科学教育,2023(2):26-41.

短视频时代提升大学生主流意识形态教育实效探析

周升铭　王　鹏

一、引言

意识形态工作是党的一项极其重要的工作。身处媒介技术迅猛发展的时代，我们要"牢牢掌握意识形态工作领导权"。在短视频时代，大学生的主流意识形态教育工作面临严峻的挑战。这是因为"准确、权威的信息不及时传播，虚假、歪曲的信息就会搞乱人心；积极、正确的思想舆论不发展壮大，消极、错误的言论观点就会肆虐泛滥"。当前，短视频时代的复杂特质日益彰显，与前短视频时代的媒介相比，短视频具有更强的"体验感"和"在场感"，普通的事件或问题经过"裂变式"传播，对大学生产生较大影响。特别是随着短视频深入社会生活的方方面面，越来越多的大学生将注意力转移到短视频空间，并在其中映射各种观点、态度和情绪，多元价值观念容易产生冲突与摩擦。换而言之，以短视频为代表的媒介技术变革重塑了主流意识形态的传播生态，颠覆了大学生主流意识形态信息资源的集中性和话语权的垄断性，解构了主流意识形态教育主客体的结合方式，对大学生主流意识形态的认知产生了极大影响，在一定程度上削弱了大学生主流意识形态教育的实效性。新技术孕育新时代，新时代呼唤新青年，新青年渴求新教育。在短视频时代，应全面梳理大学生主流意识形态教育的新特征，直面短视频带来的挑战，创新主流意识形态教育的路径和方法，这对于提升大学生主流意识形态教育的实效性具有重要意义。

二、短视频时代大学生主流意识形态教育特征分析

短视频作为一种移动终端的社交媒介，以大数据分析、智能推送、便捷切换、互动社交等多维设计受到了新时代大学生的广泛欢迎。当前，短视频对主流意识形态教育产生了深刻影响，并呈现出以下新特征。

1. 教育主体多元化

随着短视频技术的快速发展，自我技术赋能的主体意识空前凸显，教育主客体的角色发生了根本变化。教育主体趋向多元化发展，传统的教育客体由过去被动接受教育信息，逐渐成为主动选择或生成教育信息的主体，形成了教育主客体互构的教育传播模式。

一方面，短视频重塑了主流意识形态教育的价值引领方式。传统的意识形态教育

往往关注宏大叙事,强调普遍性、规律性、必然性和统一性,忽视了人在生活中的个体性、多样性和特殊性。而短视频选择个体叙事视角分享个人的情感和生活,成为日常创新的记录者、见证者和美好生活的传递者,通过关注微观世界帮助人们理解宏观世界,实现叙事性和价值性有机融合,改变了意识形态教育的价值引领方式。就此而言,短视频既能为大学生主流意识形态教育提供丰富素材,营造网络意识形态教育表达的"在场感",使大学生获得"沉浸式"主流意识形态认同感;但也可能因持续推送映照非主流价值的内容,而使大学生陷入主流意识形态认同危机。

另一方面,短视频制作者通过作品传递自身的价值理念和道德观念,使短视频浏览者产生共鸣,从而潜移默化地"同化"他们的价值立场。从积极的角度来看,密集推送"正向"意识形态内容的短视频,可以有效凝聚大学生的思想共识,增进大学生的政治认同;考虑到某些负面情况,在价值多元的移动网络,各种裹挟着西方意识形态的社会思潮隐藏在短视频内容之中,并通过算法的原发优势抢占网络意识形态阵地,异化大学生主流意识形态认知,从而消解大学生主流意识形态教育实效。

2. 教育客体圈层化

网络圈层化是大学生基于兴趣与爱好只在特定圈层中进行信息交互的现象。短视频准确定位大学生的喜好,迎合他们的个性化需求,拓展了传统的"圈子文化",形成了新的网络圈层,呈现出圈层价值的多样化和自我彰显的个性化特征。

一是网络圈层满足了大学生的个性化需求。实质上,网络圈层作为新的"组织"形态,为大学生提供了一个更加精细的集体生活网络平台,同时为他们的人际社交提供了新场域。大学生加入各类网络社群,主要缘于个人喜好需求的多样化。在某些方面,圈内成员彼此具有很大的共性,圈内成员及其信息同质性较高,互动交流程度更高。

二是网络圈层为大学生提供了"线上"与"线下"互通的平台。网络社群虽是虚拟空间,却以各种方式嵌入社会生活。如此一来,大学生"习惯性"地生活于各类网络社群之中,"习惯性"地在不同网络社群中自由切换,分享信息,沟通情感,并围绕不同主题展开积极讨论、表达观点、展现自我,他们对虚拟空间的关注甚至超过了现实生活。

三是圈层价值多元化与自我彰显个性化。智能技术让网络成员联结组成网络社群,并熟识彼此的情感变化和思想波动。成员习惯于社群设定的"意见茧房",思想、观念相对固化。然而网络圈层内部信息依然存在价值多元性,不仅个体之间在利益导向、所持立场、情感需求等方面有所不同,而且个体与群体之间也存在内在价值张力,"意见领袖"和"沉默螺旋"现象并存,这使同一网络圈层难以达成价值认同,同时在不同的网络社区也存在价值区隔。

如上所述,教育客体网络圈层化在一定程度上导致了主流意识形态教育传播范围的窄化和教育引导的弱化,难以实现有效渗透。

3. 教育内容的生产和表达方式趋向多样化

大学生作为成长在多元文化浪潮中的网络原住民,热衷于创作和传播表情包、火星文、动图、短视频和微视频等,并以此作为互动交流的表达方式。不可否认,短视频作为新兴大众传播媒介,改变了意识形态的现实基础,为大学生主流意识形态教育提供了多元化的教育内容以及多样化的表达方式。

一是教育内容多元化。短视频不仅融汇了主流文化、大众文化以及精英文化等多重阶层的文化内容,而且涵盖了社会、历史、艺术、美食等多领域的文化内容,甚至囊括了不同国家、不同民族、不同地域等多维度文化内容。

二是个人叙事通俗化。在移动互联网时代,理性、严肃的"说教式"表达方式难以获得当代大学生的青睐。短视频通过个体视角的主观叙事,以一种"日常经验"非日常表达的方式,使社会生活的每个角落、每个细节、每个创意被更直接、更生动、更有趣地"说"出来,增强了"在场感"和说服力。把深刻的理论转变为生动的话语,有利于增强主流意识形态教育内容传播的感染力和吸引力。

三是叙事内容生活化。"大而空"的话语会疏远教育主客体的心理距离,进而形成彼此交流的障碍,导致主客体的话语共识难以凝聚。然而短视频具有很强的生活性,"无视频,不生活"恰好体现了当代青年的生活态度。短视频的素材来源于生活场景,通常都是记录微小事,言说暖心人。如抖音平台中的"四世同堂"用最简单的方式表达着"中国式"亲情,曾一度"走红"网络,受到人们热捧。

四是视觉呈现方式多样化。以短视频为代表的视觉文化,由于包含着感性意识形态的图片、声音、视频,比文字文化更容易引起大学生的情感和价值认同。"央视新闻""新闻联播""人民日报""新华社"等主流媒体主动融合短视频平台,通过宏大叙事配合文字阐释和微叙事融合视听体验等叙事方式,结合开屏、话题、热榜、标签、瀑布流、滚动条等形式,构建了大学生主流意识形态教育话语表达的多样性。

4. 教育方式的便捷性和交互性

短视频能在传播领域脱颖而出,主要是因为它具有较强的易操作性、娱乐性、碎片性以及交互性。短视频自带美颜、音乐和特效等功能,其便捷的操作方式、既定的编辑流程、强大的素材资源为大学生提供了多种选择,以便他们在15秒内尽情记录、分享和搞怪,充分释放自我,迎合了大学生个性化表达的需求。不仅如此,短视频"碎片化""轻量化"的信息传播方式还受到了大众的广泛关注。这是因为短视频通常选择视角小、主题突出、直观生动的事件,并进行"密集化"的信息传播,这样更能引起人们的兴趣,增强信息的时效性。同时,短视频契合了大学生信息密集接收的习惯及"碎片化"阅读的习惯。短视频通过动画和文字解说,或借助可视化技术,充分调动受众的多种感官,帮助他们更直观地了解、接收、传播内容。15秒的短视频所传递的信息量远远超过上千字的文字内容。

此外,短视频支持主客体之间的信息反馈及与其他社交平台的转发分享,实现不同社交平台的无缝连接和信息同步,具有方便快捷的特点。教育者可以通过社交平台开通实时互动渠道,及时了解用户看法和态度,增强传播实效。例如,2020年1月12日"央视新闻"快手号发布的短视频《84岁钟南山再战防疫最前线!致敬!》,收看量超过1 235万。同时要认识到,主流意识形态话语表达不能被网络语言"架空",要预防和抵制不良网络流行语对主流意识形态话语的消解,维护主流意识形态话语的权威性。

三、提升大学生主流意识形态教育实效的举措

2016年12月,习近平总书记在全国高校思想政治工作会议上指出,做好高校思想政治工作,要因事而化、因时而进、因势而新。以短视频为代表的新媒体为大学生主流意识形态教育提供了新载体、拓宽了新路径,也带来了新问题、新挑战。面对挑战,我们要学会立足自身优势,借力短视频的技术特长,化危为机,弱化负面效应,强化主流意识形态教育价值引领,进一步提升主流意识形态引导力。

1. 落实主体责任,提升主流意识形态引领力

主流意识形态具有价值引领和社会整合的作用。"中国特色社会主义进入新时代,必须把统一思想、凝聚力量作为宣传思想工作的中心环节"。任何一个社会如果缺乏主流意识形态的引领,将会陷入舆论危机和秩序混乱。因此,任何时期都必须坚持主流意识形态的主导地位不动摇。

(1)提升主流意识教育主体的引领能力。一是增强教育主体的政治理论素养。习近平总书记指出,要抓好理论学习,通过坚持不懈学习,学会运用马克思主义立场、观点、方法观察和解决问题,坚定理想信念。这就要求教育主体坚持学习马克思主义理论,掌握辩证唯物主义和历史唯物主义观点和方法,增强和提升主流意识形态鉴别力。二是增强教育主体的网络素养。主流意识形态教育是做人的思想工作。新时代要求教育主体适应新形势需要,提升网络素养,掌握教育传播技巧。教育主体不仅需要做好本职工作,而且要成为主流意识形态的"发言人",并提高政治敏锐性,辨明网络舆论导向,提升同非主流意识形态斗争的水平。

(2)落实主流意识形态教育主体责任。主流媒体作为马克思主义主流意识形态教育传播的责任主体,要用社会主义核心价值观驾驭算法,增强价值引领功能,主动抢占移动网络宣传阵地。多方协调网络精英、网络主播及虚拟偶像等主体的"流量"优势,融合主流意识形态的理想信念、价值观念和道德理念,树立正确的价值导向。从高校自身来说,高校要构建学校党委统一领导,党委宣传部组织,其他机关职能部门和基层单位分工协调的工作格局;筑牢各级党组织书记第一责任,坚持"谁主管、谁负责",分层分级管理,落实意识形态工作责任机制。

2. 推进"融圈破壁",提升主流意识形态教育渗透力

"分众化"传播导致传播受众网络圈层化,传统主流意识形态教育的"大水漫灌"要及时转向"精准滴灌",依据网络社交圈层化特征推进"融圈破壁",实施精准教育。

(1)组建主流意识形态圈,增加"圈粉"能力。依据马克思主义在移动网络中的形态,成立政治形态圈、学术形态圈和生活形态圈。结合移动网络的现实情况来看,政治形态圈和学术形态圈取得的成就和成果是有目共睹的,但是离教育客体的需求仍任重

道远。生活形态圈的主体是普通大众,因此需要让马克思主义走进大众生活和校园日常中,增强主流意识形态圈层的吸引力。

(2) 主动"融圈",寻求"破壁"。理解和尊重圈层文化,以包容的心态回应圈层成员的合理诉求,促进个体意识回归;研究圈层的组成、话语属性、传播形态等规律,以圈层话语主动融入,疏导结合,推动圈层亚文化治理。

(3) 有效设置议程。及时关注圈层舆论热点,主动设置议程,科学把握议程设置主动权。一方面,圈层社交场域的信息交互性强,话语主体、信息来源和传播方式都会发生变化。基于此,在议程设置中,话语主题的设置、话语表达方式的确定和传播节点的把控都应顺应媒介环境的特点。另一方面,公众对议题的感知度、接受度取决于其接受议题的内容,因此议程设置要充分了解受众的需求,开展议题策划和内容设计,提升受众接受力。

(4) 发挥"意见领袖"的导向作用。"意见领袖"在圈层传播中处于"风暴中心"的位置,具有强大的鼓动和造势作用。不断扩大"意见领袖"的公信力,利用其在网络中心位置和引发从众效应的功能。善于引导"意见领袖"在关键节点上敢于发声、善于发声,鼓励他们将公众的关注点与价值引导对接起来,形成圈层舆论与主流价值传播的共振效应。

3. 理论"照亮"现实,提升主流意识形态教育内容的亲和力

主流意识形态教育不仅要在理论维度夯实基础,而且要在实践维度回应和解决大学生关注的社会现实问题和热点问题,彰显社会主义意识形态的治理优势。

(1) 阐释马克思主义理论要与大学生现实生活相结合,用理论解释社会问题、解决现实难题、回应现实需求。在理念上,始终坚持"从学生中来、到学生中去"。在内容上,始终坚持将大学生关心的毕业求职、创新创业、婚恋交友等问题作为大学生思想政治教育的工作方向,调动学生的积极性、主动性和创造性,增强主流意识形态教育的亲和力。

(2) 以感性化呈现理性内容。意识形态内容反映社会现实的程度越高,话语也就更形象,阐释力也更强。借助新媒体技术优势,将意识形态中的理性概念、文化内涵、精神内涵转化为感性形象、感人故事、图文符号或视频动图,增强意识形态传播的生动性和形象性,吸引大学生的注意力,促进大学生的内心认识、情感认同和自觉实践。

(3) 实现主流意识形态教育传播"共情"化。建立在"共情"基础上的传播内容和传播方式更容易让人理解和接受。要深入了解大学生的心理需求和情感期待,善于选取、提炼与主流意识形态正向传播相契合的个性化、温情化的人或故事,让他们既感到客观真实,又亲切熟悉,从而使主流意识形态传播在大学生群体中形成共鸣、产生共振,深入人心。

4. 强化互动反馈,提升主流意识形态教育传播实效

主流意识形态教育的主体与客体在特定语境中产生"对话",才能获得最好的教育效果。建立科学化、常态化、规范化的制度,强化互动反馈机制,巩固教育效果。

（1）畅通互动反馈机制。教育主体应汲取自媒体草根性、互动性的优势，改变"盛气凌人""高高在上"的"刻板印象"，以柔软的姿态、温和的态度及时反馈学生的热点问题，合理回应学生的诉求，增进大学生对主流意识形态的认同。

（2）建立互动反馈奖惩机制。短视频空间中的非主流意识形态信息，以及"非马"或"反马"言论无序蔓延，容易淡化和消解大学生对主流意识形态的认同，甚至出现负向反馈。因此制定相应的奖惩机制显得十分必要。一方面，对于那些遵守主流意识形态价值理念的话语行为，要给予明确支持和公开褒奖，从而有效规范话语方向和话语实践，强化对主流意识形态的认同。另一方面，对于那些违背主流意识形态价值观念的话语要坚决否定和公开批评，以促使他们终止不当言论和不良话语行为。

（3）完善信息监管机制。有效的信息监管是保证主流意识形态教育传播的重要手段。"去中心化"裂变式传播打破了中心化、层级化的传播模式，"先传播，后监管"现象逐渐成为短视频信息传播的常态。为应对如此复杂的传播环境，不仅需要有效的技术支持，如大数据、云技术、智能算法在网络舆情监测和研判中的应用，而且需要有配套的技术规范和法律监管，提升网络空间法律法规的可操作性和实效性。

参考文献

［1］习近平.决胜全面建成小康社会夺取新时代中国特色社会主义伟大胜利——在中国共产党第十九次全国代表大会上的报告［N］.人民日报，2017-10-28(1).

［2］中央宣传部(国务院新闻办公室)，中央党史和文献研究院，中国外文局.习近平谈治国理政：第三卷［M］.北京：外文出版社，2020：319.

［3］张烁.习近平在全国高校思想政治工作会议上强调：把思想政治工作贯穿教育教学全过程 开创我国高等教育事业发展新局面［N］.人民日报，2016-12-09(1).

［4］张洋.习近平在全国宣传思想工作会议上强调：举旗帜聚民心育新人兴文化展形象更好完成新形势下宣传思想工作使命任务［N］.人民日报，2018-08-23(1).

［5］中央宣传部(国务院新闻办公室)，中央党史和文献研究院，中国外文局.习近平谈治国理政：第一卷［M］.北京：外文出版社，2014：154.

"大学体育"课程思政建设的困境与实践研究

王玉意

一、前言

习近平总书记在全国高校思想政治工作会议上强调,要把思想政治工作贯穿教育教学全过程,实现全程育人、全方位育人,确保思政课程与其他课程同向同行的现实需要。当前高校办学遭遇复杂的国际国内环境,面临各种社会思潮的传播与碰撞,对学生树立正确的人生观、价值观和世界观都产生了极大的冲击。基于此种情况下,高校教师在日常教学过程中面临着巨大的挑战。如何在传授知识和技能的同时,兼顾对学生思想和价值的引领将是课程体系建设的一个重要课题。"树德莫如滋,去疾莫如尽",道德浸润和潜移默化式的教育是古今中外思想道德教育的共识。在课程教学中如何挖掘"道德、人文素养"元素,潜移默化地渗透育人价值,破解教师在专业知识传授与思政融合的难点,是当前面临的挑战之一。因此,探寻"大学体育"课程思政建设的教学结构、教育形态与群众意识等在特殊空间和节点中的交叠、重构,破解堵点和难点,实现"大学体育"课程思政建设环境的时空转换,是新时代"大学体育"课程思政建设发展与改革中的一个重要命题。

二、"大学体育"课程思政建设的意义

课程思政是新时代背景下党中央加强高校思想政治教育的新要求,是对各类专业课程融合思政教育内容的理念提升。"大学体育"课程本身就蕴含着丰富的思政元素,对于培养学生的人生观、价值观和爱国精神等可以起到莫大的推动作用。因此,建设好"大学体育"课程思政是建设整个思想政治教育课程体系的重要组成部分,是落实"立德树人"教育的根本任务之一。

(一)"大学体育"课程思政是新时代思政教育体系建设的重要组成部分

"大学体育"课程在一定程度上也承担着思政教育的任务,因此建设"大学体育"课程思政就是在构建思想政治教育课程体系。"大学体育"课程对培养学生的爱国主义精神、集体观念和进取精神等有着较高的实践价值。教育部印发的《高校思想政治工作质量提升工程实施纲要》提出,要大力推动以课程思政为目标的课堂教学改革,梳理各门专业课程所蕴含的思想政治教育元素和所承载的思想政治教育功能,融入课堂教学各环节,实现思想政治教育与知识体系教育的有机统一。"大学体育"课程思政是国家实施高校思政教育工作的重要组成部分,也关系如何以实践教学来引领新时代大学

生树立正确的观念。

(二)"大学体育"课程思政是落实"立德树人"的根本任务

"大学体育"课程本身就是一种重要的文化形态,对学生的思想意识和身心素质都有着极大提升作用。在"大学体育"课程中融入思政教育内容不仅能进一步发挥其文化育人的功能,而且落实了"立德树人"的根本任务。习近平总书记曾指出,教育的根本任务在于"立德树人",高校各个学科都要担负起"立德树人"的重要使命。"大学体育"课程思政课程建设是落实国家思想政治教育战略的重要组成部分,在大学生今后的生活中起着基础性的强化作用,通过体育课程思政教育加强育人功能,促进学生全面发展。体育课程融合思政内容进入"大学体育"课程的教学设计和实施是推动高校思想政治教育工作的重要节点,也是落实"立德树人"教育的根本任务。

三、"大学体育"课程思政建设发展的困境

教育部关于全面提高人才培养能力的意见中指出,高校要全面落实"立德树人"的根本要求,推进和加强课程思政的建设力度。依据相关文件,各个高校在课程思政建设的实践过程中都遭遇了一系列问题。就"大学体育"课程思政建设而言,一是面临着课程思政教学在现实中的地位问题,以及学校、教育主管部门是否将政策实施到位的主体发展困境。二是"大学体育"课程思政建设在生态资源开发和利用上是否安排得当,以及课程内容与目标建设是否得到各个参与群体认同的困境。

(一)"大学体育"课程思政建设的主体性发展困境

经过多年的发展,主体性教学已成为素质教育实施的核心理想,"大学体育"课程一直以提高大学生的身心健康为课程目标,在增强大学生体质的同时始终重视对其进行思想政治教育。然而,"大学体育"课程思政在建设过程中,还存在着思想认识不全面和具体实践无指导等问题。在"大学体育"课程思政建设教学中,思政教学一直未进入大学体育课程标准和教学计划当中,也没有相关考核的措施。教育主管部门在具体实施政策和实践指导方面缺乏明确指示,这导致体育课程思政得不到重视,享受不到应有的支持和资源。在"大学体育"课程思政实际实施过程中,部分学校只重形式,应付检查,而不重视内容体系构建和实施路径方法,导致出现课程思政无体系、无路径、野蛮生长的情况,体育教师也是各自为战,未形成统一有效的实施路线。

(二)"大学体育"课程思政建设资源开发及运用困境

"大学体育"课程在其多年发展过程中,一直延续着通识教育的课程理念,丰富的体育运动资源是保证课程实施的基本条件。然而,在"大学体育"课程思政建设的道路上,无论学校还是教师都未在开发体育思政的资源渠道和运用方式上取得突破。在学校层面,学校对体育课程思政资源的开发与运用还不够重视,教师也未养成主动开发课程思政资源的意识。此外,学生缺乏主动思维,个人资源被荒废,最终造成了体育思政元素难以得到有效挖掘和系统运用的现状。开发"大学体育"课程思政资源无论在提升"育人"的价值方面,还是在促进教师的素养方面都有着较高的价值。由于有诸多

外在影响因素,不同年级、不同年龄段与教育传承路径的差异未能体现出来,这些给"大学体育"课程思政建设教学带来了极大的困难。部分院校的体育思政课程资源开发未得到学校和领导的重视,教师也缺乏主动开发课程思政资源的意识和运用方式的创新,学生则对此普遍缺乏思考。

(三)"大学体育"课程思政建设发展内容困境

在"大学体育"课程中,对于不同项目的思政内容建设与目标融合仍存在一些问题待解决。首先,课程建设的结构分配问题至关重要,如何评估课程和优化课程内容教学是当前"大学体育"课程思政建设发展内容的一大难题;其次,对于学校体育思政内容的挖掘,力量稍显薄弱,思政元素与体育课程教学设计和教学实施的融合仍不够契合;再次,思政功能的作用在"大学体育"课堂上未能得到有效体现,教师普遍以完成体育专项教学任务为主,思政育人效果大打折扣;最后,"大学体育"课程思政的生态建设和资源的有效利用存在一些困难,还需进一步反思。

(四)"大学体育"课程思政建设目标认同困境

目前,对于"大学体育"课程思政建设的目标认同仍普遍存在着一些分歧,缺乏统一的认识,这给体育教师的课堂教学和学生的学习都造成了一定的困扰。同时在体育思政评价体系的建设方面也尚未达成共识,体系建设暂不完善。此外,"大学体育"课程思政建设的育人价值、课程设置、课程目标、教学内容、教学实施和课程评价等六个核心问题都存在广泛争论。同时,思政讲授、技能教学和本科教学的评价环节,需得到各部门政策支持,并落实到位,全面评价和教师个体多元参与的认同感尚不一致。

(五)"大学体育"课程与思政课程耦合困境

体育课程思政在融合上仍有"疏离化与分权化"的生存态势,思政课程未完全嵌入到体育课程中。例如,有教师在接受采访时认为体育课程和政治教育没有太大关联,提出可将其分开展开,将政治教育改为课后师生互动的形式。然而,推动体育课程的改革,并不仅是在教学中喊出几个思政口号,或增加几个与政治教育相关的体育课程和体育活动,而是深入挖掘体育课程和思政课程资源,将"立德树人"的目标贯穿教育的始终,始终将其基因嵌入体育课程中。因此高校应将理想、信念、核心价值等理念和政治教育要素有机地整合到体育课程体系中,使体育课程和思政课程协同推进,为国家和社会培养品学兼优的后备人才。

(六)"大学体育"课程思政育人机制困境

从中国思想政治改革的现状来看,目前还难以形成一种更全面的体育与思想政治教育相结合的育人机制。在育人机制建构与完善方面,由于机制理念的淡化,难以将思政教育资源融入体育课程思政的各项环节。由于缺乏强有力的政策支持和可行的路径,体育教师难以运用其政治理念积极探索体育课教材,梳理体育教育内容,向学生传导爱国情怀和追求卓越、坚韧执着的精神。需要继续构建体育课程思政建设的评价体系,为体育课程思政提供科学合理的制度安排和准确完整的监督评价机制,这样有利于激发学生对体育思政学习的坚定立场和理念,培养其过硬的专业技能,使其勇于创新和挑战,做一个适应新时代需要的开拓者。

四、"大学体育"课程思政建设的实践路径

从"立德树人"的本意来看,"立德"的目的是通过道德实践将"德"根植于受教育者的内心和言行之中,使其通过接受教育成长为有道德、有德行的社会主义建设者和接班人。"大学体育"课程思政在建设过程中应以学生为教学的主体,挖掘"大学体育"课程思政教学元素,拓宽资源开发与利用的渠道,强化课程思政功能和内容建设方式,以实现多元化的教学目标。通过借鉴国内外经验,提出"共建教学模式、共生教学内容、共享教学方式"的理念,并通过提高教师思政素养、优化体育课程教学评价体系、强调立德树人的体育课程价值观的方式,来破解目前困境,实现共同发展。

(一) 明确以学生为主体,协同共建课程思政教学模式

"大学体育"课程思政教学过程既是教师教的过程,又是学生习得的过程。在教学和学习的过程中"以学生为主体,以思想政治教育为中心",应注重学生的习得过程,关注学生真正学到了什么及其是否有效地对知识进行转化和升级,落实多元发展与共生机制,共建资源共享开发体系,立足资源优势,旗帜鲜明地讲政治。"大学体育"课程思政建设的新模式要先进行思想破冰,明确"育人"理念,坚持"立德树人"这一根本任务,深度挖掘和精准凝练体育课程中的文化价值范式,并将其转化为教学过程中具体化、生动化、形象化的有效载体,克服主体之间信任困境,保证课程思政建设有效协同共建。通过落实社会、学校、家庭和教师的多元发展模式,创建新时代"大学体育"课程思政育人理念,在理念制定的实践运用中开发网络学习资源、分摊责任与义务,在课程建设过程中分类把关,统一思想政治教育战线,立足根本来讲思政教育。

(二) 强化建设方式,融合共生课程思政建设教学内容

在"大学体育"课程中将思政教育贯穿整个人才培养体系当中,深挖体育运动中蕴含的思政元素,并将挖掘出来的思政内容嵌入课程体系中,丰富课堂教学手段,使思政内容融入整个"大学体育"课程教学体系。"大学体育"课程本身就孕育着丰富的思政资源,在"大学体育"课程的不同阶段、不同项目都可以挖掘出有效的思政元素,然后将其整合为思政资源融入体育教学中。教育主管部门和高校应建设体育课程思政的资源库,通过上级部门和教师合力建设丰富的思政教学资源,增强教师在课程实施过程中的思政资源运用能力,同时激发学生的主观能动性。注重课程生态资源的生成,以顶层设计为先导,各门课程多元融合共生为载体,创新课程体系,深入挖掘思政育人元素,增强"大学体育"课程思政育人的效果。系统挖掘思想教育元素,增强课程思政建设的内生动力,融合多方力量来形成统一的思政教育理念。以高校思政课程教育为出发点,各方积极配合体系搭建、观念引导和体育思政实践活动的开展,形成和谐共生的融合形态,逐步建设并完善体育课程思政教育体系。无论线上线下、课内课外,学生都将获得统一的方向引导,实现课程思政目标。打造"共建、共生、共享"的"大学体育"课程思政建设教学格局,破解共生困境,实现共同发展。

(三) 实现多元化建设目标,互助共享课程思政教学方法

"大学体育"课程本身就是通识教育的重要组成部分,具有多元化教育的要求。建设"大学体育"思政课程应从多角度出发、多方参与、资源共享和协力共建来实现多元化建设目标。通过自主培养和多方支援来建设体育思政高水平师资力量,挖掘体育思政元素来丰富教学内容,以学生为主体结合体育思政需求来改进教学方法,完善目前落后的教学条件,提升体育课程育人的教学效果。"大学体育"课程思政体系建设因是多方参与、共同融合的结果,应实现主客体之间的体育思政目标整合,在学校、政府、社会及教师的力量互助互惠下,延伸思政课程与专业教育课程教学发展的链条,破解"大学体育"思政课程教学困境,使全体学生共享思政课程教学改革成果。通过对传统体育课程教学流程与组织的再造进行反思,推动体育课程思政教学资源共建共享,以促进思政教学改革的有效融合,保证高校体育思政理论体系资源互助共享。在"大学体育"课程思政教学的实施过程中,多方互助共享思政教学方法。社会各方在实践过程中拥有丰富的实践指导方法,在进行劳动教育、安全教育、社会责任教育和意志品质锤炼时积累了丰富的指导经验。在体教融合的大背景下,课程可以借助社会多元力量,通过互助共享这些教学经验和教学方法,采取多形式的教学方法实现"大学体育"思政建设目标。在课程实践开展中,不仅让学生在第一课堂学习,而且可以借助社会力量开发第二课堂,以及借助网络资源开发第三课堂,通过串联家庭教育、社会教育和学校教育的共同力量来充实教学资源和教学方式的建设。在平时开展的实践活动中,以互助互享来形成一股完整的思政教育链条,实现面对面课堂与虚拟课堂、课内学习和课外学习的有机结合,最终共享"大学体育"课程思政理论建设成果。

(四) 立德树人,强调"同频共振"的体育课程价值观

知识传授与价值引领是育人的基本实现形式。在体育教学中,既要注重形体的锻炼和专业知识的传授,又要强调思政知识的价值引领,突出专业课程和思政教育的融通。坚持以马克思主义的基本原理作为体育课程思政建设的价值取向。运用"辩证唯物主义"和"历史唯物主义"方法论培养学生对体育规律的认知。深度挖掘"女排精神"等中国体育事业中追求卓越、战胜强敌、不断斗争的典型案例,培养学生乐于知识学习、勤于运动练习、勇于挑战极限的精神,为学生终身体育打下基础。在体育课程思政过程建设中,要坚持以马克思主义的观点和方法作为行动指南。体育课程应在"立德树人"的蓝图下,整合学校情况和政策教育,宣传新时代主题,把社会主义核心价值融入体育教育脉络。教师应以体育课堂为主要渠道,挖掘与课堂内容相关的思政元素,运用马克思主义的方法对其分类和概括,真正让马克思主义成为体育课程思政的行动指南,推动体育课与思政课的同向发展。

(五) 优化师资,提高体育教师思政素养

"大学体育"课程思政建设是对体育教师的一次全新挑战。体育教师应该在体育课程中承担思政教育的责任和使命,营造良好的课程生态,践行国家对课程意识形态和政治教育的要求,建立体育与思政教育相衔接的课程内容系统。在授课方面,教师

除了教授专业知识与技能,还应将培养学生树立正确的价值观、世界观等思政教育纳入课程体系中。体育教师还可以通过自主学习等其他渠道,提高探求体育思政元素的能力,根据不同的体育项目,选择适当的教学方法和不同的教学目标,在不同的情景中以自然的方式整合思政元素教育学生。在教学方法方面,除了传统的教学方法外,教师应最大限度地利用网络平台,结合多媒体技术和政治理论知识与实践,使教学更加精细化,进而更好地促进"体育课程思政"的建设,使体育课程协同思政课程共同培养自觉承担民族复兴责任的时代新人。

(六)科学管理,优化体育课程教学评价体系

体育教师在高校体育课程思政中扮演着重要角色,改善体育教师评价制度具有重要意义,是实现高校体育课程思政变革的重要纽带。高校体育教师评价制度应从多方面出发,确立明确的评价目标和指导理念,并将其纳入思想政治教育的评价体系;为体育教师建立系统科学的评价体系,并得到内外部环境的支持;在持续的体育实践中,建立体育教师评价反馈机制,定期吸收体育教师的管理反馈和适应情况,并对体育教师进行心理监测。

良好的思政教育可以帮助学生成长并为其提供良好的学习和体育环境。将思政元素融入对学生的评价体系时,应更加注重体育理念及政治教育方面的评价,重视评价的诊断和动机。教师应注意学生在学习活动中的行为变化,从而诊断体育活动中的问题;实现以运动技术为中心,专注于学生身体及思政开发的转型,注重学生运动技术的学习,从"立德树人"的观点和概念出发,对学生身体及精神健康的发展进行分析;从学生的认知发展出发,通过对学生学习情况的关心和同期状态的评价来实现教学的转变。在评价标准统一性的基础上实现评价内容的多样性,重视学生掌握和使用体育知识的能力,鼓励学生多思考、多理解问题,并对学生进行多样化的评价。

五、结语

"大学体育"课程思政建设是新时代思政教育体系建设的重要组成部分,也是落实"立德树人"的根本任务。目前"大学体育"课程思政在建设过程中遭遇到建设主体、资源开发与运用、内容建设和目标认同等困境。研究通过以学生为主体、强化建设方式和实现多元化建设目标,寻找出相应的破解困境的教学机制,增强高校体育课程思政建设的内生动力,破解大学体育课程思政建设的堵点,解构并重构当前教育制度体系,多元融合各类主体参与,规范教与学的形式,打造"协同共建、融合共生、互助共享"的"大学体育"课程思政教学新格局。

参考文献

[1] 赵鹤玲.新时代高校"课程思政"建设的现状及对策分析[J].湖北师范大学学报(哲学社会科学版),2020,40(1):108-110.

[2] 杨祥全.铸魂育人:体育课程思政建设的紧迫性与自身优势探究[J].天津体育学院学报,2020,

35(1):13-16.

[3] 把思想政治工作贯穿教育教学全过程[J].共产党员,2017(2):5.

[4] 闫士展,傅建,王若光.从"提高体质"到"立德树人":扬州会议的历史回顾与学校体育改革的新转向——熊斗寅、曲宗湖、李习友和施永凡学术访谈录[J].体育与科学,2019,40(4):9-17.

[5] 高鹏飞.具身道德:学校体育何以"立德树人"的困境与治理[J].体育与科学,2020,41(2):80-86.

[6] 高鹏飞,周小青.社会距离与行业失范:学校体育课程价值的反思[J].体育与科学,2016,37(3):63-68.

[7] 刘纯献,刘盼盼.体育课程思政的内容、特点、难点与价值引领[J].体育学刊,2021,28(1):1-6.

[8] 李在军,刘美,赵野田.课程育人:高校体育类专业课程思政特征、难点及应对策略[J].沈阳体育学院学报,2021,40(3):18-24,32.

[9] 赵富学,陈蔚,王杰,等."立德树人"视域下体育课程思政建设的五重维度及实践路向研究[J].武汉体育学院学报,2020,54(4):80-86.

[10] 常益,张姝.健体育魂:大学体育课程的思政教育转向研究[J].体育文化导刊,2018(6):136-141.

短视频影响下大学生爱国主义教育的路径研究

杨 倩

一、引言

爱国主义是社会主义价值体系的重要组成部分,加强爱国主义教育对于凝聚民族力量至关重要。高校大学生正处在"半踏入社会"的重要阶段,思想还未完全成熟,容易受到外部信息的影响。短视频的出现,影响到社会生活的方方面面,在一定程度上给爱国主义教育带来了挑战。本文通过分析在短视频的影响下大学生爱国主义教育出现的问题,总结加强大学生爱国主义教育的路径。

二、短视频影响下大学生爱国主义教育存在的问题

一切事物是相互影响的,都具有其两面性。网络的快速发展为人们的生活提供了便利,也给爱国主义教育带来了某些不利影响。线上短视频平台占据了人们大量的时间,长期处于这样的环境下,必然会影响大学生的价值认同,阻碍爱国主义教育在大学生群体中的发展,给高校爱国主义教育增加难度。

(一)爱国主义教育价值导向偏差

每个时代都有自身的时代价值导向,当今中国的时代价值导向是"社会主义核心价值体系"。社会主义核心价值体系中的一个关键要素就是爱国主义,爱国主义教育价值导向是指通过爱国主义教育指引群众的行动方向。

随着互联网的加速发展,各种线上平台快速兴起。一方面,法律法规的监管政策跟不上线上平台的发展。监管政策的出台需要经过一段相对漫长的审核期。在政策尚未出台的等待期,一些平台为了获取利益,可能会钻法律的空子。一些不法分子甚至会利用学生的不成熟心理进行煽动,诱导学生作出违法违纪的行为。大量的娱乐信息在网上平台推送机制的配合下,容易使部分学生在碎片化时间中难以自拔,从而减少对国家大事的关注。短视频影响更多的人追求自我的享受,使其对于集体利益甚至持"不屑一顾"的态度,这可能导致爱国主义教育的价值导向出现偏差。另一方面,全球化进程不断推进,不同文化之间相互碰撞,一些西方国家也在不断地将自身价值观向全世界推广蔓延,很容易影响部分爱国主义意识薄弱的学生。外国敌对势力也利用线上平台,通过短视频或者社交媒体,吸引大批粉丝,制作传播含有不良思想的作品,发布抹黑国家形象的内容,在意识形态领域对学生进行渗透拉拢。因此,各方应高度重视意识形态领域国家安全,加强对线上平台的监管,通过持续不断地宣传爱国主义

教育,强化学生的国家安全意识,培养他们维护国家安全的思想自觉和行动自觉。

(二) 爱国主义教育话语权的弱化

话语权即说话的权利,也指一种信息传播主体的潜在现实影响力,其影响表现在经济、文化以及社会生活的方方面面。话语权具有一定的权威性和控制力,掌握话语权对于取得人民群众的认可具有重要意义。爱国主义教育话语权指的是信息传播主体在爱国主义教育方面的潜在现实影响力。爱国主义是社会主义核心价值观的重要组成部分,具有强大的凝聚力,因此爱国主义教育话语权具有充分的凝心聚力作用。高校爱国主义教育话语权利用高校这个特殊的平台,便于在大学生中产生潜移默化的影响,其权威性有利于加强大学生的集体认同感,引导大学生树立正确的价值观。

网络时代信息高度发达,各种媒介不断传播,线上平台侵占了人们大量的时间,人们的关注度更多地被虚拟平台吸引。年轻人更容易受到各种网络信息的影响,沉迷于娱乐化的网络世界,追求心理上的自我满足,导致人与人之间的距离被拉远,对群体的认同感也越来越低,也减少了对爱国主义的认知。在短视频的网络世界中,拜金主义、享乐主义和极端个人主义等错误的人生观充斥其中,爱国主义教育话语权日渐弱化,对大学生树立正确的价值观产生不利影响。在短视频的影响下,大学生更加注重个人主义,追求个性化,却忽视了个人与集体之间的关系,以及自我需求和社会需求的连接。近些年,短视频席卷网络平台,加速了时代更迭的同时,也带来了碎片化的弊端。很多文案和视频因其不连贯性以及追求抓人眼球的戏剧性,出现了罔顾历史、具有误导性的现象。大学生正处于建构价值观的关键时期,短视频的流行使爱国主义教育话语权有所弱化。

(三) 爱国主义教育方式创新不足

一方面,在短视频的影响下,人们更注重信息的趣味性。传统高校爱国主义教育模式缺乏与时俱进的创新内容,仍然依赖于课堂讲授的方式。传统的授课方式趣味性不足,容易陷入说教式的模式,导致讲授内容呈现出刻板、枯燥的特点,对大学生的吸引性不高,不能激发学生对于高校爱国主义教育的兴趣。

另一方面,爱国主义教育者"亲和力"不够,教育者在进行爱国主义教育相关课程的讲授时,课堂上的互动较少,不能形成老师与学生的有效探讨,影响了学生课堂学习的积极性。单一的教育形式对当代大学生的吸引力不够,其教育的时效性也不能体现。在时代的快速更迭下,高校爱国主义教育应采取多种方式,改变以往传统爱国主义教育单一的模式,实现多样化教学。

目前,与以往依靠课堂讲授的方式相比,高校也融入了一些新的传播爱国主义教育的方式,如短视频、微博、公众号等网络媒介。但在利用这些新媒介的过程中,大多数高校推进爱国主义教育的成效并不显著。其呈现的内容与当下的热点问题融合性不高,发布内容的频率也较低,没有吸引大量学生的关注。这种新式传播爱国主义教育的方式与以往传统的讲授式教学相比,区别最大的地方在于媒介的不同。在短视频遍地的时代里,进行爱国主义教育内容创新迫在眉睫,高校应规划一套系统完整的互联网运行机制,既能把爱国主义教育的内涵充分地展现出来,又要紧跟时代的步伐,与社会发展和学生需求结合起来,真正做到让爱国主义入脑入心。

三、短视频影响下加强大学生爱国主义教育的路径

爱国主义教育有利于增强高校学生的民族认同感、民族自豪感和民族归属感,能有效防止西方意识形态的渗透。网络信息纷繁复杂与大学生的价值观产生激烈碰撞,而大学生的心态还未完全成熟,容易受到外部信息影响。为有效减少网络短视频对高校学生爱国主义信念的弱化,加强大学生爱国主义教育,可以从以下三个方面展开。

(一)加强对短视频平台的监管,营造良好的互联网环境

人对互联网环境有影响,互联网环境同样反作用于人。只有营造一个良好的网络环境,才能对人的发展有更好的影响,互联网环境是否积极向上,对高校大学生价值观引导的意义重大。短视频的出现推动了娱乐化的发展,其内在动力在于追求营利,而想要获得利润,在当下最快的营利方式便是赢得流量。因此,短视频平台管理者希望有大量的内容充斥在平台中,便放任各种形式的视频出现,以满足人们的好奇心,最终获得利润。

互联网平台至关重要,想要营造良好的互联网环境,首先,应加强对平台的监管,规范平台的行为。增强对平台管理者的培训,要求平台加强内容审核,防止虚假、低俗内容传播,督促平台管理者向用户积极推送传播爱国主义正能量的内容。其次,加强立法,完善各项规章制度。需要从国家层面制定相关政策,整顿网络不良现象,引导网络平台走上规范化的道路,用有效的惩罚措施管理网络平台,让网络环境真正做到风清气正。最后,需要加强对网民的教育和引导,提升爱国主义素养。一个积极的公民社会,有利于网络环境形成正风气。大学生正处于"半入"社会的特殊时期,对整个社会的认知不够成熟,很容易产生从众行为。一个好的互联网环境,有利于大学生对复杂信息的甄别,在爱国主义氛围的互联网环境中,潜移默化地增强其对理想信念的认同。

(二)加强爱国主义理论学习,坚持正确的主流价值观引导

互联网不加节制的"繁荣"景象,催化了"泛娱乐化"现象的出现,享乐主义、娱乐至上对大学生的影响越来越大,影响其理想信念的正确性。当代大学生在接触各种外部信息时,信息来源内容各式各样,每个人的理解也会有所不同,这导致大学生的思想观念在爱国主义教育过程中存在一定的差异。大学生正处于世界观、人生观、价值观形成的特殊关键期,其发展仅依靠个人的自我成长是完全不够的,这就要求高校必须要注重学生对社会主义核心价值观的理解,增强学生对爱国主义理论的学习,加强大学生爱国主义教育,帮助学生筑牢信仰之基,树立正确的理想信念,增强理性思维能力。

第一,高校可以利用"以党带团、班团共建"的模式,推动爱国主义教育深入学生当中。学生党员既有学生的身份,比老师更有条件与同学们贴近;又有党员这一特殊身份,对于爱国主义理论的学习比普通同学更深入。以学生党员为抓手,以党带团的方式,组织学生之间积极交流爱国主义理论,探讨真实生动的案例,推进爱国主义教育的

学习。

第二,高校教师需深入学习爱国主义理论,真正做到讲好爱国主义知识,教师作为引导学生成长成才的关键主体,对于学生的价值观形成有重要作用。

第三,大学生需加强对爱国主义理论的学习。提升自身的辨别能力,摒弃网络上的错误思想,树立正确的价值观。把自身命运与时代发展相结合、与国家发展相结合,在实现自我发展的同时,做一个对社会和国家有用的人。

(三)打破传统工作理念,创新工作内容和形式

网络短视频在一定程度上会助长不良风气,但从另一个角度来看,网络短视频也是时代发展的产物,它的出现必定有着背后的深层逻辑。短视频的出现也表示人民的生活水平较之前相比有很大的提高。过去人民更加关注的温饱问题,温饱问题解决之后,现在关心更多的是对美好生活的追求,由此助长了网络短视频的发展。时代在不断发展,传统的工作理念很多已经过时,需要创新方法、与时俱进。互联网时代,高校要更好地开展爱国主义教育,就需要打破传统说教式的思维定式,融合互联网发展的多重属性,形成新的工作方式,将爱国主义教育融入学生日常的方方面面。

第一,利用短视频等新兴媒介,加强爱国主义教育短视频的鲜活性和说服力,让爱国主义教育潜移默化地走近学生。教师可以通过布置小组作业的方式,让学生参与到爱国主义教育短视频的制作中,增强学生的参与感,激发学生学习的热情。

第二,积极挖掘优秀传统文化,把传统文化与时代发展相结合。中华优秀传统文化与爱国主义教育关系密切,弘扬优秀中华传统文化,能有效防止西方文化渗透。高校可以组织大学生参观博物馆、历史名人故居等爱国主义教育基地,用体验式的方式,使学生融入到爱国主义教育的环境中,增强高校爱国主义教育的实践性。一定程度上增强爱国主义教育吸引力,加深大学生对中华民族伟大历史的理解,激发学生爱国热情。

第三,短视频是时代的产物,它必然拥有这个时代的独特属性,个性化便是其中之一。市场上的私人定制、一对一服务,很受年轻人的喜爱,究其原因就在于个性化,年轻人渴望与众不同,有自己的专属标签。因此在推进爱国主义教育的时候,要给学生做分类,尊重学生的主体性,满足学生差异化、个性化的需求。

参考文献

[1] 王凯丽,陈树文.新时代爱国主义教育网络文化载体的基本特征及意义[J].石家庄学院学报,2020,22(2):85-90.

[2] 赵敏,朱洪伟.发挥短视频爱国主义教育作用的思考[J].新媒体研究,2019(12):60-63.

[3] 吴玲玉.短视频文化环境下大学生爱国主义教育的 SWOT 模型分析[J].佳木斯大学社会科学学报,2020(2):85-87.

[4] 盛建军,黄曼,董杜斌.智能时代青年理性爱国的理论基础和实践路径[J].教育评论,2022(4):42-46.

[5] 吕静.试论新时期高校大学生理想信念教育的可行性路径[J].公关世界,2021(36):133-134.

"三全育人"背景下关工委赋能高校基层党建工作实践研究

张 凯

新时代的高等教育以立德树人为中心,迫切要求构建全员育人、全过程育人、全方位育人的"三全育人"大思政工作格局。高校党建工作在"三全育人"大思政工作格局中发挥着重要的引擎作用。习近平总书记指出,培养德智体美劳全面发展的社会主义建设者和接班人,加快推进教育现代化、建设教育强国、办好人民满意的教育。高校关心下一代工作委员会(以下简称关工委)是以组织老同志来进行关心、教育下一代工作为目的的群众性组织。做培育大学生的参谋助手、联系大学生的桥梁纽带,是高校关工委的职责定位,践行立德树人也是关工委工作的题中之义。关工委的很多同志是各方面的老领导、老专家、老教授、老模范,他们具有丰富的工作经验,要积极发挥关工委老同志的作用,推动他们参与大学生党建工作,提高学生党员教育的有效性和高校学生党建工作的力量。

在"三全育人"背景下,高校基层党建工作正是"五老"发挥育人的优势价值的重要阵地。因此,积极探索将关工委资源优势与高校基层党建工作有机融合的路径,是关工委赋能高校基层党建工作的关键所在。

一、"三全育人"背景下高校关工委参与基层党建工作现状分析

近年来,关工委老同志在高校学生基层党建工作中一贯起到了十分积极的作用,大学生党员的培养、发展都凝聚了老同志的心血。自教育部办公厅下发《关于在高等学校聘请离退休老同志担任特邀党建组织员的意见》以来,关工委参与学生党建工作得到了进一步的发展,步入了新的时代。实践表明,关工委老同志充分发挥了他们在高校学生基层党建中的"传、帮、带"作用,也从下一代健康成长的喜悦中感受到自身的价值。但是目前高校关工委工作多集中在校级层面,在基层组织中覆盖不够全面、受重视程度不够、发挥作用有限、联系青年不密切,这导致关工委在实际工作实践中存在一些缺失,主要表现在以下三个方面:

(1)关工委在高校基层组织中体系不全,导致其在大学生群体中存在"缺位"现象。目前,各高校基本都建立一级关工委组织,但在一些高校还没有建立二级关工委,关工委的工作在基层的覆盖面不够,一些高校虽然建立关工委组织,但没有活动或活动不多,作用发挥不好。在实际调研中发现,大学生群体对于关工委这个机构的职能和作用不清楚,对"五老"的身份和影响力不了解,大多数只以"退休老教师"这个身份

一语概之。究其原因是学校对关心下一代工作的认识和理解存在差距,部分"五老"没有直接参与工作、深入学生群体或只出席活动,仅仅起到了形象展示的作用,其主观能动性没有体现,经验和智慧没有得到发挥。另外,部分高校关工委的阵地和经费没有落实,缺乏制度保障和作用发挥渠道,这在一定程度上削弱了关工委的工作积极性。

(2)关工委的"群众性工作组织"性质特点导致其在高校基层党建工作中发挥的作用存在"缺势"现象。《中共教育部党组关于加强全国教育系统关心下一代工作委员会建设的意见》指出:教育系统关工委是在同级教育部门和各级各类学校党组的领导下,以离退休老同志为主体、有在职同志参加的群众性工作组织。因此,关工委组织是非职能性的组织,不具有权威性和强制性,它在高校系统内,更多起到桥梁、纽带、参谋的作用。这导致关工委的活动往往停留在抓点的层面,只有重大节日、节点的零散活动,并且此类活动的同质性很高、形式单一、内容枯燥,存在随意性和松散性的现象。由于没有结合关工委自身特色加以创新和更新,没有发挥"五老"思政教育优势,更加没有形成常态化、规范化、规模化的体系机制,活动的文化感染力和思想引领力缺乏实效。

(3)关工委的老年化群体性特征导致其在与当代青年信息化联动方面存在短板。从关工委的老同志群体特征上来看,离退休后,老同志对社会、青少年的了解减少。在信息化和数字化时代,青年的生活方式和生存空间呈现网络化、宅系、佛系等现象,对于网络的依赖程度加剧。关工委开展的活动多集中在党建引领一类,偏理论性和学术性,对新时代青年的吸引力不强,这更加拉远了关工委与青年的距离。传统的关工委工作方式对青年的吸引凝聚力不断下降,给青年的思政教育工作带来了新挑战。从关工委的联系群体来看,关工委在基层党委工作中更多体现在大学生党员发展工作方面的指导,基层党建工作对象除了青年学生群体还包括青年教师,但是在实际工作中青年教师的价值引领往往会被忽略,在青年教师的党建引领方面,"五老"资源优势未得发挥,无法实现互通互联。

因此,在"三全育人"大思政格局下,对关工委的工作进一步提出了更高的要求和标准。如何发挥关工委老同志的育人积极性,不断创新、打造关工委育人工作模式,创建关心下一代工作的平台体系是当前需要解决的问题。

二、"三全育人"背景下关工委参与高校基层党建工作的优势

高校的党建工作任务重、覆盖面广、责任重大,专职党务干部和学生思想政治教育队伍的力量急需加强。"三全育人"背景下,如何最大限度地挖掘学校资源,加强高校党建特别是大学生党建,是高校需解决的问题之一。高校关工委是一笔非常丰富的资源,他们拥有广博的理论学识、丰富的人生阅历和崇高的师表风范。

高校基层党建工作在队伍建设上一般是以基层党委(党总支)为领导,以专兼职组织员为骨干,以院系辅导员为支撑的党务工作团队体系。当前高校基层党务工作团队整体是比较年轻的队伍,他们的人生阅历不够丰富、党建教育经验较为缺乏,无法有效

支撑基层党委党建工作的高质量发展。关工委作为全面关心青少年健康成长的群众性工作机构，主要是由高校各级领导干部和近期高校退休干部组成。关工委成员大都担任过高校相关部门的主要领导职位，普遍具有良好的政治素养、丰富的人生阅历和丰厚的资源优势，能够充分发挥关工委群体在基层党建工作中的榜样示范和教育引领作用，可有效弥补青年辅导员和党务干事的不足。因此，充分借助关工委群体的政治优势、经验优势和资源优势，积极发挥关工委群体的榜样功能、引导功能等，这确为提升基层党建工作成效的有效做法。

在"三全育人"的大思政工作机制格局下，高校关工委为基层党建工作提供了强大赋能。关工委在队伍建设、平台打造和资源协同等方面都具有强大的赋能优势。

三、"三全育人"背景下关工委赋能高校基层党建融合路径

关工委队伍要积极转变理念，不断进行知识方面的更新，进行自我调整、自我适应，在"三全育人"背景下，紧跟时代发展的步伐，与专任教师及其他干部职工一起，探索喜闻乐见的学习方式深入青年群体，形成党委领导、部门协作、关工委赋能的党建引领格局，形成高质量发展的育人合力和制度保障。

（一）明确角色定位，提升高校关工委参与基层党建的内生动力

在"三全育人"背景下，高校关工委如何利用好自身优势，需要重新定义其角色定位与工作重心，提升其内生动力。

首先，这种内生动力源自关工委群体本身的职责要求。关工委群体作为高校党建或业务等方面经验丰富的群体，其职责要求是协助推进青年理想信念教育，及时了解青年的思想政治现状，协助各级党组织开展基层党建工作。

其次，关工委群体普遍具有丰富的人生阅历和党建业务等方面的经验，具有强烈的为党育人、为国育才的情怀，这是关工委群体乐于同大学生群体交往的内在动因。关工委群体主观上愿意积极融入新的工作之中，愿意面对生机勃勃的青年学生和教师群体，愿意积极投身到新的工作职责之中，及时协助和推进相关工作。因此，基于关工委群体自身的职责要求和关工委群体的自我需要，客观上形成了关工委教师积极参与高校基层党建工作的内在动机。

最后，关工委需要不断加强自身建设，联系实际、严格要求、认真研究、分析关心下一代工作所面临的新形势、新要求、新任务，找准工作的着力点。离退休后，老同志对社会和青少年的了解减少。关工委应该秉承学生在哪儿、思想工作的重点就在哪儿的原则，提高做好关心下一代工作的能力和水平，持续扩大关心下一代工作的覆盖面和影响力，将其推送到学生成长成才的各个层面，结合教育教学实际，列出任务清单，明确责任主体、目标任务和工作要求，形成浓厚的服务青年的氛围，进一步形成高校富有特色的育人组织体系、工作方式和运行机制。

在沟通载体上，关工委群体需要注意运用新媒介，积极探索新媒体接入基层党建工作的具体活动之中。

(二) 增强联动机制，推进高校关工委参与基层党建的载体创新

"三全育人"大思政格局为高校关工委参与基层党建提供了借鉴思路和创新路径。

首先，践行全员育人，加强关工委和基层党建工作队伍、青年教师、青年大学生多群体联动。邀请老同志担任导师，通过将"五老"力量充分融入基层党建工作中的各个群体，用"五老"优良的作风感染青年、高尚的人格教育青少年、丰富的经验培育青年、无私的奉献关爱青年，帮助基层党委打造培养优秀的工作团队，推动全员育人格局的形成。

其次，践行全过程育人，转变高校关工委工作融入基层党建的理念机制。高校关工委在参与基层党建工作中的每一项工作设计、每个服务环节时都要结合有效的思政教育。关工委应该秉承青年在哪儿，思想工作的重点就在哪儿的原则，主动将育人工作从课堂内拓展到教育全过程，将工作的媒介从传统媒介拓展到网络媒介。关工委在融入基层党建工作中不应只关注党建工作，还要以党建工作为切入点，将五老优势转化为助力青年德智体美劳全方位的发展，切实增强党建引领育人的实效性。

最后，践行全方位育人，强化关工委和基层党委、党支部、班团等多矩阵联动，推进基层党建载体创新。2021年，中共教育部党组《关于加强新时代全国教育系统关心下一代工作委员会工作的意见》，进一步要求学校党组织要加强对关工委组织建设领导，大力推进本科院校二级学院关工委组织建设，实现各级教育部门和各级各类学校关工委组织建设的全覆盖。高校基层党建工作涉及学院工作的方方面面，不同的组织维度开展的工作重心不尽相同，在基层单位建立二级关工委是集合五老资源优势的有效举措。在关工委的工作中应该充分将关工委工作和学院工作相结合，统筹安排、联动开展，通过外部组织嵌入基层党委、党支部、班团、社团等组织中，将基层青年组织打造成关工委组织的延伸平台，充分借助组织载体，有效指导基层党建工作。关工委在基层的基础党建工作、课程思政资源统筹、科研创新、校园文化活动、班团支部组织建设、青年师生学业发展和职业生涯规划中充分发挥导师优势，加强与青年师生多样化的矩阵式联动机制，健全关工委在融入基层党建工作中全方位育人机制。关工委之间也要积极探索联动、联建形式，在学校之间、学院之间、校企之间、社区之间形成联动，整合资源，形成合力。

(三) 突出理论指导与实践引领，提升关工委参与基层党建工作品牌效应。

关工委群体和基层党委之间应该呈现出积极互动的协同状态。关工委参与基层党建工作不是"独奏"，不是形式上参与，而要突出"合奏"。

关工委参与基层党建工作，可以从理论指导与实践指引方面双向赋能。一方面，关工委要充分发挥自身在理论学习上的优势，指导基层党组织积极开展理论学习，切实把理论强党的优势发挥出来。关工委群体应重点投身到入党积极分子教育、党员谈话、党员后期教育等各个环节，用自己的亲身经历、渊博知识、独特个人魅力感染和教育其他党员。另一方面，关工委群体不能忽视实践指导，在理论提升的同时积极推进实践研修，不断推动青年师生实现知行合一。在实践引领方面，关工委可以协同院系或相关学工部门指导开展社会实践研修项目,指导青年师生深入农村、社区和企业进行调查研究。这需要两个群体双向互动、双向共振,形成共鸣,方能达到相关效果。

另外,高校关工委要在参与基层党建工作中形成品牌效应,实现双向赋能。关工委工作的实践证明,"五老"在融入青年群体的工作中不仅发挥余热,而且在实现自我价值的过程中再次提升。在新的时代背景下,人才培养的要求和学生发展的需求是多样化的,这对关工委的工作提出了更高的期待。老同志可以从基层党建的不同需求出发,多方面参与赋能基层党建工作,结合新兴青年群体的特点特长,实现多方共赢、双向成长,不断擦亮关工委活动品牌,不断总结经验做法,打造历史与现实多层面的结合,提炼品牌特色,打造学习型、成长型、精品化的育人实践。

总体而言,在"三全育人"的大思政格局下,高校推进关工委工作需要积极搭建平台,创新机制推动关工委群体和青年师生群体之间的融合,实现关工委工作有队伍、有体系、有创新、有活力,把关心下一代工作与思政教育相结合、与社会实践相结合、与新时代内涵相结合,推动高校基层党建高质量发展,进而实现关工委工作与基层党建工作双向赋能。

参考文献

[1] 余小平.高校"三全育人"体制机制建设实践探究[J].学校党建与思想教育,2020(24):69-70.

[2] 王萱.高校二级关工委在"网络空间育人"建设中的着力点与实践探索——以上海电力大学经管学院为例[J].文教资料,2020(30):104-105.

[3] 中共教育部党组.关于加强新时代全国教育系统关心下一代工作委员会工作的意见[EB/OL].(2021-04-25)[2022-08-29].http://www.moe.gov.cn/srcsite/A24/s7070/202104/t20210430_529314.html.

[4] 胡渠.高校关工委参与大学生思想政治教育机制研究[J].云南开放大学学报,2014,16(1):24-27.